L'ENTREPRISE
enfin **EXPLIQUÉE**
AUX ADOS
et aux autres !

*À mes ados, David et Stella,
et à mon épouse, Sonia,
qui a su si bien concilier sa vie
de famille et d'entreprise.*
B. P.

L'auteur remercie Caroline Detalle, Ingrid Fey, Hind Guedira, Olivier Marchal, Maïté Martinez et Marie-Annick Sicé-Jourdan, ses collègues et amis de Bain&Company, pour leur soutien pendant la rédaction de cet ouvrage ; Domitille Delaporte et Thérèse Sépulchre pour leurs encouragements dès le début de l'aventure ; Pierre Bellon et Lucile Bernadac, deux remarquables entrepreneurs, pour leur précieux témoignage en préface de ce livre.

L'auteur et l'éditeur tiennent à remercier les ados qui ont relu plusieurs chapitres de ce livre et apporté leurs suggestions : Baudouin, Benjamin, Claire, David, Étienne, Flora, Ingrid, Julie, Julien B., Julien L. G., Louise, Lucie, Marie, Paul, Susan, Tangi, Valentin et Vincent ; ainsi qu'Anne Soavé, enseignante en histoire-géographie.

Direction éditoriale : **Céline Charvet**
Direction artistique : **Jean-François Saada, Lieve Louwagie**
Conception graphique : **Jean-François Saada**
Responsable d'édition : **Jean-Christophe Fournier**
Responsable maquette : **Pauline Martin**
Correction : **Jocelyne Moussart, Laure-Anne Voisin**
Recherche iconographique : **Véronique Brown**
Fabrication : **Céline Premel-Cabic**
Photogravure : **Fap**

Ce livre a reçu le soutien de Bain&Company.

© **Nathan (France), 2008**
N° Éditeur : 16143761 - ISBN : 978-2-09-251696-6
Dépôt légal : avril 2008
Imprimé en Espagne par Graficas Estella.
En application de la loi 49 956 du 16 juillet 1949
sur les publications destinées à la jeunesse.

L'ENTREPRISE *enfin* EXPLIQUÉE AUX ADOS

et aux autres !

Textes de
Bertrand Pointeau
Illustrés par
Éric Meurice et Rémi Saillard

Nathan

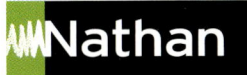

préface

Tu as 14, 15 ou 16 ans, et tu te poses la question : que vais-je faire plus tard ? Tu seras peut-être agriculteur, avocat, boulanger, commerçant, chef d'entreprise, infirmier, ingénieur, ouvrier, professeur ou pharmacien...

Pierre BELLON
Président fondateur de **Sodexo,**
entreprise créée en 1966,
l'un des leaders mondiaux
de la restauration collective
www.sodexo.com

Dans tous ces métiers, tu auras des clients, des collègues, des fournisseurs, des supérieurs et des subordonnés, et le plus souvent, tu travailleras dans une entreprise industrielle ou de service, et tu y passeras environ le tiers de ta vie.

Tu es jeune, prends le temps de t'amuser ! Mais observe aussi le monde du travail, discute avec les adultes, fais-toi expliquer le métier qu'ils pratiquent. L'Éducation nationale organise des options de découverte professionnelle ; suis-les. Fais des stages dès que possible, rends-toi utile. Dans un nombre croissant de collèges et de lycées, il y a des junior entreprises qui se créent ; participe à cette aventure. Il y a aussi des associations ; engage-toi ! Toutes ces initiatives développeront tes capacités d'innovation, ton sens des responsabilités, ton esprit d'entreprise, ton esprit d'équipe.

Tu souhaites poursuivre tes études ? Informe-toi bien avant de prendre telle ou telle orientation ; en tout cas, choisis une filière qui te plaît et renseigne-toi sur les perspectives d'emploi qu'elle offre.

Lis ce livre, il t'aidera à mieux comprendre l'entreprise : tu y découvriras ses grands principes de fonctionnement, mais aussi les gens qui y travaillent, les secteurs qui ont le vent en poupe, les débats qui animent le petit monde de l'entreprise.

Après tes études, tu trouveras un emploi, peut-être même qu'un jour, tu créeras ta propre entreprise. Il n'y a pas d'âge pour cela, certains la créent à leur sortie d'école, d'autres, comme moi, plus tard.

J'avais 36 ans quand j'ai fondé Sodexo. On me pose souvent la question : est-il plus difficile de créer une entreprise aujourd'hui que de votre temps ? Je réponds : je crois que c'est plus facile aujourd'hui. Je citerai deux raisons :

– Nous vivons dans un monde où les changements sont de plus en plus rapides : prolongation de la durée de vie, mondialisation, nouveaux produits, développement des Nouvelles Technologies de l'Information et de la Communication, montée en puissance du Brésil, de la Russie, de l'Inde et de la Chine. Toutes ces évolutions engendrent de nouveaux besoins à satisfaire et créent des opportunités pour de nouvelles entreprises.

– Le récent développement en France de lois et d'institutions favorise la création d'entreprises : le salon des entrepreneurs, l'association Entreprendre, la généralisation dans les universités et les grandes écoles des filières ou mastères « entrepreneurs », le capital-risque… Toutes ces initiatives font qu'en 2006, il y a eu 321 000 créations d'entreprise en France, soit 20 % de plus qu'en 2001.

J'aime les entrepreneurs car ils créent des richesses et des emplois et contribuent au développement économique et social de notre pays. Tout le monde ne veut pas ou ne peut pas devenir entrepreneur, mais si un jour, tu décidais de créer ta propre entreprise, j'en serais ravi.

Je n'ai pas de conseils à te donner. C'est en se jetant à l'eau et par l'expérience que tu découvriras par toi-même ce qu'il faut faire ou ne pas faire. En revanche, je dirige mon entreprise depuis sa création en 1966 et, depuis plus de 40 ans, je vis au milieu des chefs d'entreprise. C'est pourquoi je veux te faire partager quelques-unes de mes constatations :

– Créer, innover, c'est prendre des risques ; prendre des risques, cela veut dire que l'on peut échouer. Il ne faut pas craindre l'échec, ne pas se décourager, mais au contraire tirer des leçons pour mieux repartir. Le développement de Sodexo s'explique parce que la somme de nos succès a été supérieure à la somme de nos échecs !

– Quel que soit l'environnement, la réussite d'une entreprise est proportionnelle à la volonté de la développer, au courage et à la compétence de celui ou de ceux qui la dirigent.

– L'entrepreneur crée son entreprise le plus souvent pour être indépendant et maître de son propre destin, ce qui veut dire : si elle échoue, c'est lui qui en est responsable, pas les autres !

– Tous les entrepreneurs qui réussissent sont passionnés par leur métier et leur entreprise.

Tu es jeune, tu as la vie devant toi. Souviens-toi de ce vieux proverbe plein de bon sens : « Aide-toi et le ciel t'aidera », autrement dit : ton avenir ne dépend que de toi !

préface

Lucile BERNADAC
Créatrice de **Papili,**
une entreprise de doudous beaux
et éthiques pour petits et grands
enfants, fondée en 2006
Lauréate 2007 du prix *Talents des Cités*
www.papili.org

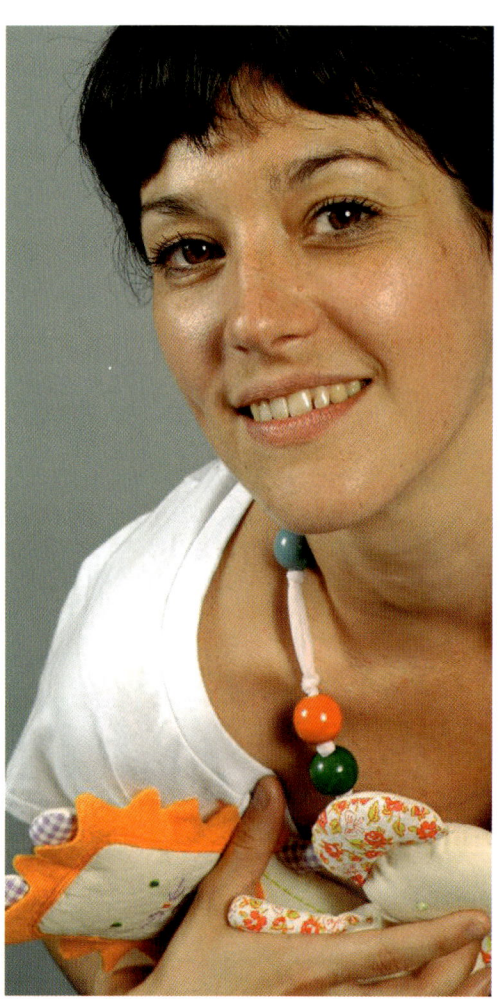

Quand j'étais ado, et que l'on m'évoquait l'entreprise, j'entrevoyais une espèce d'usine : un lieu sombre, gris et poussiéreux, plein de bruits et de sueur. Quelque chose comme du Zola – peut-être en plus moderne, mais à peine.

Il faut dire qu'à l'origine, je suis plutôt ce que l'on appelle une « littéraire », par définition assez éloignée des stéréotypes de l'entreprise : la tête pleine de mots écrits et d'images imaginées, et l'envie de rêver – de partager le rêve –, de créer.

Et puis j'ai rencontré des gens – il n'y a que cela de vrai et de vraiment important : les rencontres. Des personnes qui travaillaient en entreprise, et qui, visiblement, y prenaient du plaisir. Je me suis dit alors que les temps de Zola étaient sans doute dépassés, et que la modernité avait eu raison de la poussière et de la sueur. J'ai fini mes études de lettres, j'ai filé apprendre l'économie et la gestion, et je suis partie à la découverte de ce Nouveau Monde : l'Entreprise.

J'ai découvert un bout d'humanité – pas forcément humaniste, pas forcément tortionnaire non plus, en tout cas toujours perfectible – et en mouvement et en perpétuel devenir. La vraie vie, quoi ! Avec de vrais gens, parfois intéressants, parfois beaucoup moins. Des gens qu'on apprécie et d'autres qu'on a du mal à supporter, certains avec des valeurs qu'on partage, et d'autres quelquefois porteurs de propositions auxquelles on tordrait volontiers le cou.

J'ai découvert un lieu ouvert, en général, à toutes et à tous, par la diversité des missions proposées, et parfois même créées : une organisation demandeuse de talents, et toujours riche d'eux.

Tu vas me dire : « Oui, l'entreprise, elle demande et elle prend. Mais qu'est-ce qu'elle me donne en échange ? » À toi de proposer, de décider aussi. C'est encore cela, l'entreprise : cela va du salaire – juste rémunération du travail effectué – à des gratifications beaucoup plus immatérielles : la reconnaissance, l'accomplissement de soi, de ses aspirations – par la révélation, parfois, de ses propres talents –, l'échange et le partage.

Dans « entreprise », il y a « entreprendre ». Et entreprendre, c'est décider, faire et accomplir. C'est ce qui te permet de te construire, d'apprendre et de t'enrichir – sans aucun doute plus d'un point de vue humain que matériel. Car l'entreprise, c'est avant tout la rencontre avec l'Autre. Les Autres. Et donc soi-même.

Au-delà de l'organisation où tu seras amené sans doute à travailler, il y a le petit monde dans lequel tu vivras la plus grande partie de ta journée, celui où tu t'investiras, donneras et recevras, échangeras et partageras. Il y a aussi celui que tu créeras peut-être pour y mettre ce en quoi tu crois et que tu n'auras pas trouvé ailleurs, sur ta route : cette entreprise qui te ressemble, celle qui te permettra de t'accomplir encore davantage – quelle que soit ta définition personnelle de l'accomplissement : gagner de l'argent, te dépasser, réaliser un rêve de gosse,

changer un bout de planète en œuvrant par exemple pour la préservation de l'environnement, le commerce équitable – car il y a encore, ici-bas, plein d'endroits où plein de gens (et pas que des adultes…) travaillent dans les usines sordides de Zola.

L'entreprise est comme toi, moi, nous : humaine et imparfaite, attachante et perfectible. Ce sont les femmes et les hommes comme toi, moi, nous qui en font la richesse : c'est la somme de leurs individualités, leurs personnalités, leurs motivations, leurs créativités et leurs citoyennetés qui en fait à chaque fois un lieu unique, une planète à part entière, et une culture – parfois de l'ordre de la tribu, de la communauté – capable de se mobiliser pour de grands enjeux et de beaux projets.

C'est sans doute là la plus belle découverte que j'ai faite sur l'entreprise. Elle a changé une partie de mon existence, et je voulais aujourd'hui la partager avec toi.

Je te souhaite bon voyage et belle exploration dans leS mondeS de l'Entreprise. Je te souhaite de t'accomplir dans ta rencontre avec eux, dans ton parcours personnel et professionnel : les deux sont liés et, si tu t'efforces de ne jamais les dissocier, ils te conduiront peu à peu vers un projet professionnel qui te ressemble, vers des entreprises proches de ce que tu es, vers des engagements et des réalisations à la mesure de tes convictions, peut-être même de tes rêves.

Bonne chance à toi,
bon vent et peut-être à bientôt !

12 INTRODUCTION : LE MOT DE L'AUTEUR

PARTIE 1
BIENVENUE DANS L'ENTREPRISE !
14

CHAPITRE 1 — DES ENTREPRISES PARTOUT !
16

- **18** Où tu découvres des entreprises à l'œuvre tout autour de toi
- **26** Où tu comprends qu'il n'y a pas deux entreprises identiques
- **30** En question : Peut-on se passer des entreprises ?
- **32** Rencontre : *Pierre-André Sénizergues*, skateur entrepreneur
- **34** S'entraîner : à toi de jouer !

CHAPITRE 2 — DES ENTREPRISES ET DES HOMMES
35

- **36** Où tu découvres quatre personnalités différentes et un même esprit d'entreprise
- **44** Où tu comprends la diversité des fonctions au sein de l'entreprise
- **50** En question : Tout le monde peut-il devenir entrepreneur ?
- **52** Rencontre : *Pierre Bellon*, un Marseillais à la conquête du monde
- **54** S'entraîner : à toi de jouer !

CHAPITRE 3 — COMMENT DÉMARRER ?
55

- **56** Où tu découvres deux projets de création d'entreprise
- **64** Où tu comprends comment naissent les idées d'entreprises
- **70** En question : Pourquoi certaines entreprises échouent-elles au démarrage ?
- **72** Rencontre : *Michael Dell*, un géant de la micro
- **74** S'entraîner : à toi de jouer !

CHAPITRE 4 — BESOIN D'ARGENT
75

- **76** Où tu découvres des entreprises à la recherche de financements
- **84** Où tu comprends comment les entreprises trouvent l'argent nécessaire à leur croissance
- **90** En question : La pression de la Bourse sur les entreprises est-elle trop forte ?
- **92** Rencontre : *Luc Besson*, créateur de films et d'entreprises
- **94** S'entraîner : à toi de jouer !

CHAPITRE 5 — SAVOIR COMPTER — 95

- **96 Où tu découvres** le pouvoir éclairant des chiffres dans l'entreprise
- **104 Où tu comprends** les rôles de la comptabilité et de la finance
- **110 En question :** Peut-on vraiment calculer la valeur d'une entreprise ?
- **112 Rencontre :** *Aditya Mittal*, prince de l'acier
- **114 S'entraîner :** à toi de jouer !

CHAPITRE 6 — TROUVER DES CLIENTS ET LES GARDER — 115

- **116 Où tu découvres** l'art de gagner la confiance des clients
- **124 Où tu comprends** le rôle des marques et du marketing
- **132 En question :** Sommes-nous les esclaves des marques ?
- **134 Rencontre :** *Yseulis Costes*, pionnière du marketing interactif
- **136 S'entraîner :** à toi de jouer !

CHAPITRE 7 — ACHETER, PRODUIRE, LIVRER — 137

- **138 Où tu découvres** la production, la logistique et les achats
- **144 Où tu comprends** le fonctionnement de la chaîne d'approvisionnement
- **150 En question :** Pourquoi acheter à d'autres ce que l'on sait faire soi-même ?
- **152 Rencontre :** *Carlos Ghosn*, une carrière sans frontières
- **154 S'entraîner :** à toi de jouer !

CHAPITRE 8 — UN BON CHEF, C'EST QUOI ? — 155

- **156 Où tu découvres** des chefs expérimentés et des chefs débutants
- **162 Où tu comprends** les exigences du rôle de chef
- **166 En question :** Peut-on devenir chef – et le rester – en écrasant les autres ?
- **168 Rencontre :** *Malamine Koné*, sous le signe de la panthère
- **169 S'entraîner :** à toi de jouer !

PARTIE 2 DES ENTREPRISES POUR DEMAIN 170

CHAPITRE 9 — À VOTRE SERVICE ! 172

- **174** Où tu découvres des entreprises qui simplifient notre quotidien
- **180** Où tu comprends les raisons du succès des services à la personne
- **184** Rencontre : *Marion Wade*, maître des services

CHAPITRE 10 — PLUS WEB, LA VIE ! 185

- **186** Où tu découvres six modèles d'entreprises sur internet
- **192** Où tu comprends l'impact grandissant de l'internet sur le monde de l'entreprise
- **196** Rencontre : *Pierre Kosciusko-Morizet*, pionnier du commerce en ligne

CHAPITRE 11 — DU VERT DANS L'ÉCONOMIE ! 197

- **198** Où tu découvres des entreprises qui innovent pour préserver la planète
- **204** Où tu comprends comment l'économie « verte » transforme les entreprises
- **208** Rencontre : *Bertrand Collomb*, industriel et écologiste

CHAPITRE 12 — BIO, NANO... FOUS DE TECHNO ! 209

- **210** Où tu découvres des applications pratiques des bio- et nanotechnologies
- **216** Où tu comprends le potentiel des technologies de la matière et du vivant
- **220** Rencontre : *Kiran Mazumdar-Shaw*, biotechnologue au fond d'un garage

PARTIE 3 — 222
L'ENTREPRISE AU CŒUR DES DÉBATS

CHAPITRE 13 — LE BON, LA BRUTE ET LE TRUAND — 224

- **226** Où tu découvres le pire et le meilleur du monde des affaires
- **230** Où tu comprends l'importance des questions éthiques dans l'entreprise
- **234** Rencontre : *Tristan Lecomte*, commerçant équitable

CHAPITRE 14 — ADIEU UNIFORMITÉ, BONJOUR DIVERSITÉ ! — 235

- **236** Où tu découvres des initiatives en faveur de la diversité dans l'entreprise
- **240** Où tu comprends l'importance de la diversité et les défis à relever
- **244** Rencontre : *Anne Lauvergeon*, puissante parmi les puissants

CHAPITRE 15 — JUSTICE POUR TOUS ! — 245

- **246** Où tu découvres des problèmes sociaux... et des solutions
- **250** Où tu comprends les enjeux du dialogue social dans l'entreprise
- **254** Rencontre : *Nicole Notat*, femme de dialogue

CHAPITRE 16 — SHANGHAI OU MON QUARTIER — 255

- **256** Où tu découvres un monde sans frontières
- **260** Où tu comprends les bienfaits et les défis de la mondialisation
- **264** Rencontre : *Loumia Hiridjee*, le sourire de la mondialisation

---

- **266** REPÈRES : LES PRINCIPAUX MÉTIERS DE L'ENTREPRISE
- **272** LEXIQUE : LES MOTS CLÉS DE L'ENTREPRISE
- **278** INDEX : PERSONNALITÉS, ENTREPRISES ET MARQUES...

Les mots signalés par un astérisque tout au long du livre sont expliqués dans le lexique.

introduction

LE MOT DE L'AUTEUR

Tu l'as sans doute remarqué, l'actualité nous apporte de multiples images de l'entreprise. Certaines sont très positives, d'autres beaucoup moins : une grande société française construit des réseaux d'assainissement d'eau dans les villes du tiers monde, une autre supprime des milliers d'emplois et ferme des usines ; un dirigeant d'entreprise fait don de 85 % de sa fortune à des œuvres de charité, un autre est impliqué dans un grave scandale financier...

Lorsque tu écoutes parler tes proches de l'entreprise, ce sont les mêmes contrastes : un jour, un parent revient fatigué et énervé de son travail au bureau ou à l'usine ; le lendemain, il discute avec entrain des qualités de son patron, du nouveau produit de sa société, de la promotion qui va enfin arriver ou des fous rires avec les collègues.

Clairement, le sujet de l'entreprise déclenche les passions. Mais dois-tu y prêter attention ? Il y a plusieurs bonnes raisons de s'intéresser à l'entreprise dès maintenant.

Parmi la population active, près de trois Français sur quatre travaillent dans une entreprise. Dans quelques années, cette réalité sera la tienne. Peut-être créeras-tu ou dirigeras-tu toi-même une entreprise ? Mieux vaut donc tester l'eau à l'avance plutôt que de plonger brutalement dans le grand bain à l'âge adulte, sans aucune préparation.

Même si tout n'est pas rose, beaucoup de gens s'épanouissent dans leur entreprise et y font des choses vraiment intéressantes : une équipe dessine le prochain site communautaire sur internet ; une femme développe un réseau d'assistantes à domicile pour les personnes âgées ; un entrepreneur utilise des matières végétales pour produire une énergie propre ; une agence propose des emplois à des jeunes sans qualification dans les quartiers difficiles... Tu aimerais connaître les femmes et les hommes derrière ces histoires. Te ressemblaient-ils quand ils avaient 16 ans ? Comment ont-ils construit leur projet ?

Aujourd'hui, le collège et le lycée commencent enfin à te parler des entreprises : des stages de découverte sont organisés dès la troisième ; des professionnels viennent parfois dans ta classe pour présenter leur métier. Mais ce n'est qu'un début ! Il va falloir faire preuve de curiosité car l'information sur l'entreprise ne t'arrivera pas aussi facilement que le prochain devoir de maths ou le dernier Linkin Park !

J'ai écrit ce livre pour t'aider dans cette découverte. Mon souhait est de t'expliquer les choses simplement avec beaucoup d'exemples et peu de jargon. L'entreprise a certes ses charlatans, comme le Malade imaginaire a son professeur Diafoirus, mais je vais te faire un aveu : les bases de la science de l'entreprise, appelée « management », sont parfaitement accessibles pour un lycéen !

Dans les pages qui suivent, nous observerons comment marche une entreprise et ce qui fait son succès. Nous nous mettrons ensemble aux commandes d'un site de commerce électronique ou d'un restaurant. Nous rencontrerons toutes sortes d'entrepreneurs célèbres ou d'acteurs anonymes du monde des affaires. Certains, tu le verras, sont beaucoup plus proches de toi que tu ne l'imagines. Nous découvrirons les entreprises de demain, celles qui offriront les plus belles opportunités pour ta génération. Nous réfléchirons ensemble aux défis que le monde des affaires doit encore surmonter pour participer plus efficacement à la justice et au progrès.

L'entreprise, ce n'est ni le paradis, ni l'enfer... mais quelque chose entre les deux. Comme ta famille, comme le collège, comme tes amis...

PARTIE 1
BIENVENUE DANS L'ENTREPRISE !

CHAPITRE 1
DES ENTREPRISES PARTOUT !

Encore quelques minutes. Tu ne voudrais pas quitter la chaleur de ton lit, mais le réveil a déjà sonné deux fois. Le rideau s'ouvre sur un mardi ordinaire, une journée de lycée avec une interro de maths et deux heures de sport. Envie de sortir de la routine ? Tout au long de la journée, nous allons observer quelques-unes des entreprises qui jalonnent ton chemin quotidien. D'heure en heure, tu vas pouvoir mesurer l'incroyable diversité de ce monde au travail et apprécier l'énorme déploiement d'énergie au service de ta vie de lycéen.

découvrir

1 DES ENTREPRISES PARTOUT !

Où tu découvres des entreprises à l'œuvre tout autour de toi

7h00 Tu allumes la lumière

Une simple pression sur l'interrupteur de ta lampe de chevet : derrière ce geste banal s'anime **le secteur de l'énergie.**

Malgré l'arrivée progressive de nouveaux concurrents*, EDF reste **le plus gros fournisseur d'électricité en France.** Cette entreprise* est un véritable mastodonte : elle emploie plus de 150 000 employés dans le monde. **Les trois quarts de l'électricité produite dans notre pays proviennent de ses 58 centrales nucléaires.** Comment fonctionnent-elles ? Les atomes d'uranium se divisent dans le réacteur nucléaire en dégageant une forte chaleur. Cette chaleur transforme l'eau en vapeur. La vapeur fait tourner des turbines qui produisent de l'électricité.

L'électricité d'origine nucléaire a ses avantages : pas besoin de pétrole, peu d'émissions de gaz à effet de serre. Elle comporte aussi des risques car les matières radioactives issues des centrales sont dangereuses. La mission des ingénieurs et des techniciens d'EDF demande donc un grand savoir-faire. Il s'agit d'exploiter les centrales nucléaires dans des conditions de sécurité absolue, au maximum de leur potentiel, sans aucune interruption de production.

À l'autre bout de la chaîne, d'autres employés d'EDF s'occupent des 28 millions de clients* français. Ils définissent des tarifs et des offres adaptés à chaque situation, proposent de nouveaux services*, comme des solutions d'économie d'énergie. Ils répondent aux questions, traitent les problèmes, émettent les factures et collectent les paiements.

Entre la centrale électrique et ta ville, une filiale d'EDF, RTE, transporte l'énergie sur de longues distances grâce à un réseau de lignes à haute et moyenne tension de 100 000 kilomètres. Puis EDF achemine l'électricité jusqu'à ton domicile. Ses employés s'assurent que les clients – particuliers, entreprises ou collectivités – reçoivent à tout moment l'énergie dont ils ont besoin, partout sur le territoire. Grâce à eux, l'électricité alimente chaque foyer avec une parfaite régularité et les coupures sont très rares, un vrai luxe pour de nombreux pays !

7h30 Tu avales ton petit-déjeuner

Te voici dans la cuisine. Tu vides rapidement un petit flacon de boisson lactée. C'est un des produits de Danone, un grand groupe agroalimentaire.

Présent dans de nombreux pays, Danone est **l'un des premiers fournisseurs mondiaux de produits laitiers et d'eaux minérales.** Depuis plus de dix ans, ce groupe* a placé le thème de la santé au cœur de sa recherche et de sa communication. Il ne suffit plus d'inventer des aliments sains et nourrissants. Les nouveaux produits doivent améliorer visiblement la santé des consommateurs, par exemple en solidifiant leurs os, en diminuant leur taux de cholestérol, en favorisant leur croissance ou en raffermissant leur peau. Danone accorde tellement d'importance à ce thème qu'il y consacre un site internet : danoneetvous.fr. On y trouve des conseils très détaillés sur l'alimentation, l'activité physique et l'hygiène.

Le produit que tu es en train de boire est le résultat d'un énorme travail collectif. Les équipes de Danone identifient d'abord les clients* qu'elles veulent toucher et cherchent à tout comprendre sur eux : leur âge, leurs goûts, leur mode de vie. Elles recherchent inlassablement la meilleure formule en testant toutes sortes de saveurs, d'ingrédients, de textures et de couleurs. Elles prévoient précisément les lieux d'achat (en hypermarché ou dans une épicerie) et les occasions de consommation (à la maison, durant la récréation ou au bureau). En fonction de ces éléments, elles conçoivent le bon emballage : le flacon doit-il être petit ou grand, souple ou rigide ? vendu par paquets de six, de dix ou à l'unité ? Elles créent le message qui « accrochera » le mieux le consommateur : faut-il mettre en avant le plaisir, le côté pratique ou amusant, le bienfait sur la santé ?

Elles décident du type de publicité le plus adapté : l'internet, la radio ou la télé ? l'après-midi ou le soir ? la semaine ou le week-end ? Enfin, elles cherchent à placer le produit dans tous les points de vente. Des responsables commerciaux négocient des accords avec des grandes chaînes de supermarchés. Des animateurs organisent des promotions en magasin et mettent en valeur le produit dans les rayons.

Cette démarche doit bien sûr s'adapter aux réalités de chaque pays. Au Japon par exemple, la population raffole de boissons fraîches au café et s'approvisionne dans des petits magasins de quartier ou des distributeurs automatiques…

Le centre de recherche et développement de Danone à Shanghai, où l'on adapte les yaourts aux goûts des Chinois.

1 DES ENTREPRISES PARTOUT !

7h45 Tu t'habilles

Au lycée, le look, c'est important. Tu choisis soigneusement tes vêtements… le temps d'un éclairage sur **le monde du textile**.

Les entreprises* textiles évoluent dans un environnement difficile et doivent s'adapter en permanence face à la concurrence. Au XIXe siècle, le textile était l'un des premiers employeurs industriels en France, surtout dans le nord et dans l'est du pays. Aujourd'hui, la production textile a presque entièrement quitté nos régions et s'est déplacée vers des pays où la main-d'œuvre coûte beaucoup moins cher : le Maroc, l'Inde, le Pakistan et surtout la Chine, le plus grand atelier de vêtements du monde !

Certaines entreprises textiles arrivent encore à produire en France en se concentrant sur des vêtements haut de gamme pour lesquels la qualité de la fibre, la coupe et la finition comptent beaucoup plus que le coût. Même lorsque le vêtement est fabriqué en Chine, les entreprises textiles européennes ont su préserver des savoir-faire essentiels : le design du vêtement à partir de logiciels sophistiqués, la définition des collections, l'animation de la marque et les relations avec les points de vente.

Tu connais sans doute **la marque Lacoste et son fameux crocodile.** Cette entreprise du nord de la France, fondée en 1933 par un champion de tennis français, a superbement résisté à la concurrence chinoise. Elle a su constamment rajeunir ses styles de vêtements, ses coloris, ses fibres et ses accessoires et a développé un réseau de magasins très attrayants. **C'est grâce à l'innovation et au marketing* que le secteur du vêtement continue à maintenir des emplois dans nos pays.** D'où l'importance des marques.

La boutique Lacoste sur la 5e Avenue de New York. Lacoste est le parfait exemple d'une marque de textile traditionnelle qui a su se moderniser.

8h05 Tu croises un artisan du quartier

Nous sommes au pied de ton immeuble et Vladec te lance un salut amical. Son entreprise de travaux fait tous les métiers : **peinture, électricité, plomberie, carrelage, menuiserie...**

Elle rénove l'appartement du deuxième étage et tout le monde est au travail depuis 7 heures. Vladec est constamment accroché à son téléphone portable. Un client* veut repeindre deux chambres et souhaite un devis. Un autre est en colère car son chantier a pris du retard. Il répond à tous sur un ton posé et propose des solutions. **Son calme sous la pression explique largement le développement rapide de son affaire.**

Avec ses ouvriers, Vladec n'est pas tendre. Beaucoup sont très jeunes et il doit leur apprendre le respect des horaires et le souci du travail bien fait. Mais les ouvriers respectent Vladec. Parfois, il leur prend le marteau ou le pinceau des mains et leur montre un geste qu'ils maîtrisent mal.

L'autre secret du succès de Vladec, c'est sa compagne, Anna. Sur son ordinateur, elle pilote l'entreprise* de chez elle : les propositions commerciales, les coûts des chantiers, le planning de travail, les factures à payer, les paiements à encaisser... Vladec sait que son affaire ne tiendrait pas une semaine sans les talents et le bon sens d'Anna. Pour lui, l'entreprise est une affaire de famille !

8h15 Tu prends le métro

Trois stations de métro et tu arrives au lycée, juste à temps pour le début des cours. Le métro, à Paris, c'est le domaine de **la RATP**.

Ce service de transport urbain de la région parisienne est l'un des plus avancés au monde. Les chiffres de la RATP donnent le vertige : **43 000 employés, 2,8 milliards de voyages par an,** plus de **4 000 autobus, 700 rames de métro, un train toutes les deux minutes** sur chaque ligne ferroviaire aux heures de pointe. Il faut une incroyable maîtrise technique et une organisation exceptionnelle pour assurer un trafic si dense dans de bonnes conditions de fiabilité et de sécurité.

Imagine un instant **tous les métiers qui contribuent à ton voyage...** Sur les lignes, les conducteurs de rame, les chefs de ligne, les contrôleurs de trafic, les mécaniciens... Dans les stations, les chefs de station, les caissiers, les contrôleurs de billets, les agents de sécurité, les agents techniques, le personnel de nettoyage... Dans les dépôts, le personnel d'entretien et de réparation. Dans les bureaux, les ingénieurs chargés de développer et de maintenir tous les systèmes de la RATP : signalisation, sécurité, information des voyageurs, paiement... et bien d'autres encore. **Pour te conduire à bon port, ces multiples métiers doivent être exécutés de manière parfaitement coordonnée.**

Les questions d'environnement sont au centre des préoccupations de la RATP. Ses moyens de transport ferroviaires consomment huit à neuf fois moins d'énergie que la voiture particulière et produisent cinquante fois moins de gaz à effet de serre. À l'horizon de 2025, la RATP s'est engagée à atteindre le « zéro pétrole ».

1 DES ENTREPRISES PARTOUT !

12h20 Tu déjeunes à la cantine

Plusieurs sociétés prennent en charge des activités indispensables au bon fonctionnement de ton lycée. La cantine, par exemple, est gérée par **Sodexo**, un grand groupe de restauration et de services.

Celui-ci **exploite plus de 28 000 restaurants dans le monde,** non seulement dans des écoles mais aussi dans des hôpitaux, des maisons de retraite, des entreprises... et même dans des prisons et sur des plateformes pétrolières en plein océan.

Chacun de ces restaurants est lui-même une petite entreprise* chargée de définir les menus, commander les denrées, préparer la nourriture, servir les convives et maintenir la propreté. Dans ton lycée, six cuisiniers et sept assistants servent plus de mille repas par jour. Le groupe* Sodexo se met d'accord avec l'administration de ton département sur le prix du repas et le niveau de qualité attendu. C'est ensuite au responsable du restaurant de prévoir les bonnes quantités de nourriture et les heures de travail nécessaires en fonction du nombre de repas à servir. À l'échelle du pays, le groupe Sodexo achète d'énormes volumes de nourriture et de boissons et négocie des prix très avantageux auprès de ses fournisseurs*.

Le succès d'une entreprise de restauration dépend pour beaucoup de la motivation et du comportement quotidien de ses employés de terrain : environ **345 000** chez Sodexo ! Elle doit aussi respecter en permanence des règles très strictes en matière d'hygiène alimentaire, car une seule intoxication peut ruiner sa réputation.

16h15 Tu t'achètes un snack

Les cours viennent de se terminer. Tu rejoins tes amis au Craquant, un magasin de snacks et de friandises très prisé des lycéens du quartier.

Il y a dix ans, la mère de Nathalie, la propriétaire actuelle, tenait ici une épicerie. Dans cet espace réduit, elle vendait tout en petites quantités : boîtes d'allumettes, journaux, paquets de gâteaux, cerises au kilo, jambon en tranches, carambars... Mais les supermarchés se sont multipliés dans les alentours, la clientèle a vieilli et les habitués ont disparu.

Lorsque Nathalie a repris la boutique de sa mère, elle pensait vite vendre l'affaire avant qu'elle ne vaille plus rien. Une idée un peu folle l'a fait changer d'avis. Il restait après tout des clients* fidèles : les élèves des écoles, collèges et lycées voisins qui se ruaient sur l'étalage des bonbons à la sortie des cours !

Encore ado dans sa tête, **Nathalie a complètement réinventé le magasin pour mieux servir cette jeune clientèle.** Le Craquant offre désormais une incroyable variété de bonbons, mais aussi des hamburgers, des frites, des pizzas et des glaces, et toutes sortes de boissons non alcoolisées. Les murs ont été repeints en couleurs vives et tapissés de posters. Des chaises hautes longent un comptoir où quelques jeunes peuvent consommer sur place en écoutant de la bonne musique.

Un an après la renaissance de son magasin, Nathalie est devenue l'une des figures les plus populaires du lycée et ses ventes ont été multipliées par trois !

16h25 Tu fais du lèche-vitrines

Un peu plus loin sur le chemin du retour, tu tombes en arrêt devant la vitrine du magasin Quiksilver.

Créée en 1969 par deux surfeurs australiens, **cette marque de vêtements et d'accessoires de plein air a conquis des millions d'ados dans le monde entier.** Dans un décor très branché, le magasin met parfaitement en valeur les jeans, les T-shirts, les ceinturons ou les porte-monnaie qui feront fureur au lycée dans les prochaines semaines. Même les vendeurs affichent le look Quiksilver de la tête aux pieds !

Ce magasin appartient à un jeune couple. La société* Quiksilver met à leur disposition sa marque, ses produits, ses équipements et ses accessoires publicitaires (étagères, affiches). Elle leur apporte une formation et des conseils. En échange, ils versent chaque mois à Quiksilver une somme liée à leur chiffre d'affaires*. Ils s'engagent à respecter les caractéristiques de la marque et à atteindre certains résultats commerciaux.

Ce mode de distribution*, appelé « franchise », est intéressant car il permet à de nouveaux commerces de se développer vite en bénéficiant de la force d'une marque bien établie. Le McDonald's où tu retrouves parfois tes amis est lui aussi une franchise* !

1 DES ENTREPRISES PARTOUT !

18h45 Tu allumes l'ordinateur

Tes devoirs sont presque terminés. Tu souhaites faire des recherches pour un exposé et tu allumes **l'ordinateur de la maison, un Dell.**

La société Dell, l'un des leaders mondiaux de l'informatique, n'existait pas il y a vingt-cinq ans. C'est un étudiant en médecine, Michael Dell, qui a démarré cette entreprise* dans sa chambre d'université au Texas. À cette époque, les ordinateurs personnels s'achetaient chez des distributeurs* spécialisés. Le choix était limité, les prix élevés et les délais de livraison souvent interminables.

C'est en démontant l'ordinateur de ses parents que Michael Dell eut une idée géniale. **Il comprit l'intérêt d'assembler les ordinateurs et de les vendre directement aux clients* finaux sans passer par les distributeurs.** Ce système offrait beaucoup plus de souplesse car il permettait de fabriquer des machines adaptées aux besoins de chacun. Les composants étaient achetés à la dernière minute au meilleur coût. Plus besoin de payer un distributeur ou d'accumuler des stocks* coûteux. Les prix de Dell étaient imbattables et l'entreprise connut un succès foudroyant.

Aujourd'hui encore, les simples particuliers comme les grandes entreprises commandent leur ordinateur chez Dell par téléphone ou par internet. L'action ne se passe plus dans une chambre, mais dans **43 pays et 7 usines grâce aux efforts de 75 000 employés !**

18h50 Tu surfes sur internet

Tu viens de taper un mot-clé sur Google et en cinq centièmes de seconde, ce moteur de recherche identifie **2 220 000 pages web classées par ordre de pertinence !**

Cette puissance et cette simplicité expliquent l'extraordinaire popularité de Google. **Plus de 90 % des recherches sur le web utilisent aujourd'hui cet outil.**

Google est le fruit des travaux de deux étudiants de l'université de Stanford, Larry Page et Sergey Brin. Ils avaient à peine 20 ans lorsqu'ils mirent au point un moteur de recherche très supérieur aux outils existants. L'idée était de compter les liens entre les pages web : plus nombreux étaient les liens qui pointaient vers une page donnée, plus cette page était prioritaire.

En facilitant l'accès à l'information, Google a largement contribué au développement rapide de l'internet et à la multiplication du nombre d'internautes. Près de dix milliards de pages web sont actuellement indexées sur le site ! Et, attirées par le succès du moteur de recherche, des milliers d'entreprises paient à Google des droits publicitaires pour y figurer en bonne place.

24

22h30 Tu lis un bouquin

Pour te détendre après tes devoirs, tu te plonges dans la lecture de ton livre de chevet : *L'Odyssée du rock*, publié aux Presses de la Cité. Quel est le rôle d'un éditeur ?

Parmi tous les livres publiés, seuls quelques-uns deviennent des best-sellers. Beaucoup sont vendus à quelques poignées d'exemplaires et disparaissent vite des rayons des libraires. **Le premier rôle d'une maison d'édition, c'est donc de repérer, parmi les nombreux manuscrits reçus, ceux qui ont une chance d'intéresser le public.** Cela demande du flair et une bonne connaissance des appétits culturels des lecteurs.

Une fois le manuscrit sélectionné, l'éditeur travaille avec l'auteur pour améliorer le texte. Il définit la mise en page de l'ouvrage : le format, la ou les polices de caractère, le type de visuels, puis la couverture. Le public est en général très sensible à la présentation du livre. Lorsque le livre est terminé, l'éditeur en confie le tirage à un imprimeur. Avec l'apparition des logiciels de composition et des presses modernes, le métier d'imprimeur a beaucoup changé. On peut désormais produire des livres en petite quantité à un coût abordable. Pour l'éditeur, il est très important de déterminer le bon nombre d'exemplaires à tirer en fonction de ses prévisions de vente. La dernière étape du processus consiste à faire la promotion du livre. Il faut intéresser les critiques littéraires et les journalistes, faire connaître le livre dans des magazines, à la télévision et sur internet, présenter l'ouvrage aux libraires et aux distributeurs* en ligne.

Les maisons d'édition doivent relever un double défi : faire face à une concurrence toujours plus forte et séduire un public toujours plus attiré par l'internet pour s'informer et se divertir. Pour réagir, certains éditeurs se développent dans les nouveaux médias, d'autres se spécialisent dans des domaines très porteurs comme l'édition de guides pratiques, d'autres enfin combinent l'édition de livres et la presse magazine, toujours très populaire en France.

Chaque année, le Salon du livre de Paris accueille environ 180 000 visiteurs.

1 DES ENTREPRISES PARTOUT !

Où tu comprends qu'il n'y a pas deux entreprises identiques

Qu'y a-t-il de commun entre un site de commerce électronique, une entreprise de travaux et un producteur d'électricité ? Quel rapport entre une boutique de vêtements, un fabricant d'ordinateurs et une maison d'édition ? Tous sont des entreprises ! Voici quelques points de repère dans cet ensemble hétéroclite...

Dans toutes ces entreprises*, des personnes ont mobilisé leur talent et leur énergie, le plus souvent en se regroupant. **Elles ont rassemblé des moyens matériels et de l'argent pour apporter un produit ou un service* à des clients*.** Lorsque des personnes s'organisent ainsi de manière stable, c'est comme si une nouvelle personne « virtuelle » naissait. Dans les textes de loi, on parle parfois de « personne morale ».

Des petites entreprises par millions !

En 2005, on comptait **2,6 millions d'entreprises en France,** hors exploitations agricoles. Elles employaient près de 18 millions de personnes, c'est-à-dire environ 70 % des adultes au travail dans notre pays. Cela veut dire que **nous avons plus de deux chances sur trois de travailler dans une entreprise !** Et que ces entreprises sont petites : moins de dix employés en moyenne. Les médias nous parlent constamment des grandes sociétés* multinationales, mais une entreprise repose le plus souvent sur une petite équipe.

En fait, **93 % des entreprises françaises emploient moins de dix salariés** et plus de la moitié de ces entreprises n'ont pas de salarié du tout ! Elles ont été formées par un entrepreneur* indépendant qui s'est mis à son compte. Parmi ces petites entreprises, on trouve surtout des artisans* (plombiers, jardiniers, électriciens, menuisiers, maçons...), des commerces de proximité (boulangers, bouchers, boutiques de vêtements, pharmaciens, cafés, restaurants...), des professions libérales (médecins, dentistes, avocats, notaires...) et de plus en plus d'opérateurs sur internet. **Pourtant, il ne faut pas perdre de vue les grandes entreprises.** Peu nombreuses, elles totalisent quand même plus du tiers des emplois et ont une influence considérable sur notre manière de vivre. Pense aux constructeurs automobiles, aux banques, aux chaînes de supermarchés, aux opérateurs de télécommunication...

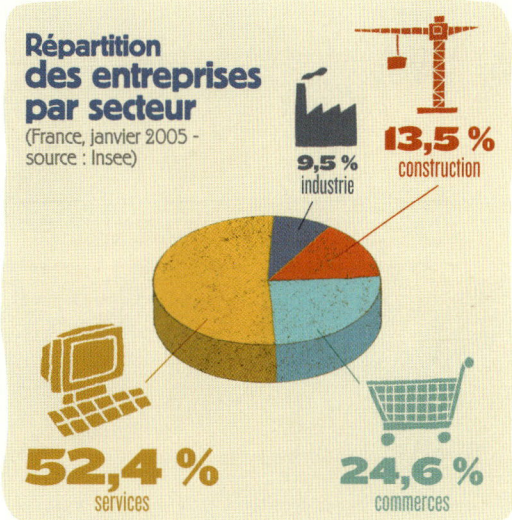

Répartition des entreprises par secteur
(France, janvier 2005 - source : Insee)

- 9,5 % industrie
- 13,5 % construction
- 52,4 % services
- 24,6 % commerces

Des secteurs d'activité en constante évolution

Pour voir plus clair parmi toutes les activités de nos entreprises, on fait souvent la distinction entre industrie, services et commerces.

Les entreprises industrielles conçoivent, fabriquent et vendent les produits que nous utilisons. Elles achètent des matières premières ou des composants et les transforment, grâce à l'action conjuguée de l'homme et de la machine. Certaines industries, comme le textile, sont très consommatrices de main-d'œuvre. D'autres, comme la chimie de base, sont fortement automatisées et elles n'ont pas besoin d'autant de personnel.

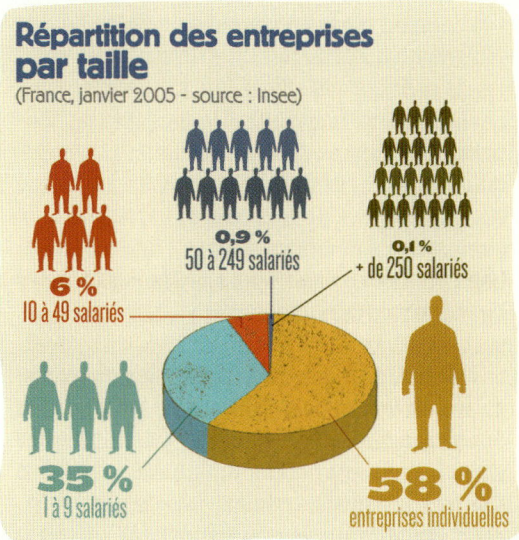

Répartition des entreprises par taille
(France, janvier 2005 - source : Insee)

- 6 % 10 à 49 salariés
- 0,9 % 50 à 249 salariés
- 0,1 % + de 250 salariés
- 35 % 1 à 9 salariés
- 58 % entreprises individuelles

Fabrication de vêtements pour la marque New Balance dans une usine textile chinoise.

❶ DES ENTREPRISES PARTOUT !

Les agences d'emploi intérimaire : un exemple de service.

La part de l'emploi industriel a baissé dans les trente dernières années et représente environ le quart des emplois des entreprises. L'industrie demeure pourtant un enjeu majeur pour notre pays. La France possède des grands groupes* industriels de renommée mondiale comme Areva, Alstom, Airbus, Michelin, Lafarge, Renault, PSA, Sanofi, Saint-Gobain ou Total. Face à la concurrence des pays à faibles coûts, l'industrie française réagit en misant sur la qualité de sa main-d'œuvre industrielle et en se concentrant sur des produits techniques innovants.

Les services représentent en France, comme dans tous les pays développés, la première catégorie d'entreprises et celle qui croît le plus vite. Plus de la moitié de la population des entreprises travaille dans le secteur des services. Une entreprise de service ne fabrique pas un produit mais vend du temps, du travail ou des compétences particulières à ses clients. Certains de ces services sont relativement simples (ménage, jardinage), d'autres sont très sophistiqués et exigent des savoir-faire très pointus (conseil en organisation, services juridiques ou financiers). Certains services s'adressent aux particuliers (médecins, maisons de retraite), d'autres sont destinés aux entreprises et aux collectivités (expertise comptable, restauration collective). Les entreprises de service peuvent atteindre des tailles considérables : les groupes Accor (hôtellerie), Sodexo (restauration collective) ou Veolia (services à l'environnement) comptent parmi les plus gros employeurs français et sont présents dans le monde entier.

Le commerce regroupe enfin tous les intermédiaires situés entre les producteurs d'une marchandise et le consommateur final. Leurs rôles sont variés : apporter les produits au plus près des consommateurs, les stocker, les mettre en valeur, conseiller les clients sur leur choix. Les commerçants achètent les produits pour les revendre et se rémunèrent en prélevant une marge*. Le plus souvent, les industriels vendent directement à des commerces de détail qui ont « pignon sur rue », mais il existe parfois entre les deux des grossistes qui distribuent les marchandises aux boutiques. Un magasin de bonbons, par exemple, s'approvisionne en général auprès d'un grossiste. Même si le commerce reste un univers de très petites entreprises, on y rencontre d'énormes groupes : Carrefour, Auchan ou Casino emploient chacun des dizaines de milliers de personnes.

Les 650 000 entreprises de commerce françaises doivent évoluer sans cesse : les zones de consommation se déplacent des centres-villes vers les quartiers périphériques. Certains types de marchandises, comme les équipements électroniques, ne sont pratiquement plus vendus que par des grandes chaînes. Des discounters tirent les prix toujours plus bas. **Mais la révolution la plus importante vient du commerce électronique sur internet.** Comme tu l'as vu avec Dell, le web lie directement le producteur et le consommateur et remet en question le rôle de nombreuses boutiques.

De multiples propriétaires

À qui appartiennent les entreprises ? **En France, certaines grandes entreprises sont possédées entièrement ou partiellement par l'État.** C'est le cas de la SNCF, de la RATP, de la Poste et, pour partie, d'EDF. On parle d'entreprises et d'établissements publics. L'État nomme leurs dirigeants et définit leur stratégie. **Les autres – la grande majorité – appartiennent à des personnes privées : des particuliers, comme toi et moi, ou des entreprises possédées par des particuliers. On parle d'entreprises privées.** Certaines entreprises n'ont qu'un seul propriétaire, d'autres en ont des milliers et changent fréquemment de mains.

Des champs d'action variés

Les commerces ou les petites entreprises du bâtiment agissent très localement, au niveau d'une ville ou d'un quartier. Mais d'autres entreprises ont un champ d'action beaucoup plus large. **Aujourd'hui, des grandes entreprises françaises comme Danone ou Sodexo réalisent la plus grande partie de leurs affaires à l'étranger.** Les clients, les employés, les bureaux et les usines sont répartis dans le monde entier. Cela explique que leurs performances aient peu de relation avec la santé de l'économie française. En fait, il devient de plus en plus difficile de définir la nationalité de ces grandes sociétés multinationales : faut-il considérer la nationalité de leur dirigeant, de leurs propriétaires, l'implantation géographique des bâtiments et des usines, la répartition des activités ?

en question

❶ DES ENTREPRISES PARTOUT !

Peut-on se passer des entreprises ?

Les entreprises* ont beau être partout, elles ne font pas l'unanimité. Certains pensent qu'elles asservissent les consommateurs ou exploitent les salariés. D'autres critiquent leur impact négatif sur l'environnement ou leur appétit de profit*. Quel que soit le bien-fondé de ces critiques, pouvons-nous vivre sans elles ?

Lorsque les entreprises disparaissent d'une civilisation, ce n'est pas bon signe. On a vu cette situation dans des pays en guerre ou des régimes totalitaires. Pendant les derniers mois du régime nazi, l'Allemagne était prise en tenaille entre les troupes alliées et l'Armée rouge, et l'activité économique avait presque complètement cessé. Au Cambodge, durant la dictature des Khmers rouges, l'entreprise n'avait plus droit de cité. Le pays était paralysé, les champs restaient en friche.

En dehors de ces cas extrêmes, l'activité des entreprises rythme la vie des sociétés. Il suffit de penser aux rues commerçantes de nos villes peu de temps avant Noël. Ou aux bazars et aux souks des capitales d'Afrique et d'Orient. Le point commun, c'est le grouillement de la foule, le bruit, les couleurs, l'animation… Dans un pays en crise, cette vie trépidante s'arrête et fait place à un calme oppressant.

L'entreprise est le plus souvent synonyme de progrès. Plus une société est développée, plus son tissu d'entreprises est riche, complexe et imbriqué. Beaucoup des innovations scientifiques, technologiques et sociales des dernières décennies ont un lien direct avec l'entreprise. Ainsi, Motorola et Nokia ont fait progresser la téléphonie mobile ; Novartis et Sanofi ont mis au point des traitements efficaces contre les maladies cardio-vasculaires ; Renault et La Poste ont offert à leurs salariés des avantages sociaux bien avant qu'ils ne soient repris par la loi.

En tant que consommateurs, nous nous appuyons à chaque instant sur ces organisations qui nous nourrissent, nous vêtissent, nous transportent, nous divertissent, nous fournissent les moyens de communication, les équipements et l'énergie dont nous avons besoin. Sans tomber dans le matérialisme, nous puisons souvent un réel plaisir dans l'expérience d'un nouveau produit ou d'un nouveau service : un livre, un parfum, un repas dans un restaurant, un appareil électronique…

En tant qu'employés ou entrepreneurs*, nous trouvons dans l'entreprise l'un de nos principaux champs d'expression. Nous y investissons une grande part de notre temps, de notre énergie et de notre créativité. Nous y développons nos compétences et y affirmons notre personnalité. Beaucoup d'entre nous y réalisent les projets les plus marquants de leur existence, y exercent les responsabilités les plus importantes qui leur seront jamais confiées.

Rejeter l'entreprise en tant qu'institution n'a pas grand sens. Elle fait trop intimement partie de nos vies. Lorsque l'entreprise ne remplit pas ses promesses et échoue dans sa mission de progrès, nous devons nous engager pour l'améliorer de manière responsable et constructive : comme consommateur, comme salarié, comme citoyen ou comme propriétaire.

1
DES ENTREPRISES PARTOUT !

Pierre-André Sénizergues,
skateur entrepreneur

Sa devise : *Faire différemment*

Au lieu du traditionnel costume-cravate, il porte un bonnet, un jean large et des baskets. Ce Français émigré aux États-Unis est le propriétaire d'Etnies, l'une des plus grandes marques de chaussures de skateboard au monde.

Un passionné. Son histoire commence lorsque sa mère lui achète sa première planche, à 15 ans. De chutes en vols planés, il se passionne pour ce nouveau sport en observant les acrobaties des meilleurs Français au pied de la tour Eiffel. Après l'université, il décroche un premier job d'ingénieur dans l'informatique, mais démissionne rapidement pour poursuivre son rêve à Los Angeles, la capitale mondiale du skate. Les débuts sont difficiles et, avec seulement 100 dollars par mois pour vivre, il doit souvent dormir dans sa voiture. En six mois, il devient pourtant champion du monde de sa spécialité. Il conserve son titre pendant trois ans, mais doit bientôt arrêter la compétition à cause d'un grave mal de dos.

Un accrocheur. P.A.S, comme le surnommeront plus tard ses employés américains, est convaincu qu'il existe un énorme besoin pour de vraies chaussures de

Aux championnats du monde de skateboard à Prague en 2004.

skateboard et décide de se transformer en entrepreneur*. Il obtient le droit de distribuer aux États-Unis une petite marque de chaussure française, Etnics, plus tard rebaptisée Etnies. Mais il ne connaît rien aux affaires et le succès ne vient pas sans peine. Pendant quatre ans, il perd de l'argent et pense plusieurs fois abandonner. Grâce à des efforts acharnés, les ventes de ses nouveaux modèles finissent pourtant par décoller. En 1996, il rachète la marque française et installe sa nouvelle entreprise, Sole Technology, à Lake Forest, en Californie.

La référence. Depuis, Etnies est devenue un nom culte pour des milliers de jeunes, et la société crée une centaine de nouveaux emplois par an. La réussite de P.A.S, c'est d'abord l'attachement sans faille à un rêve : offrir la meilleure chaussure de skateboard sur la planète. C'est également l'authenticité d'un entrepreneur qui se voit comme un skateur plutôt qu'un homme d'affaires et comprend parfaitement son public d'ados. Mais Pierre est aussi un bosseur qui fait des nuits courtes et attend beaucoup de ses équipes !

Un homme de convictions. Pour P.A.S, l'entreprise doit jouer un rôle actif dans la protection de l'environnement et la vie sociale. Ses fabrications utilisent des matières organiques, comme le bambou, et des emballages recyclés. Ses bureaux sont alimentés par des panneaux solaires, ce qui permet de préserver 17 hectares de forêt par an. Grâce à sa générosité, Lake Forest est équipé d'un vaste parc de skateboard entièrement gratuit qui accueille chaque semaine près de 1 500 jeunes.

Pierre-André Sénizergues *en 7 dates*

1963
Naît en région parisienne

1985
Émigre aux États-Unis

1985 à 1987
Remporte 3 fois le titre de champion du monde de skateboard

1989
Abandonne la compétition et devient entrepreneur

1996
Rachète Etnies et s'installe à Lake Forest

2003
Est reconnu « entrepreneur émigrant de l'année » par l'État de Californie

2006
Emploie 450 personnes et réalise 150 millions d'euros de chiffre d'affaires

1 — DES ENTREPRISES PARTOUT !

À TOI DE JOUER !

1

Promène-toi dans un supermarché, dans un restaurant ou chez un concessionnaire automobile et observe l'activité de cette entreprise.

Quels sont les principaux métiers ?

Comment le travail est-il organisé ?

Quels employés sont en contact avec les clients ?

Quels équipements utilisent-ils dans leur travail ? De quelles qualités doivent-ils faire preuve ?

As-tu des idées pour améliorer le fonctionnement de cette entreprise ? Pour augmenter la satisfaction de ses clients ?

2

Observe un produit de la vie de tous les jours (une boîte de céréales, un vêtement, un téléphone portable...).

Quelle société fournit ce produit ?

Où le produit est-il fabriqué ?

Quels sont les différents matériaux utilisés ? Essaye d'imaginer son processus de fabrication.

Où et comment peut-on acheter ce produit ?

Que proposes-tu pour l'améliorer ? Pour le rendre plus écologique ?

3

Tape le nom d'une société qui t'intéresse sur le moteur de recherche de ton ordinateur et visite son site internet.

Quelles sont ses principales activités, ses produits phares, ses types de clients ?

Que met-elle en avant dans sa communication ?

Que fait-elle pour l'environnement, le progrès social ?

Qu'apprends-tu sur son organisation, ses principales implantations, ses dirigeants ? Cette société recrute-t-elle ? Pour quels types de métiers ?

Aimes-tu ce site ? Quelles autres informations souhaiterais-tu y trouver ?

« Euh!!! On visite ! »

CHAPITRE 2
DES ENTREPRISES ET DES HOMMES

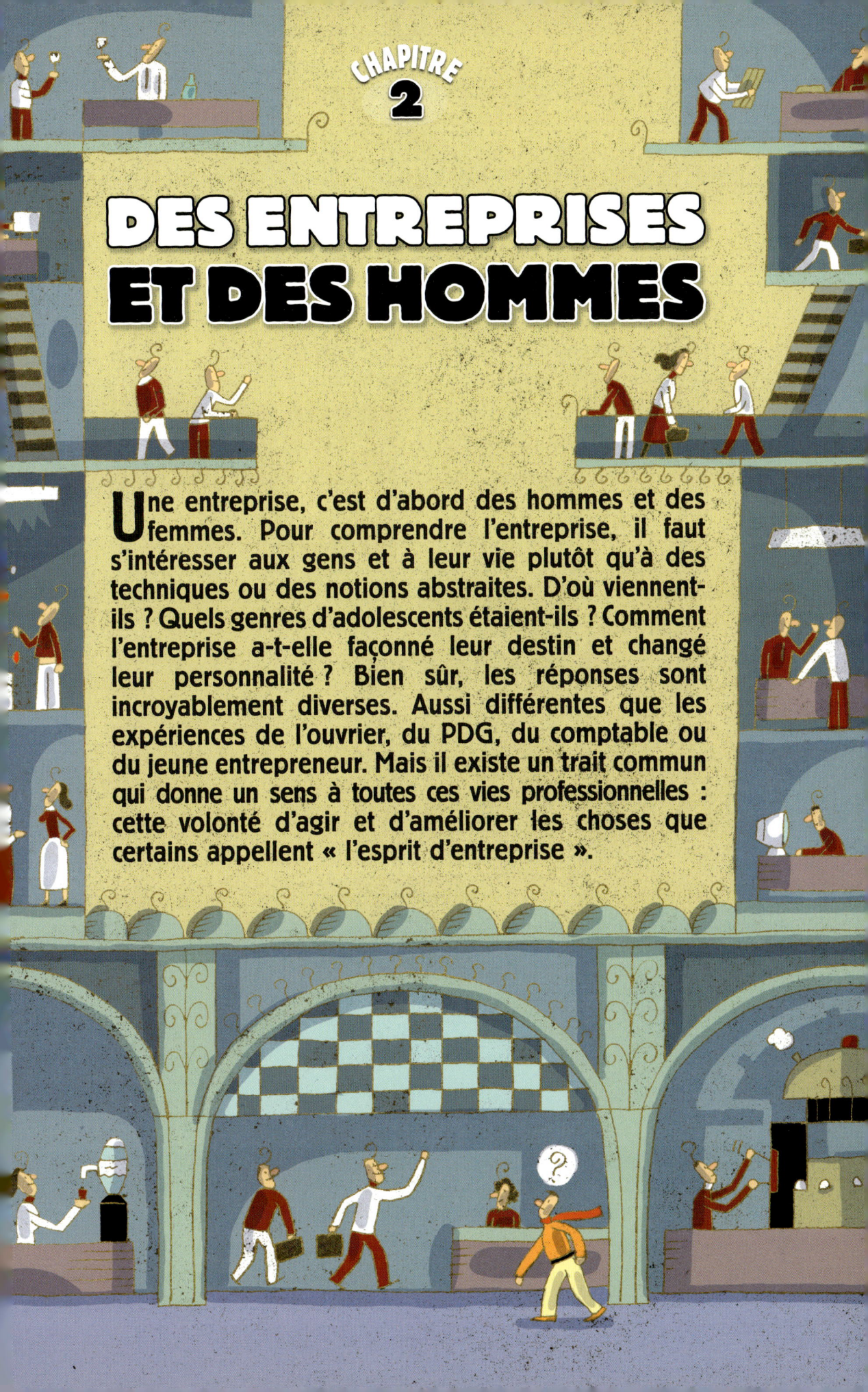

Une entreprise, c'est d'abord des hommes et des femmes. Pour comprendre l'entreprise, il faut s'intéresser aux gens et à leur vie plutôt qu'à des techniques ou des notions abstraites. D'où viennent-ils ? Quels genres d'adolescents étaient-ils ? Comment l'entreprise a-t-elle façonné leur destin et changé leur personnalité ? Bien sûr, les réponses sont incroyablement diverses. Aussi différentes que les expériences de l'ouvrier, du PDG, du comptable ou du jeune entrepreneur. Mais il existe un trait commun qui donne un sens à toutes ces vies professionnelles : cette volonté d'agir et d'améliorer les choses que certains appellent « l'esprit d'entreprise ».

2
DES ENTREPRISES ET DES HOMMES

découvrir

Où tu découvres quatre personnalités différentes et un même esprit d'entreprise

Sophie, responsable d'un département graphique

Timide, Sophie a passé toute sa scolarité à se fondre dans la masse. Lorsqu'elle commence à travailler en entreprise, elle souhaite gagner honnêtement sa vie, rien de plus. Parachutée à un poste à responsabilités, **elle va trouver en elle des ressorts cachés et parvenir à redresser une situation catastrophique.**

C'est au cours de ses études de secrétariat qu'elle découvre les logiciels de production graphique, ces outils qui permettent de préparer rapidement des documents sophistiqués. Son BTS en poche, elle enchaîne les remplacements en tant qu'assistante graphique dans diverses entreprises* : un jour, deux mois, une semaine... Le travail n'est pas toujours passionnant, mais lui permet de se faire la main et d'observer l'entreprise sans être remarquée.

Son quatrième employeur est une entreprise d'ingénierie spécialisée dans la conception de nouvelles usines. Il y règne une pression terrible et une ambiance détestable. **Sophie se retrouve avec quinze autres filles dans une équipe chargée de produire des documents techniques et des plans pour 200 jeunes ingénieurs conseil.** Toujours pressés, les ingénieurs arrivent à la dernière minute avec de nouvelles requêtes et déversent leur stress sur les assistantes. Celles-ci se protègent en ralentissant le rythme et en repoussant les demandes urgentes. Les plus rebelles dissipent les autres en ressassant à longueur de journée leurs histoires personnelles. Bourrés d'erreurs, les documents doivent être révisés jusqu'à quatre ou cinq fois. La responsable du service est submergée et frise la dépression.

À sa grande surprise, Sophie s'adapte facilement à cette maison de fous. Elle aime rire avec ses collègues lorsqu'un ingénieur un

36

peu déjanté « fait son numéro ». Surtout, elle se sent indispensable au succès des ingénieurs. En l'absence de documents clairement présentés et produits à l'heure, leur travail ne vaut rien. Tous commencent à apprécier cette jeune fille discrète qui les accueille d'un air détendu, travaille efficacement et sait être ferme tout en proposant des solutions. Sa réputation se propage sans bruit. Un jour, la chef de service « craque » et le directeur des ressources humaines* convoque Sophie : « La place est vacante, j'entends dire du bien de vous, je vous donne votre chance. »

Le plus urgent, c'est de former l'équipe. **Sophie consacre beaucoup de temps à mieux connaître les filles. Elle s'intéresse à leurs motivations et leurs compétences, mais aussi à leur personnalité et à leurs problèmes.** Elle gagne leur confiance en leur donnant des petits coups de main ou en les défendant face aux demandes excessives. Elle les rassemble souvent autour d'un café pour souder le groupe.

Il faut aussi rétablir la réputation du département auprès des ingénieurs. Sophie obtient l'appui d'un ancien, très respecté. Avec lui, **elle rédige les « règles du jeu », c'est-à-dire les droits et obligations réciproques des ingénieurs et des assistantes graphiques :** délais de réponse, horaires de service, présentation des rapports, qualité des documents produits. **Elle définit des indicateurs de mesure simples et précis pour suivre les progrès accomplis et communique chaque mois les chiffres aux ingénieurs.** Une fois par trimestre, elle diffuse un court questionnaire de satisfaction destiné à identifier les priorités d'amélioration. L'équipe se réunit pour commenter les résultats et proposer des changements.

Deux ans plus tard, le département graphique traverse une nouvelle crise. Dotés de logiciels plus faciles à utiliser, les ingénieurs produisent eux-mêmes leurs documents et font moins souvent appel à l'équipe de Sophie. **Plutôt que de résister à cette évolution inévitable, Sophie réinvente le rôle de son département.** Elle dirigera désormais une équipe plus petite et plus qualifiée chargée d'offrir un support de très haut niveau. Les assistantes graphiques se concentreront sur les tâches les plus complexes et apporteront la « dernière touche » aux documents. Le département offrira des formations régulières aux ingénieurs et les dépannera uniquement en cas de problème.

Les anciens se souviennent encore du vieux cauchemar du département graphique et de sa remarquable transformation. Sophie est devenue l'une des employées les plus admirées de l'entreprise. Elle est toujours aussi réservée. Mais sa timidité a fait place à une tranquille confiance en soi.

La présentation des documents des ingénieurs conseil est importante pour l'image de l'entreprise auprès des clients.

DES ENTREPRISES ET DES HOMMES

Françoise, directrice commerciale

Françoise a grandi dans le nord de la France au sein d'une famille ouvrière de six enfants. En tant qu'aînée, elle a acquis très tôt le sens des responsabilités. Des années plus tard, cette maturité lui est très utile pour surmonter **les défis de son métier d'ingénieur commercial.**

Elle se marie à 21 ans et finance ses études dans une école de commerce en travaillant à temps partiel dans une agence de location d'outillage. C'est là qu'elle apprend les premiers rudiments des affaires : trouver rapidement l'outil dont le client* a besoin, connaître à tout instant l'état du stock*, mener les discussions difficiles avec les clients qui rapportent le matériel en mauvais état... Mais elle a d'autres ambitions. Une fois son diplôme en poche, elle passe avec succès des entretiens de recrutement dans une grande multinationale de l'informatique et accepte un poste d'ingénieur commercial à Paris : **elle vendra des gros ordinateurs, des PC, des logiciels et des services* à un important client dans le secteur de la distribution*.**

Le métier n'est pas de tout repos car les objectifs commerciaux fixés par son employeur sont très élevés et son salaire dépend pour plus de 50 % de ses résultats. Mais Françoise trouve vite ses marques. Elle se montre capable de dialoguer facilement avec des clients beaucoup plus âgés qu'elle. Elle invite avec naturel ces quinquagénaires au restaurant et sait trouver les sujets qui les intéressent. Plus solide que les débutants sortis directement de l'école, elle joue une fois de plus le rôle de grande sœur et soutient bientôt les jeunes commerciaux les plus déstabilisés par leur nouvelle vie.

Françoise n'est pas une baratineuse. **Sa force de persuasion lui vient de sa sincère admiration pour sa nouvelle entreprise*.**

Elle croit en la supériorité des produits et en l'excellence des équipes d'installation et de maintenance. Elle est convaincue du bien-fondé de ses arguments financiers. Elle est impressionnée par les laboratoires et les usines dont elle représente les technologies. Après une jeunesse à la dure, elle sent que sa carrière décolle enfin grâce à cette entreprise qui lui a donné sa chance. Elle a choisi son camp et le défendra fidèlement.

Un jour, elle parvient à vendre un logiciel très récent et totalement inconnu en France. L'installation pose beaucoup de problèmes et perturbe gravement le système informatique du client. Mais Françoise n'abandonne pas. Elle multiplie les coups de téléphone, mobilise tous les techniciens disponibles, fait venir un grand spécialiste des États-Unis. Surtout, elle engage complètement sa réputation. Les problèmes s'atténuent : Françoise a encore gagné une bataille !

Le premier revers arrive le jour où son meilleur client renonce à lui acheter un gros ordinateur et préfère la machine d'occasion proposée par un négociant inconnu… à un prix deux fois inférieur. Françoise pensait avoir la confiance de son interlocuteur et se sent trahie. **Comment les meilleurs arguments peuvent-ils ne pas triompher ? Puis elle réagit comme tous les bons commerciaux en pareille circonstance : elle s'arc-boute, rebondit et repart !**

Depuis, Françoise a connu des centaines de succès et d'échecs. Elle a toujours du mal à accepter la défaite, mais elle se ressaisit plus rapidement. Quant au parfum de la victoire, il est toujours aussi grisant ! **Aujourd'hui directrice commerciale d'une grande société* de service informatique, elle forme chaque année des dizaines de commerciaux.** Elle éprouve toujours la même fierté lorsqu'un jeune vendeur s'accroche dans une négociation difficile.

Une solide formation à la vente facilite les premiers pas des commerciaux.

Didier, fondateur d'une société de conseil

« Élève doué mais agité », l'appréciation est à peu près la même sur tous ses bulletins scolaires de la sixième à la terminale. Et c'est ainsi qu'on le perçoit tout au long de ses débuts professionnels. Finalement, son énergie et sa soif d'indépendance l'amènent à devenir entrepreneur. **Un rôle dans lequel il réussit magnifiquement.**

Didier fait partie de ces élèves qui bavardent au fond de la classe pendant les cours de maths, puis jettent un coup d'œil distrait au tableau et trouvent immédiatement la solution du problème. Pour lui, les félicitations ne sont jamais loin du conseil de discipline. Bac avec mention, classe préparatoire et grande école d'ingénieur : il suit un parcours typique de bon élève. Sur le campus, tous les étudiants connaissent ce joyeux fêtard à la silhouette nonchalante et au regard espiègle. On a souvent du mal à suivre ses 200 idées à la minute, mais on se laisse volontiers séduire par son enthousiasme contagieux.

Pour son premier job, Didier rejoint un grand cabinet d'audit. Le métier consiste à vérifier en profondeur la comptabilité* de grandes sociétés*. Il est attiré par la variété des missions, le travail en équipe, l'ambiance décontractée et la moyenne d'âge très jeune des salariés. Ses évaluations de performance ne sont pas si différentes de ses carnets de notes de collège. Il est capable de produire des analyses profondes et originales. Lorsqu'il se passionne pour une mission, il s'investit totalement et ne compte plus les heures. **Son charme lui permet de gagner la confiance des clients* et d'obtenir toute l'information nécessaire. Son inaltérable bonne humeur rejaillit positivement sur le moral des équipes.** Mais Didier continue à franchir régulièrement la ligne jaune. Un jour, il coupe la cravate d'un client avec une paire de ciseaux « pour rigoler ». Une autre fois, il recouvre le bureau d'un de ses collègues avec des dizaines de mètres de bande adhésive. La réaction finit par arriver : « Si tu veux progresser, il va falloir te calmer. » Didier n'est pas encore prêt. Avec un de ses amis du cabinet, **il reprend sa liberté et monte une entreprise*.**

Leur idée est de développer un service de blanchisserie pour les cadres* sur leur lieu de travail. Il suffit de déposer son tailleur, son costume ou sa chemise avec un bon de commande et un chèque dans un placard prévu à cet effet. Et l'on récupère le tout le lendemain parfaitement nettoyé et repassé. Leur premier client sera le cabinet d'audit ! Pour les deux compères, cette expérience est une révélation. Chaque jour amène une longue liste de casse-tête : ne pas mélanger les vêtements, ne pas les endommager, encaisser les chèques, organiser les collectes et les livraisons dans le bon ordre, s'assurer que la blanchisserie finit son travail à l'heure… Pour survivre plus de 24 heures dans ce métier, il faut une discipline de fer. Adieu donc, la joyeuse improvisation des années d'étudiant ! Grâce à leur formation, ils maîtrisent parfaitement les chiffres et dotent l'entreprise d'une informatique efficace. Un an plus tard, l'affaire tourne comme une horloge. Mais les deux entrepreneurs* s'ennuient déjà et regrettent le plaisir intellectuel de leur premier métier. En vendant leur entreprise, ils encaissent l'équivalent de deux ans de leur ancien salaire et repartent chacun de leur côté.

Didier monte ensuite une société de conseil. Ce nouveau projet combine l'intérêt des missions d'audit et la satisfaction de développer sa propre entreprise. L'idée lui vient en remarquant que les grandes entreprises dépensent des centaines de millions d'euros en achats de marchandises et de services*. Il va les aider à réduire ces dépenses et prendra sa part sur les économies réalisées. Cette fois, **Didier est bien armé pour réussir : il a gardé l'énergie débordante de son adolescence, mais y a ajouté un énorme sens pratique et de multiples connaissances.** Dix ans plus tard, sa société de conseil emploie plus de 200 personnes dans quatre pays. Elle jouit d'une excellente réputation… et l'ambiance n'y est jamais morose !

Ambiance décontractée à la cafétéria.

2 DES ENTREPRISES ET DES HOMMES

découvrir

JARDINS MARINS
ÉPISODE I

Yann, jardinier paysagiste

Ce jeune Breton a toujours préféré le grand air aux salles de classe et l'activité physique au travail scolaire. Après un apprentissage difficile, il s'installe à son compte comme jardinier paysagiste et construit une affaire prospère.

Après le collège, on déconseille à Yann de poursuivre des études générales et le voilà inscrit dans une école d'horticulture. Yann aime s'occuper des semis et des massifs de fleurs dans la serre de l'école. **Durant ses années d'apprentissage, il enchaîne les travaux pénibles pour des patrons exigeants :** déplacer des tonnes de terre, couler du béton, débroussailler des hectares de lande ou tailler des dizaines de mètres de haies. Les semaines se succèdent avec les journées éreintantes et les virées du week-end entre copains. À 25 ans, Yann cherche encore sa voie.

C'est la rencontre avec Léa qui va fixer le cap. Léa voit en Yann les qualités que les autres ignorent : sa passion du travail bien fait, sa curiosité pour les multiples variétés de plantes, ses bonnes idées pour remodeler un paysage. À ses côtés, il devient plus confiant. L'arrivée de leur fils Adam met le jeune couple face à de nouvelles responsabilités. **Yann quitte son patron et s'installe à son compte comme jardinier paysagiste.** Il démarre en acceptant les chantiers les plus durs – ceux que ses confrères préfèrent refuser. La charge de travail est encore plus lourde que pendant l'apprentissage, mais il la supporte mieux car il récolte directement le fruit de ses efforts.

Un jardinier botaniste au travail.

La société*, qui s'appelle Jardins marins, se développe petit à petit. Les clients* respectent Yann pour sa force de travail, mais sont surpris par sa timidité. Il bredouille pour expliquer ses propositions et n'ose pas décrocher le téléphone pour demander le paiement des factures en retard. C'est dans ces situations que Léa intervient avec fermeté et diplomatie. L'achat d'un ordinateur marque une étape importante. Après ses longues journées de travail, Yann se passionne pour son jouet électronique et découvre de multiples possibilités pour travailler plus efficacement. **Grâce à l'ordinateur, il va pouvoir se distinguer de ses concurrents* en envoyant sans délai des propositions claires et agréables à lire. Il va produire des plans de qualité en couleur et en trois dimensions. Il va offrir de meilleurs prix en contrôlant mieux ses coûts.**

Lorsqu'un chantier demande trop de travail ou exige des compétences qu'il n'a pas, Yann fait appel à d'autres artisans* indépendants. Cela lui permet d'observer et d'apprendre leurs techniques. **Pour faire grandir son affaire, il décide d'offrir de nouveaux services*.** Il ne se limite plus au jardinage, mais pose des terrasses, monte des clôtures, construit des murets. Bientôt, il installe des systèmes d'arrosage électronique et des éclairages de jardin. Ces chantiers sont plus complexes, mais moins fatigants et rapportent plus d'argent. Grâce à ses compétences, il attire désormais les propriétaires de résidences secondaires du bord de mer. Il leur propose des contrats d'entretien à l'année. Cette formule lui garantit des revenus plus stables, tout en facilitant l'organisation de son travail.

Cinq ans après son démarrage, Yann emploie sept jeunes ouvriers. Il mesure à leur contact le chemin parcouru depuis l'école d'horticulture. Mais lorsqu'il se déplace de chantier en chantier, **c'est le sentiment de liberté qu'il apprécie par-dessus tout.**

2

DES ENTREPRISES ET DES HOMMES

Où tu comprends la diversité des fonctions au sein de l'entreprise

Quand on pense à l'entreprise, on pense d'abord à l'entrepreneur. Pourtant, la plupart des employés d'une entreprise ne sont pas des entrepreneurs, mais des salariés. Ils occupent des positions très diverses en termes de responsabilité et de pouvoir. Qu'ils soient en première ligne ou dans un rôle de support, leur engagement est indispensable au succès collectif.

La diversité : une réalité et une chance

La population des entreprises* représente 70 % de la population active. Elle est donc très diverse, à l'image de notre société. On y retrouve tous les âges, les groupes sociaux, les courants de pensée et les origines ethniques. C'est également un milieu mixte. Dans notre pays, près des deux tiers des femmes de 15 à 64 ans font partie de la population active. Cette diversité est une énorme chance pour les entreprises, car elle leur permet de puiser dans un vaste réservoir d'expériences, de compétences et de styles. C'est également un défi. Il n'est pas toujours facile de faire agir les membres d'une équipe aussi diverse en parfaite harmonie.

Lorsque l'on regarde la population des entreprises, on est également frappé par **l'incroyable variété des niveaux de qualification, de responsabilité et de pouvoir.** La vie quotidienne est différente selon que l'on est ouvrier sur une chaîne de montage automobile ou directeur d'un grand magasin, entrepreneur* en bâtiment ou ingénieur dans un groupe* industriel multinational. Dans ces conditions, les opinions sur l'entreprise sont aussi très variables. Pour que tous les membres aient l'impression de faire partie du même bateau, **il faut un projet fort auquel chacun puisse adhérer quel que soit son rôle.**

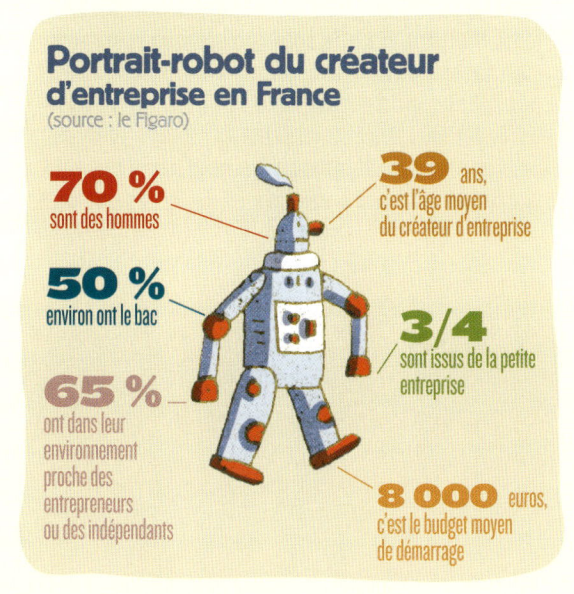

Patron-ouvrier : deux positions différentes dans l'entreprise autour d'un même projet !

Portrait-robot du créateur d'entreprise en France
(source : le Figaro)

- **70 %** sont des hommes
- **50 %** environ ont le bac
- **65 %** ont dans leur environnement proche des entrepreneurs ou des indépendants
- **39 ans**, c'est l'âge moyen du créateur d'entreprise
- **3/4** sont issus de la petite entreprise
- **8 000** euros, c'est le budget moyen de démarrage

L'entrepreneur : le pilier

L'entrepreneur, c'est celui ou celle qui porte sur ses épaules le projet de l'entreprise. Il peut créer une entreprise ou reprendre une entreprise déjà existante. Il en est très souvent le propriétaire ou l'un des propriétaires. Il dirige l'entreprise, c'est-à-dire qu'**il a la responsabilité finale de toutes les décisions importantes** même s'il ne s'occupe pas de tout au jour le jour et s'appuie sur une équipe large. Par exemple, il décide d'ouvrir un magasin, de recruter un employé, de fixer le prix d'un produit à un certain niveau, de dire oui ou non à un client* important. Il doit prendre des risques et supporter les conséquences de ses décisions. Si l'entreprise réussit, ses efforts sont récompensés et il peut gagner beaucoup. Si elle échoue, il peut perdre sa fortune personnelle et se trouver ruiné.

Il n'est pas facile de compter les entrepreneurs, car il n'y a pas de définition officielle. On inclut bien sûr dans cette catégorie les 1,5 million de commerçants et d'artisans* indépendants. On peut également considérer comme entrepreneurs le million de patrons de petites entreprises (moins de 50 salariés), qui sont en général propriétaires de la totalité ou d'une grande partie de leur affaire. Mais qu'en est-il des 28 000 patrons de moyennes et grandes entreprises ? Beaucoup ne possèdent pas l'entreprise, dont la propriété est parfois répartie entre des centaines de personnes. Ils ne sont pas entièrement libres de leurs décisions car ils doivent rendre des comptes au conseil d'administration* désigné par les propriétaires. Pourtant, ils ont reçu pour mission de piloter l'entreprise dans des conditions précises. Ils prennent des décisions importantes et supportent des risques très élevés. La majorité s'apparente à des entrepreneurs.

Les femmes occupent une place importante parmi les entrepreneurs. Dans le secteur des services*, elles sont à l'origine de près de la moitié des nouvelles entreprises. Le métier

Part des femmes chez les créateurs d'entreprise par secteur
(France, 2002 - source : Insee)

- **57 %** éducation, santé
- **45 %** services aux particuliers
- **33 %** commerce
- **22 %** industrie
- **13 %** transport
- **7 %** construction

d'entrepreneur n'est pas non plus réservé à une élite d'individus surdiplômés. **Un quart des entrepreneurs se déclarent autodidactes :** ils considèrent qu'ils « se sont faits eux-mêmes ». Cette diversité de formation est encore plus frappante en ce qui concerne les créateurs d'entreprise. En France, en 2002, moins d'un tiers des créateurs d'entreprise possédaient un diplôme d'études supérieures et près de la moitié n'avaient pas le bac.

Le rôle d'entrepreneur est ouvert à tous, mais il exige des qualités très spécifiques. Pour affronter les obstacles qui se dressent sur sa route, l'entrepreneur doit se montrer persévérant et capable de surmonter les échecs. Dans une aventure d'entreprise, les raisons d'abandonner ne manquent pas, surtout dans les premiers temps : un collaborateur démissionne, la banque refuse d'accorder un prêt, une affaire importante échoue, les caisses se vident. L'entrepreneur sait tirer les leçons de ses échecs et rebondir. Il est débrouillard et peut se sortir par lui-même d'une passe difficile. Le patron d'un café sait trouver une solution lorsqu'un serveur est absent et que la machine à café ne marche plus. Le responsable d'un site de commerce sur internet sait comment réagir lorsque le système ne répond pas. **L'entrepreneur est aussi capable d'exercer plusieurs métiers en fonction des besoins et des circonstances.** Il est généralement passionné et a en tête une vision pour l'avenir

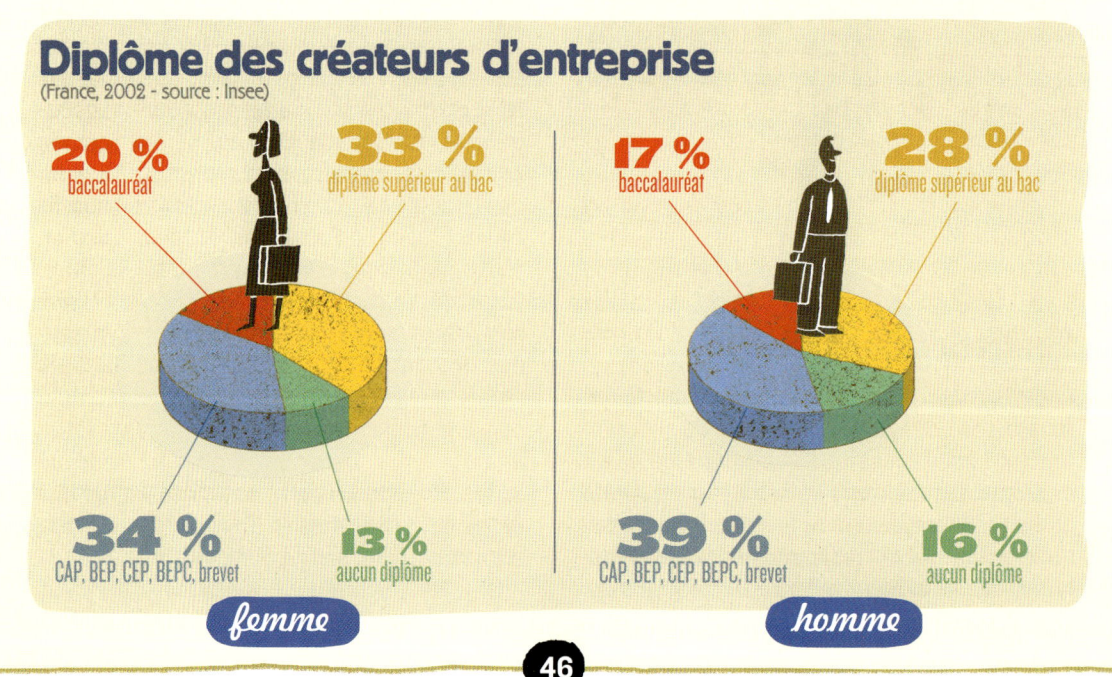

Diplôme des créateurs d'entreprise
(France, 2002 - source : Insee)

femme
- 20 % baccalauréat
- 33 % diplôme supérieur au bac
- 34 % CAP, BEP, CEP, BEPC, brevet
- 13 % aucun diplôme

homme
- 17 % baccalauréat
- 28 % diplôme supérieur au bac
- 39 % CAP, BEP, CEP, BEPC, brevet
- 16 % aucun diplôme

La population de l'entreprise est très diverse, à l'image de la société.

de son entreprise. Enfin, **il sait diriger,** c'est-à-dire qu'**il est capable de prendre à temps les décisions qui s'imposent et d'inspirer son équipe pour qu'elle avance avec lui.**

Les salariés : les forces vives

Les salariés participent au projet de l'entreprise en échange d'une rémunération, le salaire. **Ils constituent la grande majorité de la population des entreprises.** En temps normal, le salarié touche son salaire avec régularité à la fin du mois. Sa mission est clairement définie dans un accord écrit avec l'entreprise, le contrat de travail*. Il est donc a priori plus protégé que l'entrepreneur. Pour exécuter sa tâche, le salarié peut compter sur les ressources de sa société* et le travail des autres collaborateurs. Prenons l'exemple d'un employé de banque chargé d'accorder des prêts immobiliers aux clients. Le jour de son entrée en fonction, il reçoit un bureau et un ordinateur dans lequel il trouvera des données et des outils préparés par d'autres employés. Il suit une formation pour se familiariser avec sa mission. Par contraste, l'entrepreneur, en particulier dans une petite entreprise, doit organiser lui-même tous les aspects de son travail.

En fait, les différences entre le rôle de salarié et celui d'entrepreneur ne sont pas toujours si nettes. Lorsqu'une entreprise est en difficulté, le salarié peut perdre son emploi. Il partage donc une partie du risque de l'entreprise. Les rémunérations des salariés comportent de plus en plus souvent une part variable en fonction des résultats de l'entreprise et de leur performance individuelle. Par exemple, le salaire des responsables commerciaux peut varier fortement en fonction de leurs ventes. Dans un nombre croissant de situations, on permet aux salariés de devenir propriétaires d'une partie de leur entreprise. Comme les entrepreneurs, les salariés sont donc de plus en plus souvent « intéressés » financièrement aux résultats de l'entreprise.

À l'intérieur des grandes sociétés, on voit souvent **d'autres salariés que le président jouer un rôle proche de celui d'entrepreneur. On les appelle parfois des « intrapreneurs ».** Ils s'occupent d'une petite structure au sein de la grande société : un magasin, une agence bancaire, un restaurant, une direction régionale ou une filiale à l'étranger. Parfois même, ils agissent en véritables pionniers et créent cette structure. C'est le cas des salariés qui partent en Chine pour ouvrir une usine ou une antenne commerciale. Ils sont pleinement responsables de leurs ressources et de leurs résultats et ont l'autorité pour prendre la plupart des décisions. Cette manière de découper une très grande société en « petites entreprises » permet de motiver des salariés de talent en les invitant à se comporter comme des entrepreneurs.

DES ENTREPRISES ET DES HOMMES

Répartition de la population active occupée
(France, 2004 - source : Insee)

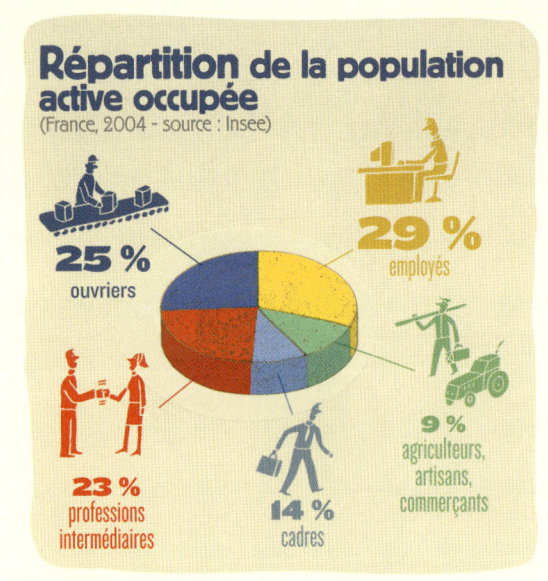

- 25 % ouvriers
- 29 % employés
- 23 % professions intermédiaires
- 14 % cadres
- 9 % agriculteurs, artisans, commerçants

Une vision verticale de l'entreprise

Pour comprendre les différents points de vue sur l'entreprise, il faut passer un moment à regarder les choses « verticalement » et distinguer les différents niveaux de pouvoir et de qualification. En France, **plus de la moitié de la population active occupée travaille au niveau employé ou ouvrier.** Pour ces personnes, l'entreprise est un univers « d'exécution » plus que de pouvoir. Pourtant, la qualité du travail et la motivation de ces millions d'employés et d'ouvriers sont indispensables à la santé de notre économie.

À l'autre bout de l'échelle, on trouve **14 % de cadres***. La notion de cadre est typiquement française et n'a pas de traduction exacte dans d'autres pays. En principe, elle désigne la personne qui « encadre » des employés. **C'est une notion de responsabilité d'équipe et de pouvoir hiérarchique.** Dans une armée, on parlerait « d'officiers » par opposition aux matelots ou aux simples soldats. Le responsable d'un grand centre d'appels téléphoniques ou le directeur d'une usine sont typiquement des cadres responsables de centaines de personnes. Parfois, les cadres n'ont pas véritablement de rôle d'encadrement et sont désignés ainsi en fonction de leur haut niveau de qualification. Un juriste d'entreprise ou un spécialiste du marketing* peuvent être des cadres du fait de leur degré d'expertise élevé alors qu'ils n'ont pas d'équipe sous leur responsabilité.

Entre les employés et les cadres, plus d'un quart de la population active occupée travaille dans des positions « intermédiaires » : agents de maîtrise, techniciens... Certains parlent péjorativement de « petits chefs ». Mais ces personnes jouent un rôle essentiel dans le bon fonctionnement de l'entreprise, car elles seules communiquent régulièrement avec les employés et les cadres de l'entreprise. Elles traduisent les grandes priorités de l'entreprise en actions quotidiennes sur le terrain. Elles aident les dirigeants à mieux comprendre les préoccupations des employés et des clients.

Des rôles complémentaires et indispensables

Lorsqu'on essaye de caractériser les rôles au sein d'une entreprise, **on fait souvent la distinction entre opérationnels et fonctionnels. Les opérationnels** sont toutes les personnes, quels que soient leur qualification ou leur niveau hiérarchique, qui **contribuent directement à la mission de l'entreprise :** concevoir, fabriquer et vendre un produit ou un service. Par opposition, **les fonctionnels aident les opérationnels dans leur**

mission. Ils ont une fonction de soutien. Si l'on fait la comparaison avec une équipe de football, on peut considérer que les joueurs sur le terrain sont les opérationnels. Les entraîneurs, les préparateurs physiques et les aides-soignants sont les fonctionnels.

Prenons une entreprise spécialisée dans les téléphones portables. Des ingénieurs et des techniciens conçoivent la forme et les fonctionnalités des nouveaux modèles de téléphone. Les personnels des usines fabriquent ces produits. Des vendeurs proposent les téléphones aux clients de l'entreprise. Des employés stockent les téléphones dans les entrepôts, puis préparent et organisent leur transport vers les clients. Tous ces personnels, qu'ils soient cadres ou employés, jouent un rôle opérationnel.

Pour les aider, des financiers suivent les coûts des produits, des comptables tiennent à jour les comptes de l'entreprise. Des responsables des ressources humaines* recrutent les employés, organisent leur formation, préparent chaque mois leur paie, suivent le déroulement des carrières. Des experts font des études pour mieux comprendre les besoins des clients ou bien améliorer l'efficacité interne de l'entreprise. Des informaticiens entretiennent le réseau, développent des programmes, assistent chaque employé dans l'utilisation de son ordinateur. Le point commun de tous ces métiers, c'est leur rôle de support. Tous ces personnels sont des fonctionnels.

On pourrait penser que les opérationnels ont le rôle le plus important puisqu'ils contribuent directement à la mission de l'entreprise. Ce n'est pas si simple. Une équipe de football ne peut pas gagner sans un entraîneur expérimenté qui prépare les joueurs, renforce leur cohésion et donne les bonnes consignes de jeu le jour de la compétition. De même, **les opérationnels d'une entreprise ne peuvent pas travailler efficacement sans un soutien de qualité.** Dans les entreprises, la finance*, les ressources humaines ou l'informatique exigent des compétences toujours plus élevées.

Aimé Jacquet s'adresse aux joueurs de l'équipe de France à Clairefontaine, quelques semaines avant la Coupe du monde 1998.

en question

DES ENTREPRISES ET DES HOMMES

Tout le monde peut-il devenir entrepreneur ?

D'après l'opinion commune, l'entrepreneur* serait né avec une mentalité de chef, aurait des dons naturels pour commander et parler en public. Il posséderait un fort sens politique et un grand pouvoir de séduction. Ces images sont souvent éloignées de la réalité. **Beaucoup de personnes se jettent au contraire dans la création d'entreprise* parce qu'elles sont mal à l'aise dans des organisations de grande taille.** Elles recherchent davantage de liberté et d'indépendance. Parmi les entrepreneurs qui ont réussi, on trouve bien sûr des gens très « charismatiques » qui attirent et entraînent les autres comme un aimant, mais on rencontre aussi souvent des personnes effacées et discrètes. Par exemple, beaucoup de jeunes démarrent leur entreprise de bâtiment avec peu d'aptitudes naturelles pour la communication.

L'idée qu'il faut avoir nécessairement fait des études poussées pour être entrepreneur est également fausse. **Près de la moitié des créateurs d'entreprise n'ont pas le bac.** Beaucoup d'entrepreneurs célèbres, comme Bill Gates de Microsoft, Steve Jobs d'Apple ou Michael Dell de Dell, ont abandonné prématurément leurs études pour poursuivre leur rêve. Cela n'enlève rien à l'importance des études. D'abord, certains secteurs exigent un niveau de compétences élevé, par exemple la pharmacie, la finance*, la technologie ou les télécommunications. Ensuite, les dirigeants de grandes sociétés* possèdent souvent des diplômes impressionnants. Enfin, les formations scientifiques ou commerciales développent des compétences très utiles pour démarrer efficacement dans une entreprise.

Avant de se lancer dans un projet d'entreprise, il faut se poser des questions d'un autre ordre. Des questions qui portent sur le caractère plutôt que les diplômes ou le charme naturel. Suis-je persévérant et capable de contourner les obstacles ? Comment vais-je réagir face aux difficultés ? Suis-je débrouillard et doté d'un bon sens pratique ? Suis-je capable de me motiver et de travailler seul sans une structure qui me prenne en charge et me donne des directions claires ? Est-ce que j'aime me fixer des défis et me battre pour les relever ? Suis-je plus attiré par l'indépendance ou par la perspective d'un statut prestigieux dans une grande organisation ? Ce sont les réponses à ces questions qui distinguent les entrepreneurs potentiels.

Le courage, la débrouillardise, la passion de créer et la soif de liberté sont l'essence de l'esprit d'entreprise. Pas l'autorité, les diplômes ou les connaissances en gestion. Ces qualités ne sont pas réservées aux seuls chefs d'entreprise. Beaucoup d'employés font preuve de ce genre de qualités quotidiennement dans leur travail, quel que soit leur niveau de responsabilité, qu'ils soient cuisiniers ou comptables, chefs d'atelier ou informaticiens. Beaucoup d'entrepreneurs « modèles » n'ont jamais fondé leur propre entreprise et travaillent de manière anonyme dans de grandes sociétés.

DES ENTREPRISES ET DES HOMMES

rencontre

Pierre Bellon, un Marseillais à la conquête du monde

Au terme de sa carrière, Pierre Bellon peut revendiquer un record très enviable. Il est l'entrepreneur français qui a construit de son vivant la plus grande entreprise. Sodexo, le groupe qu'il a fondé, est le leader mondial de la restauration collective, avec plus de 345 000 employés dans 80 pays.

L'enfance face au large. Pierre Bellon a toujours été passionné de mer et de voyage. C'est peut-être pour ça qu'il a su voir très grand et très loin. Il grandit entre les deux guerres dans le quartier portuaire de Marseille, véritable capitale du commerce maritime français avec l'Afrique et l'Orient. L'entreprise familiale dirigée par son père assure le ravitaillement des cargos et des paquebots en partance pour l'Algérie et la Tunisie. Surnommé « Boulette » à cause de sa petite taille, Pierre est un enfant sociable et populaire. Il pratique le scoutisme, dont il apprécie les valeurs et l'esprit d'équipe. Ce n'est pas vraiment un élève modèle et il lui faut deux tentatives pour décrocher son bac et trois pour réussir le concours d'entrée à HEC (Hautes études commerciales). Enrôlé dans la marine pour son service militaire, il sillonne la Méditerranée sur un navire de guerre et y apprend plusieurs leçons utiles : « Ce ne sont pas toujours les grands costauds qui sont les plus courageux ! »

La soif d'indépendance. Après ses études, il rejoint l'entreprise familiale. La fin de l'Empire colonial français et le développement du transport aérien annoncent le déclin du port de Marseille et les compagnies maritimes ferment les unes après les autres. Décidé à réagir, Pierre parle à son père : « J'ai envie d'être indépendant, je veux créer quelque chose par moi-même. » Son idée est de livrer des repas aux salariés des entreprises sur leur lieu de travail. Il s'installe dans un hangar, achète un fourneau, des ustensiles, loue une camionnette et recrute quelques employés pour la cuisine et les livraisons.

Les premières victoires. Les débuts sont difficiles, mais Pierre est convaincu de l'énorme potentiel de ce nouveau marché. Face à des concurrents* beaucoup plus gros, il remporte plusieurs affaires importantes : le Commissariat à l'énergie atomique à Pierrelatte, le Centre national d'études spatiales en Guyane. Ses atouts : l'étude soignée des besoins des clients*, la décision de travailler avec eux « à livre ouvert », la détermination de son équipe, son charme naturel et son sens de l'humour !

La conquête du monde. L'aventure est lancée. Sodexo multiplie les ouvertures de restaurants et conquiert la France : la Provence, le Bordelais, la Région Rhône-Alpes, puis Paris. Il part ensuite à l'assaut de l'Europe et du monde. En 1995, Sodexo rachète la deuxième entreprise anglaise de son secteur, puis la première entreprise scandinave. En 2001, il prend le contrôle du leader américain de la restauration collective. En même temps, le groupe* prend pied sur des fronts plus inattendus : des mines dans la cordillère des Andes, le village des jeux Olympiques d'hiver de Calgary, les journées mondiales de la jeunesse à Paris...

Des valeurs très fortes. Pierre Bellon a créé Sodexo avec une vision : toujours rechercher la croissance pour servir au mieux les intérêts du personnel, des clients et des actionnaires*. Il croit profondément en ses équipes. « J'ai recruté des hommes et des femmes meilleurs que moi et je leur ai dit : je vous fais confiance, je vous donne des responsabilités, prenez-les. » Pour ses clients, il veut « améliorer la vie au quotidien »... en commençant par le contenu de leur assiette ! Malgré sa réussite météorique, Pierre Bellon a toujours gardé la simplicité du petit entrepreneur marseillais. Très proche de sa famille et fidèle en amitié, il résume sa vie en une formule : « Je me suis bien amusé ! »

Cuisine japonaise servie par Sodexo pour les cadres de Toyota à Kolin (République tchèque).

Pierre Bellon *en 9 dates*

1930
Naît à Marseille

1959
Rejoint l'entreprise familiale en déclin

1966
Fonde Sodexho (qui perdra son « h » en 2008)

1971-1978
Sodexo s'étend en Europe, en Afrique et au Moyen-Orient

1983
Introduit Sodexo à la Bourse de Paris

1995
Rachète le n° 2 anglais et le n° 1 scandinave

1998-2001
Prend le contrôle du n° 1 américain

2005
Cède sa place de directeur général

Sodexo en 2007
13,4 milliards d'euros, 345 000 collaborateurs et 28 000 sites dans 80 pays

DES ENTREPRISES ET DES HOMMES

À TOI DE JOUER !

1
Tu compares les portraits des entrepreneurs présentés à la fin de chaque chapitre de ce livre :

Lesquels de ces entrepreneurs t'inspirent le plus ? Pourquoi ?

Trouves-tu des points communs dans leurs parcours, dans leurs personnalités ?

Quels types de formation ont-ils reçus ?

Pourquoi ont-ils réussi ?

Comment se manifeste chez eux l'esprit d'entreprise ?

Qu'est-ce qui te surprend le plus dans leur histoire ?

2
Tu interroges une personne de ta famille ou un de tes proches qui travaille dans une entreprise :

En quoi consiste son travail de tous les jours ?

Comment sont définis ses objectifs ?

Travaille-t-elle en équipe ? A-t-elle un chef ? des employés ?

Quelles sont ses plus grandes satisfactions ? ses plus grandes frustrations ?

Que fait-elle pour mieux organiser son travail et améliorer les résultats ?

Est-elle fière de son entreprise ? Que souhaiterait-elle y changer ?

3
Tu assures, avec un ami, un service régulier pour améliorer la vie de tous les jours dans ta famille, ton lycée ou ton quartier.

Le choix est infini : communiquer les devoirs aux absents, aider les personnes âgées du quartier à faire leurs courses...

Comment vous répartissez-vous le travail ?

Comment prenez-vous les décisions ?

Quels sont les avantages de travailler à plusieurs ?

Que pourriez-vous faire pour mieux travailler ensemble ?

— Le but du service, c'est de communiquer les devoirs !!!

— PAS de les faire à ta place !

CHAPITRE 3

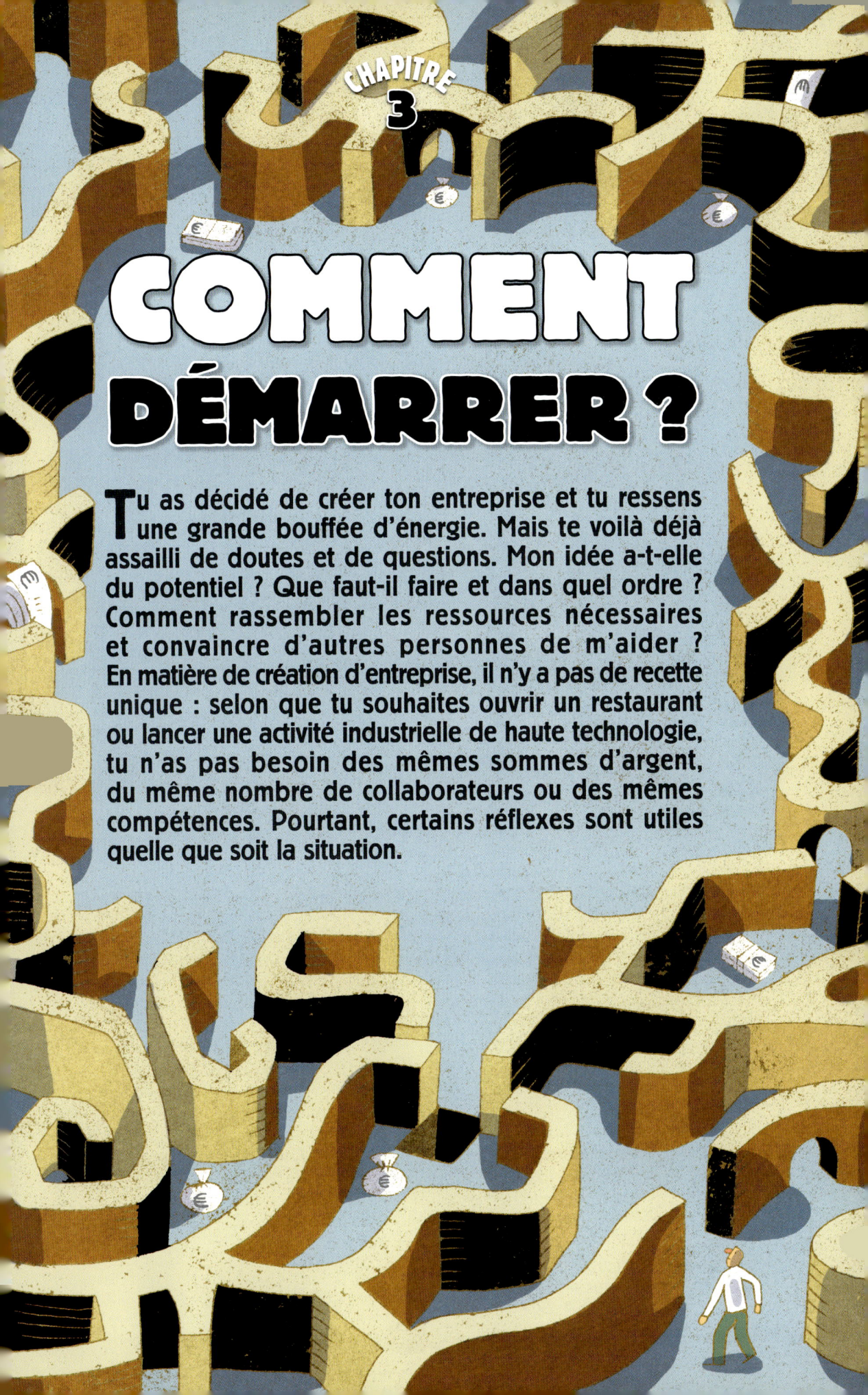

COMMENT DÉMARRER ?

Tu as décidé de créer ton entreprise et tu ressens une grande bouffée d'énergie. Mais te voilà déjà assailli de doutes et de questions. Mon idée a-t-elle du potentiel ? Que faut-il faire et dans quel ordre ? Comment rassembler les ressources nécessaires et convaincre d'autres personnes de m'aider ? En matière de création d'entreprise, il n'y a pas de recette unique : selon que tu souhaites ouvrir un restaurant ou lancer une activité industrielle de haute technologie, tu n'as pas besoin des mêmes sommes d'argent, du même nombre de collaborateurs ou des mêmes compétences. Pourtant, certains réflexes sont utiles quelle que soit la situation.

3 COMMENT DÉMARRER ?

Où tu découvres
deux projets de création d'entreprise

PASTA FUSION ÉPISODE 1

Audrey et Romain **ouvrent un restaurant**

Deux amis rêvent de posséder leur restaurant. Ils imaginent un concept, bâtissent un plan détaillé **et entreprennent toutes les démarches qui les conduisent jusqu'au jour de l'inauguration.**

Audrey et Romain se rencontrent au mois d'août en lavant des assiettes dans les cuisines d'un grand restaurant de la Côte d'Azur. Sa licence de gestion en poche, Audrey vient de passer une année à parcourir l'Asie, sac au dos. Romain finit l'école hôtelière et connaît déjà bien le monde de la restauration. Depuis l'âge de 16 ans, il finance ses études grâce à des petits boulots : il est tour à tour barman dans un café, employé dans un fast-food, serveur dans une crêperie...

Après le travail, Audrey et Romain aiment se retrouver pour parler de leurs expériences et de leur avenir. Audrey raconte sans fin ses voyages. Romain plaisante en évoquant les galères de ses premiers jobs. Mais il en revient toujours à son rêve : ouvrir son propre restaurant. **Au fil des discussions, ils passent en revue des dizaines d'idées et leur projet se dessine.**

Ils rejettent l'idée d'un restaurant « haut de gamme » : des exigences trop fortes sur la qualité de la cuisine et du service, des coûts de nourriture et de personnel très élevés, une pression constante pour créer et maintenir sa réputation... et après tous ces efforts, des perspectives de gains très limitées.

Ils hésitent longtemps sur la restauration rapide. Le modèle est plus simple et moins coûteux. Avec un bon concept et des procédures bien réglées, il est possible de faire tourner les tables plusieurs fois par soirée et de remplir le restaurant 7 jours sur 7. Mais la plupart des fast-foods sont des chaînes ou des franchises* attachées à des grands groupes* et les deux amis préfèrent garder leur indépendance.

56

Penne aux fèves, basilic et tomates.

Salade de nouilles chinoises.

La clé est de reproduire les avantages de la restauration rapide tout en offrant une nourriture de meilleure qualité. Romain a noté le succès de nouveaux concepts à mi-chemin entre le restaurant traditionnel et le fast-food : une carte limitée, des plats appétissants préparés simplement et servis à table ou au comptoir dans une ambiance décontractée. La cuisine au wok, cette grande poêle asiatique, fait un malheur, mais de nombreux restaurants sont déjà sur ce créneau. **« Et pourquoi pas faire des pâtes ? »** suggère Audrey. C'est un des plats les plus populaires, les plus universels et les plus faciles à préparer. Il existe des recettes dans le monde entier. **Leur menu combinera les pâtes asiatiques :** nouilles chinoises, japonaises, vietnamiennes, thaïlandaises ou indonésiennes… **et les pâtes occidentales :** spaghettis, tagliatelles, raviolis, pennes… **Leur restaurant sera un lieu de rencontre gastronomique entre l'Est et l'Ouest. Il s'appellera « Pasta fusion ».**

De retour dans la région parisienne, les deux amis passent les mois suivants à construire un plan pour convaincre les investisseurs de les aider. **Le plan présente d'abord une description détaillée du concept de *Pasta fusion* :** le type de nourriture, l'implantation des locaux, la décoration et l'ambiance, le niveau de service* apporté aux convives, les heures d'ouverture.

Le plan décrit ensuite la carte proposée et le prix des plats. Les plats sont classés par origine géographique : udong japonais, nouilles sautées aux cacahuètes d'Indonésie, pad thaï thaïlandais, pâtes de riz chinoises au bœuf, lamiang coréen… En plus des plats classiques, ils décident de proposer quelques « spécialités » en mariant les ingrédients de manière originale : spaghetti et sauce au soja, pâtes de riz et pesto. La carte sera renouvelée deux fois par an. Audrey utilise ses connaissances en gestion pour calculer les prix : elle prend en compte les coûts des ingrédients, mais aussi les salaires du personnel et le loyer, sans oublier les frais comme l'électricité et les taxes. Après avoir additionné tous les coûts, elle ajoute un profit* de 15 à 20 %.

Le plan aborde la clientèle cible et la localisation du restaurant. Les deux amis visent une clientèle d'étudiants et de jeunes ménages et ont décidé de s'installer dans une ville universitaire de la région parisienne. Ils ont repéré trois emplacements possibles : tous sont situés dans des quartiers très passants avec

COMMENT DÉMARRER ?

découvrir

de nombreuses possibilités de parking à proximité de l'université. Ils se sont assurés que ces quartiers n'étaient pas déjà saturés et que les restaurants étaient prospères. Et ils ont vérifié que les loyers proposés restaient abordables : ils ne veulent pas avoir à reverser tous leurs gains à leur propriétaire !

La section suivante concerne le personnel. **Romain recherche une équipe déjà habituée à la restauration. Dans ce métier, l'expérience est une condition essentielle du succès.** Il précise le nombre d'employés prévus en cuisine et en salle avec leurs qualifications et leurs salaires. Il explique comment il formera et motivera ses employés et comment il organisera leur travail.

La section la plus importante concerne les finances*. **Audrey y détaille les sommes nécessaires pour démarrer le restaurant et la manière dont les deux amis prévoient de rassembler ces fonds.** Elle prévoit les dépenses et les recettes hebdomadaires. Elle fait des hypothèses sur l'évolution du nombre de repas, du chiffre d'affaires* et du profit sur les trois premières années. Audrey et Romain estiment avoir besoin de 120 000 euros pour démarrer *Pasta fusion*. Ils pensent pouvoir dégager un bénéfice* dès la deuxième année.

Audrey et Romain mettent près d'un an à concrétiser leur projet. Six mois avant l'ouverture, ils présentent leur plan à des amis, des membres de leur famille et des investisseurs professionnels et obtiennent les financements nécessaires. Ils choisissent un local et se mettent d'accord sur le loyer avec leur propriétaire. Ils achètent un système de caisse enregistreuse, véritable cerveau du restaurant.

Ils achèvent les travaux d'aménagement **dix semaines avant l'inauguration.** Ils installent ensuite le mobilier et les équipements de manière à permettre une circulation aisée dans tout le restaurant. Ils font passer des entretiens et recrutent le personnel.

Deux mois avant le grand jour, ils testent leurs recettes, finalisent les menus et les font imprimer. Ils sélectionnent leurs fournisseurs* de nourriture et définissent la fréquence et les heures de livraison.

Au cours du dernier mois, ils commandent leur premier stock* de nourriture et de boisson. Ils forment les serveurs et les cuisiniers, divisent le restaurant en sections avec des tables numérotées pour le service.

Deux semaines avant l'ouverture, ils organisent une répétition générale en invitant leurs amis à dîner.

Pour le jour de l'ouverture, Audrey et Romain ont vu les choses en grand. Ils ont distribué des prospectus à la sortie de l'université et des lycées, et fait paraître une publicité dans le journal de la municipalité. Ils ont invité des journalistes, des critiques gastronomiques et les notables de la ville. Ils ont fait imprimer des stylos, des cartes de visite et des ballons au nom de *Pasta fusion*. Ils ont même engagé un chanteur de charme italien. La fête est un franc succès. Audrey et Romain notent plusieurs petits ratés dans le service, mais les convives n'y prêtent pas attention. **Les critiques sont positives, le bouche-à-oreille est favorable.** *Pasta fusion* **est né !**

3 COMMENT DÉMARRER ?

Stéphane lance un site musical sur internet

Stéphane est passionné de guitare et d'informatique. Il crée un site internet pour mettre en relation tous ceux qui s'intéressent à la chanson française. Suivons-le de la naissance de son idée à l'encaissement de ses premières recettes.

Voilà cinq ans que Stéphane travaille comme programmeur dans une société* de service informatique. Son métier consiste à aider des grandes entreprises* à construire ou améliorer leur site web. Au fil des années, il a développé un vrai savoir-faire, mais il trouve les projets répétitifs. À ses heures perdues, Stéphane gratte sa guitare et compose des chansons. Il aimerait se consacrer totalement à son instrument, mais la vie de musicien est compliquée : il faut trouver des cours, des engagements pour des concerts, composer, se faire connaître... **Comment mettre à profit ses compétences informatiques, passer plus de temps avec ses amis musiciens et assurer un revenu suffisant ?** L'équation semble impossible. Il a bien pensé ouvrir un magasin de musique, mais il a reculé à l'idée d'avoir à trouver des locaux, emprunter de l'argent et acheter des marchandises.

C'est un copain pianiste qui lui donne la bonne idée un soir, dans un café. « Pourquoi ne crées-tu pas un site internet consacré à la musique ? » En une heure, ils définissent les contours du projet. Le site mettra en relation tous ceux qui s'intéressent à la chanson française : les compositeurs, les musiciens, les organisateurs de concert, les producteurs de musique, et bien sûr le public. Le site gagnera de l'argent en vendant des droits publicitaires à toutes les entreprises intéressées par cette communauté : des disquaires, des magasins d'instruments, des écoles de musique, des salles de concert. Le lendemain matin, Stéphane achète un cahier et commence à organiser ses idées.

D'abord, **y a-t-il vraiment un besoin ?** Stéphane pense à ses amis musiciens. Des guitaristes cherchent des chanteurs pour jouer en groupe, des groupes cherchent des salles de spectacle pour se produire, des interprètes cherchent des compositeurs, des compositeurs cherchent des textes… Tout ces gens semblent avoir besoin d'une plateforme pour se parler et faire avancer leurs projets.

La place est-elle déjà prise ? En surfant sur le web, Stéphane constate qu'il existe déjà de nombreux sites consacrés à la musique, mais la plupart sont en anglais et aucun ne s'intéresse spécifiquement à la chanson française. En même temps, les sites « généralistes » fréquentés par les jeunes comme myspace.com ou ados.fr regorgent de blogs et de clips audio ou vidéo postés par des artistes amateurs. **Les nouvelles sont donc plutôt encourageantes : Stéphane constate un intérêt évident du public et une absence de concurrents* directs.**

Il dresse la liste des services* qu'il proposera en s'efforçant d'être le plus précis possible : des présentations de groupes avec leurs expériences de concert, leurs œuvres, des clips vidéo et audio et des témoignages du public ; des petites annonces pour trouver des musiciens, des cours de musique, des salles de spectacle, des mélodies, des textes, des concerts ; des forums de discussion ouverts aux artistes et au public ; des éditos avec l'actualité musicale du moment ; des tablatures et des partitions ; des conseils pour les groupes débutants.

Le site contiendra des liens vers des boutiques en ligne de musique, d'instruments, de partitions et de tickets de concert. Ces liens permettront de collecter des recettes publicitaires. Lorsque le trafic sera suffisant, Stéphane vendra lui-même de la musique à télécharger. Il se concentrera sur les jeunes artistes peu connus et évitera de concurrencer les grands sites commerciaux.

Stéphane comprend qu'il a besoin d'aide. Ses connaissances en gestion et en finance* sont très limitées et il payera les services d'un comptable pour quelques heures

Groupe amateur se produisant en concert.

3 COMMENT DÉMARRER ?

par mois. Il connaît l'internet sur le bout des doigts et possède un bon réseau de contacts dans le milieu de la musique, mais il craint de ne pas pouvoir tout faire. **Il décide de s'adjoindre l'aide de deux copains. L'un se consacrera à la construction du site, l'autre travaillera sur le contenu éditorial et les forums de discussion.** Stéphane dirigera l'ensemble et passera l'essentiel de son temps à faire connaître le site et recruter les partenaires publicitaires. En plus de leur travail, ses copains apporteront chacun 10 000 euros. Tous les trois seront copropriétaires de l'entreprise et partageront les bénéfices*.

Stéphane établit la liste des ressources nécessaires : le matériel informatique, les logiciels, les services de communication. Contrairement à une entreprise traditionnelle, les coûts sont limités. Il n'a pas besoin d'acheter de marchandises et de les stocker dans un local spécialisé. Il n'a pas à s'équiper en mobilier ou en machines. Tout se passera à partir de chez lui. Il estime les coûts de démarrage à 40 000 euros.

Au moment de faire ses achats, il ne lésine pas sur la qualité du matériel : ordinateurs, écrans, scanners et modems. Il sait qu'il les utilisera sans cesse pour construire et maintenir le site, répondre aux e-mails et contacter les partenaires. Il s'équipe également de bons logiciels : un outil de programmation pour dessiner et formater les pages web, un logiciel graphique pour créer et modifier les photos et illustrations, un logiciel comptable pour gérer les finances de l'entreprise.

Il achète les droits sur le nom du futur site : revedechanson.fr. Il passe un accord avec une société d'hébergement sur internet. Pour quelques dizaines d'euros par mois, cette société rend le site accessible au public 24 heures sur 24 à partir d'un ordinateur spécialisé, appelé « serveur web ».

Pendant les mois qui suivent, il passe de longues soirées à construire le site avec ses deux amis tout en gardant son emploi dans la société de service informatique. Ils mettent en ligne des informations utiles et

Programmation d'un site web.

intéressantes pour attirer les internautes. Ils créent une identité visuelle originale avec beaucoup de couleurs et de photos, des animations graphiques, une police de caractère très moderne et des gros titres. Ils choisissent un ton direct et amical pour s'adresser aux visiteurs et leur donner l'impression d'appartenir à une famille.

Lorsque revedechanson.fr s'ouvre enfin au public, les résultats sont décevants : le site n'enregistre que quelques visites par jour. Pas de quoi créer une communauté et faire venir les publicitaires ! **Stéphane décide alors d'offrir des services gratuits pour augmenter le trafic.** Il organise des concours de culture musicale avec des places de concert à gagner. Il offre de la musique à télécharger gratuitement. Il invite des groupes à mettre leur musique en ligne et demande au public de voter ; le groupe lauréat reçoit la possibilité de se produire en concert dans un cabaret réputé. Il répond sans délai aux questions des visiteurs et s'efforce de résoudre leurs problèmes. Il apporte des services supplémentaires à ceux qui acceptent de s'enregistrer et de partager leurs chansons. **Il prend contact avec d'autres sites plus connus et leur propose de créer des liens croisés.** En quelques semaines, le nombre de visites passe à plusieurs milliers par jour. **Le trafic devient suffisant pour attirer la publicité payante.** Avec ses premières recettes, Stéphane prend confiance et se jette dans l'aventure à plein temps.

comprendre

3
comment démarrer ?

Où tu comprends
comment naissent les idées d'entreprises

La promenade de Mr de Mestral

Une entreprise commence toujours par un rêve. Mais à quoi reconnaît-on une bonne idée et y a-t-il un bon point de départ ? Une fois le projet identifié, peut-on augmenter ses chances de succès en suivant une démarche précise et en utilisant certains outils ?

Les points de départ possibles

Lorsqu'on regarde les projets de création d'entreprise*, on est frappé par la variété des situations et des circonstances. On pourrait penser que les jeunes sont moins bien préparés au rôle d'entrepreneur*. Ils apportent moins d'expérience et sont a priori moins crédibles vis-à-vis des clients* ou des investisseurs. Cependant, beaucoup de projets d'entreprise naissent pendant l'école ou à la sortie. Ces étudiants compensent leur manque d'expérience par un surplus d'énergie, la volonté de faire quelque chose de différent et une plus grande tolérance face au risque.

Mais le point de départ le plus fréquent, c'est la vie professionnelle. En occupant un travail salarié, le futur entrepreneur acquiert une compétence technique, il bâtit un réseau de collègues, de partenaires et de clients qui ont confiance en lui et pourront devenir des alliés précieux. Un emploi salarié donne de nombreuses idées. En observant une entreprise établie, le futur créateur repère des bonnes pratiques. Il voit également de nombreux défauts qu'il souhaiterait corriger. « Si ça ne tenait qu'à moi, j'améliorerais le produit de telle manière, je proposerais tel service*, je concentrerais mes efforts sur tel client... » **Après plusieurs années dans une entreprise, beaucoup de salariés ont pris confiance en eux et souhaitent voler de leurs propres ailes.**

Beaucoup d'entreprises trouvent aussi leur origine dans la famille. Des femmes au foyer hésitent parfois à reprendre un emploi salarié après une longue absence du marché du travail. Cette situation leur donne un surcroît de motivation et d'énergie pour créer « leur propre métier ». En s'occupant de leur famille, elles ont souvent développé les qualités pratiques et le sens de l'organisation indispensables à la création d'entreprise. Les réseaux de parents d'élèves et de mères au foyer jouent un rôle très utile.

Parfois, de très belles entreprises naissent des difficultés de la vie. Parmi les salariés qui perdent leur emploi, certains trouvent en eux-mêmes l'énergie et les qualités pour devenir entrepreneur. Face à la nécessité, ils se découvrent des aptitudes qu'ils ne connaissaient pas. C'est la responsabilité des grandes entreprises et de la collectivité de les aider dans ces transitions : en finançant leur projet, en achetant leurs produits ou en allégeant leurs charges.

Quel que soit le point de départ, les projets d'entreprise naissent en parlant avec d'autres personnes, en travaillant, en s'amusant, en utilisant des produits et des services, en se promenant dans les magasins... pas en restant devant son bureau et en réfléchissant. **Le point commun, c'est toujours l'action.**

Part des Français souhaitant créer une entreprise (18-65 ans)
(source : Création d'entreprise)

- **20 %** de la population
- **47 %** des moins de 24 ans

Création d'entreprise par secteur
(France, 2005 - source : Insee)

- 6,7 % industrie
- 16 % construction
- 49,1 % services
- 2,2 % transport
- 26 % commerce

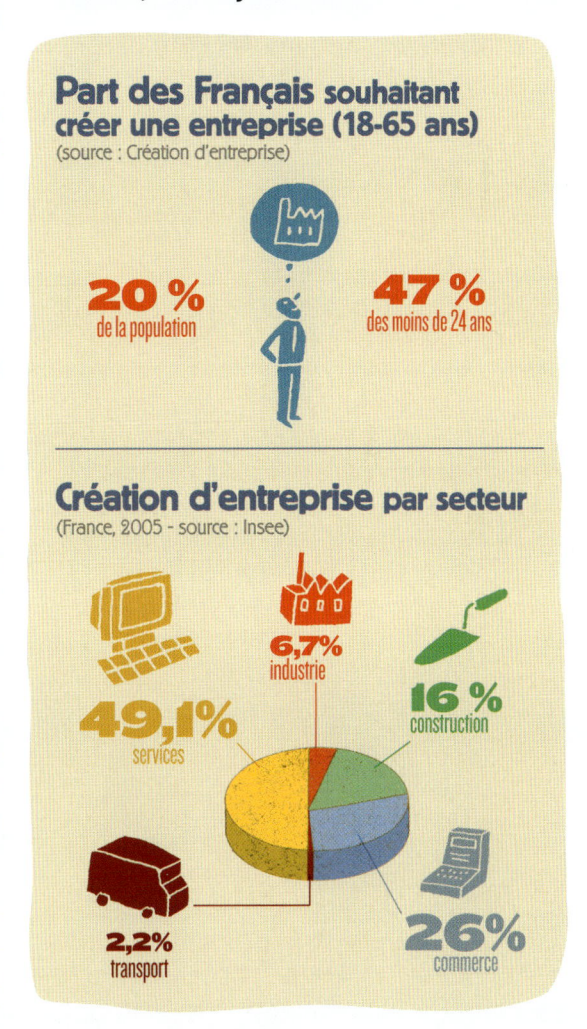

Qu'est-ce qu'une bonne idée ?

Avec un peu de créativité, il n'est pas si difficile d'imaginer des centaines de nouvelles idées d'entreprises. Mais seules quelques-unes

DRÔLES D'HISTOIRES

L'idée du coton-tige
vint en 1923 à Leo Gerstenzang, un Américain d'origine polonaise, en voyant sa femme essayer d'enrouler du coton autour d'un cure-dent pour nettoyer les oreilles de leur bébé.

L'idée du rasoir jetable
vint en 1901 à l'Américain King C. Gilette en constatant que la lame de son rasoir s'émoussait très vite. Depuis l'invention de la capsule de bouteille, il cherchait un produit que les consommateurs jetteraient et rachèteraient avec régularité.

L'idée du site d'enchères sur internet eBay
vint en 1995 à Pierre Omidyar, un Français installé à San Francisco, en voyant sa fiancée collectionner les machines à distribuer les bonbons. Il n'existait aucun système pour faciliter les échanges entre les collectionneurs passionnés par ce type d'objets.

---

offrent un véritable potentiel. **Pour trouver la perle rare, il faut se poser cinq grandes questions :**

1. Existe-t-il une demande suffisante pour le produit ou le service proposé ? Il ne faut pas se laisser aveugler par le côté prétendument génial de son idée et avoir l'arrogance de penser que des milliers de gens vont se précipiter pour acheter son produit. **Il faut être sûr que l'idée répond à un besoin non satisfait ou mal satisfait par les produits existants.** Si je propose des produits de jardinage dans une ville où il n'y a que des immeubles, je ne réponds à aucun besoin. Il faut également éviter la théorie. Un piège classique est de partir d'une étude qui explique que le marché compte 100 000 clients pour conclure : je n'aurai aucun problème à toucher 2 % du total. Même 2 % peut être inatteignable face à un concurrent* dominant. La bonne approche, c'est celle de ces étudiants qui inventent une boisson et partent aussitôt avec une bouteille Thermos la faire goûter à des consommateurs en posant toutes sortes de questions : aimez-vous le goût ? Quand boiriez-vous cette boisson ? Quel prix accepteriez-vous de payer ? En achèteriez-vous souvent ? Dans quel type de magasin ? Les réponses leur permettent de bien évaluer la demande et d'améliorer le produit pour coller aux attentes des consommateurs.

2. Sera-t-il possible de gagner de l'argent avec ce produit ou ce service ? En moyenne, on estime qu'un produit doit se vendre à l'utilisateur final pour trois à quatre fois le coût des matières premières et du travail. C'est nécessaire pour couvrir toutes les autres dépenses de production, de distribution* ou d'administration et dégager un profit*. Ce profit doit être suffisant pour faire fasse aux imprévus : des soucis de qualité, un temps de fabrication anormalement long, une augmentation du coût des matières premières. Il doit survivre aux attaques des concurrents qui vont copier le produit et faire baisser les prix. **Il faut donc bien connaître ses coûts et le prix que le client acceptera de payer et s'assurer qu'il existe un écart suffisant entre les deux.**

3. L'idée est-elle réalisable ? Certaines idées sont géniales, mais totalement irréalistes. Promettre de livrer ses clients en 30 minutes dans toute la France est une idée sans doute vouée à

Prototype de vélo à hydrogène présenté par la firme chinoise Pearl Hydrogen à Shanghai en 2007.

l'échec. Il vaut mieux passer très vite à l'expérimentation. **Avant de lancer un nouveau service, les entreprises testent souvent leur concept grandeur nature sur quelques clients ou régions.** Cela permet d'identifier les pièges et les contraintes d'exécution. **De même, avant de lancer un produit, les entreprises industrielles fabriquent toujours un prototype ou une maquette.** Elles peuvent ainsi repérer les fragilités, anticiper les problèmes de production et améliorer le design.

4. L'idée procure-t-elle un avantage défendable par rapport à la concurrence ? Si l'on se lance dans la fabrication d'un produit déjà existant, comme par exemple une barre de savon, il y a fort à parier que les entreprises déjà implantées seront capables de faire beaucoup mieux : elles ont plus d'expérience, produisent à des coûts inférieurs grâce à leur plus grande taille et disposent d'un meilleur accès aux clients grâce à leur réseau de distribution. Il vaut mieux passer son chemin. **La seule manière de gagner, c'est d'offrir quelque chose de différent :** une barre de savon avec un aspect ou un parfum totalement révolutionnaire, qui sera vendue partout où les grandes marques sont absentes : sur les marchés, dans les magasins bio... Encore faut-il « protéger » cette différence. L'un des moyens est de déposer un brevet* : cela permet de défendre une invention contre toute copie pour une durée déterminée.

5. L'idée offre-t-elle des perspectives de croissance à long terme ? Les plus belles entreprises sont celles qui continuent à croître deux, trois, cinq ou dix ans après leur création. **Ce qui fait leur valeur, ce ne sont pas tant leurs résultats d'aujourd'hui que la promesse de leurs résultats futurs.** Dans le monde étudiant, certaines entreprises ont été créées pour servir les besoins des élèves d'un seul établissement, puis se sont étendues à tous les établissements d'une ville... avant de conquérir toutes les villes du pays. Mais ce genre de réussite est malheureusement trop rare. Sept ans après leur création, les entreprises françaises n'ont augmenté leurs effectifs que de 7 % en moyenne.

Les jalons de la création d'entreprise

Dans la création d'entreprise, il n'existe pas de mode d'emploi unique. Selon qu'on se lance dans les biotechnologies ou la maçonnerie, la démarche est totalement différente. **Il existe pourtant quelques étapes clés qui reviennent dans des ordres différents, quelles que soient les situations.**

L'entrepreneur trouve une idée de service ou de produit. Il y a une énorme vertu à présenter clairement son idée et s'assurer qu'elle passe avec succès les cinq tests décrits ci-dessus. L'idée peut ensuite s'affiner au cours du temps.

Le rendez-vous chez le banquier, une étape importante pour le futur créateur d'entreprise.

Il acquiert les compétences requises. Celles-ci varient beaucoup en fonction de la nature et de la complexité du projet. Le site de ventes aux enchères eBay ne serait jamais né sans l'intime connaissance de l'internet de son fondateur Pierre Omidyar (voir p. 66). Une entreprise de maçonnerie ne peut fonctionner sans de bons ouvriers qui savent lire un plan, couler du béton et construire des murs droits. Si le créateur de l'entreprise ne possède pas lui-même les compétences clés, il doit être lucide sur ses lacunes et recruter les bonnes personnes.

Il noue les contacts utiles. Les entreprises ne réussissent pas dans la solitude. Les chiffres montrent que les entrepreneurs indépendants ont plus de risques d'échec que ceux qui s'entourent dès le démarrage. Un partenaire peut aider de multiples manières : contribuer au travail, partager son expérience de création d'entreprise, participer aux décisions, apporter de l'argent, des relations, un savoir-faire.

Aujourd'hui, les jeunes entrepreneurs font de plus en plus souvent appel à des business angels*, notamment dans le secteur des hautes technologies. Un business angel est une personne qui investit dans des petites entreprises au moment de leur démarrage. Il apporte de l'argent, des contacts, mais aussi une expérience en matière de création d'entreprise. C'est le plus souvent un ancien entrepreneur qui trouve un intérêt à conseiller des jeunes moins expérimentés que lui.

Il rassemble des ressources suffisantes. Le nerf de la guerre dans la création d'entreprise, c'est souvent l'argent. Il permet d'engager les investissements* nécessaires au démarrage : la location d'un magasin, d'un bureau ou d'un local de production ; l'achat des équipements et du stock* de marchandises. Certaines entreprises de service, comme une agence de garde d'enfants à domicile, réclament peu d'argent. D'autres, comme un hôtel ou une entreprise d'équipements technologiques, en exigent beaucoup. Rassembler les fonds est une étape capitale et souvent difficile. **Il existe de nombreuses sources de financement :** les amis, la famille, les banques, les sociétés d'investissement, les aides publiques… **Mais l'entrepreneur doit inspirer confiance et proposer un plan réaliste pour convaincre ses partenaires potentiels d'engager leur argent dans son projet.**

Il obtient les premières commandes. La première vente, c'est le moment de vérité. C'est le cap à partir duquel on se dit : « Ça peut marcher ». Avant, tout n'est que spéculation. Un premier contrat avec un client est souvent plus convaincant qu'un plan bien écrit. De nombreux investisseurs exigent de voir une première commande ferme avant d'engager leur argent. Les grandes sociétés ont un rôle d'entraînement très utile à jouer : en essayant leurs produits et leurs services, elles peuvent donner leur chance aux nouvelles entreprises.

Le business plan

Le business plan* est un document dans lequel le créateur d'entreprise décrit son projet. Il est essentiel à deux titres. D'abord, il pousse l'entrepreneur à structurer sa pensée et à formaliser ses réponses aux questions clés. Ensuite, il lui permet de communiquer avec ses employés et ses partenaires de manière convaincante et professionnelle, une condition indispensable pour obtenir de l'aide. On trouve sur internet de nombreux modèles de business plan.

Parmi les principales rubriques du business plan (indiquées ci-contre), la dernière est particulièrement importante. **C'est souvent sur les chiffres que les investisseurs passeront le plus de temps et prendront leur décision de participer ou non.** L'entrepreneur doit prévoir ses volumes de vente et le prix à l'unité de son produit. Il doit calculer ses coûts : matières premières, frais de personnel, coûts de distribution, charges diverses. Il doit justifier les sommes dont il a besoin pour démarrer. Il doit montrer à partir de quand et avec quels volumes de vente son affaire commencera à gagner de l'argent. Surtout, il doit prouver qu'il y aura toujours de l'argent dans la caisse, même en cas de coup dur ! Chaque hypothèse doit s'appuyer sur des observations concrètes plutôt que des raisonnements théoriques.

Les grandes rubriques d'un business plan

1- Quel produit ou service vais-je offrir ?

2- Quelle est la demande pour ce produit ?

3- En quoi mon produit est différent ou meilleur ?

4- Comment vais-je faire connaître et vendre mon produit ?

5- Qu'est-ce que j'apporte à ce projet en tant qu'entrepreneur ?

6- Sur quels moyens humains et matériels vais-je m'appuyer ?

7- Quels sont les principaux chiffres de mon projet ?

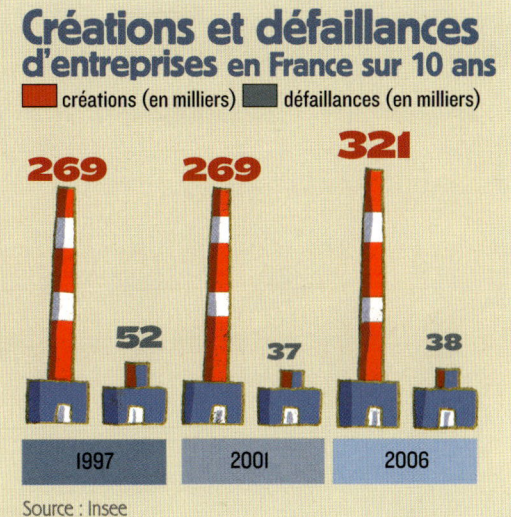

Taux de survie des entreprises 4 ans après leur création selon les pays

- États-Unis : 61 %
- France : 51 %
- Allemagne : 52 %
- Italie : 58 %

Source : Artus et Cette

Créations et défaillances d'entreprises en France sur 10 ans

créations (en milliers) — défaillances (en milliers)

Année	Créations	Défaillances
1997	269	52
2001	269	37
2006	321	38

Source : Insee

en question

❸ COMMENT DÉMARRER ?

Pourquoi certaines entreprises échouent-elles au démarrage ?

Commençons par la bonne nouvelle. **En France, le nombre de créations d'entreprise* ne cesse de croître, alors que le nombre des faillites* est relativement stable.** Chaque année voit la naissance de plus de 200 000 entreprises (plus de 300 000 en comptant les entreprises issues de structures existantes) et la disparition d'environ 40 000. Mais tout n'est pas rose. **Au bout de cinq ans, seule la moitié de ces entreprises reste en vie,** un chiffre inférieur aux autres grandes économies occidentales. Et ces entreprises se sont modérément développées (15 % de croissance après quatre ans contre un doublement, en moyenne, aux États-Unis). Pour réussir, il faut donc comprendre les défis du démarrage et des premières années.

Certaines personnes sont attirées par la mode de la création d'entreprise sans avoir les qualités, les compétences ou la motivation nécessaires pour entreprendre. Dès les premiers obstacles, elles découvrent qu'elles n'ont pas la volonté de réagir face aux obstacles et ne supportent pas l'incertitude et le risque. Elles découvrent que l'entreprise ne les intéresse pas. C'est le cas de cet instituteur qui avait ouvert une pizzeria et souffrait de ne pas avoir de sujet de conversation plus intéressant que le goût du fromage sur la pizza et les quantités de farine à acheter ! **Avant de se lancer, il est important de « se regarder en face » et de se poser les bonnes questions sur sa personnalité, son expérience et ses aspirations.**

Le problème peut venir de l'idée elle-même : le produit ou le service* proposé n'est pas réalisable, il ne gagnera pas assez d'argent ou ne parviendra pas à intéresser assez de clients*. L'idée n'aurait pas dû passer le « filtre ». Au début des années 2000, de nombreuses personnes se sont lancées dans la « ruée vers l'or » de l'internet. Bien peu connaissaient les bons filons pour réussir sur le web et la plupart des idées n'avaient aucun potentiel.

L'obstacle le plus fréquent, c'est celui des ressources. Les entrepreneurs* sous-estiment les fonds nécessaires pour décoller. Ils ne prennent en compte que les besoins du démarrage sans penser aux premiers mois d'exploitation pendant lesquels les ventes resteront insuffisantes pour gagner de l'argent. Ils ne parviennent pas à convaincre les investisseurs d'apporter les sommes dont ils ont besoin.

Il faut souvent plus d'un an pour qu'une entreprise, telle une fusée, échappe à l'attraction terrestre et se mette en orbite. Dans la phase d'ascension, **l'entrepreneur doit éviter plusieurs pièges.** Il ne doit pas se brouiller avec ses employés ou ses partenaires financiers. Dans les turbulences du démarrage, les raisons de mésentente sont nombreuses et l'équipe n'est pas encore soudée. Il doit s'abstenir de courir après tous les clients ou d'essayer de leur vendre n'importe quoi. La tentation est grande lorsqu'on a besoin d'argent. Pourtant, certains clients peuvent coûter très cher à servir. Et des clients insatisfaits peuvent ruiner une réputation ! Enfin, **il ne doit jamais perdre de vue ses chiffres.** Dans les premiers mois, les besoins d'argent ont tendance à augmenter. Il faut commander des stocks* toujours plus importants, payer les fournisseurs* et relancer les clients pour qu'ils règlent leurs factures. Attention aux trous dans la caisse !

rencontre

3 — COMMENT DÉMARRER ?

Michael Dell, un géant de la micro

Voici l'un des entrepreneurs légendaires de l'industrie informatique. À 19 ans, Michael Dell fonde sa société à partir d'une idée révolutionnaire. Aujourd'hui, son groupe compte parmi les premiers fournisseurs mondiaux d'ordinateurs personnels.

Il l'a dit :
Lorsqu'on tient une bonne idée, il y a une vraie valeur à en faire quelque chose !

Un écolier entreprenant. Michael Dell grandit au Texas dans une famille de cadres*. À table, il est souvent question d'économie et les parents Dell incitent très tôt leur fils à faire des petits boulots en dehors des heures de cours pour gagner son argent de poche.

Un collectionneur. À 12 ans, Michael est passionné de timbres. Pour financer sa collection, il fait la vaisselle quelques heures par semaine dans un restaurant chinois. En observant les négociants en timbres, il entrevoit sa première idée de business : une vente aux enchères de timbres par correspondance. Il tape sur une machine à écrire un catalogue de 12 pages et l'envoie à tous les philatélistes de la région. En quelques mois, il récolte 2 000 dollars.

Une expérience prometteuse. Deux ans plus tard, il passe ses vacances à vendre des abonnements pour le journal local, le *Houston Post*. La pratique habituelle consiste à chercher des clients* au hasard des pages jaunes de l'annuaire. Michael a une meilleure idée. Il remarque que la plupart des abonnements viennent des jeunes mariés et des acheteurs de logement. En contactant les administrations locales, il crée la liste téléphonique de tous les jeunes couples et nouveaux propriétaires du voisinage. Avec quelques copains, il les appelle systématiquement et leur propose de s'abonner dans un courrier personnalisé. Grâce à cette méthode, il multiplie les ventes. Lorsque la rentrée des classes le contraint de cesser son activité, Michael a amassé plus de 18 000 dollars.

Un coup de génie. À 15 ans, Michael reçoit comme cadeau d'anniversaire un ordinateur personnel. Devant ses parents horrifiés, il démonte la machine pièce par pièce pour comprendre comment elle est fabriquée. De là lui vient l'idée qui va changer sa vie… et révolutionner l'industrie informatique. Il commence à acheter ses propres composants et à assembler, puis vendre lui-même des ordinateurs depuis sa chambre. Cette approche « directe » permet d'offrir des machines plus performantes et moins chères que les traditionnels revendeurs d'ordinateurs (voir page 22).

Étudiant en médecine. Trois ans plus tard, Michael part faire des études de médecine à l'université du Texas avec dans le coffre de sa voiture trois ordinateurs et des outils. Son activité d'assemblage et de vente d'ordinateurs est en plein essor. Un jour, ses parents débarquent à l'improviste dans sa chambre d'étudiant : « Tu dois arrêter ce business et te concentrer sur tes études ! » C'est peine perdue. Michael pense avoir découvert un filon exceptionnel. Il rêve désormais de fabriquer de meilleurs ordinateurs que le géant IBM et devenir le numéro un de l'informatique !

Une ascension prodigieuse. À 19 ans, il interrompt ses études, s'installe dans un hangar au centre de Houston et fonde sa société*. Il recrute quelques employés pour prendre les commandes et trois techniciens pour assembler les machines. La croissance est si forte qu'il faut changer de locaux plusieurs fois par an. Tout le monde met la main à la pâte et répond au téléphone. Dans les bureaux, on utilise des caisses en carton en guise de corbeilles à papier. Mais peu importe, chacun a l'impression de participer à quelque chose d'unique. « Nous faisions beaucoup d'erreurs, nous apprenions beaucoup ! » se souvient Michael Dell.

Records battus. Deux ans après sa fondation, Dell lance l'ordinateur personnel le plus rapide du monde. L'année suivante, il prend pied en Angleterre. Les records se succèdent, la philosophie de l'entreprise prend forme : refuser la pensée conventionnelle et ne pas écouter ceux qui vous expliquent que quelque chose ne peut pas marcher !

Ordinateur tout juste sorti de la chaîne de montage chez Dell.

Michael Dell *en 6 dates*

1965
Naît à Houston au Texas

1980
Ses parents lui offrent son premier ordinateur

1984
Crée Dell computer

1992
Dell atteint 2 milliards de dollars de ventes

2003
Dell est la société informatique la plus rentable au monde (35 milliards de dollars de ventes, 2 milliards de profits)

2006
Crée la fondation Michael Dell pour la santé des enfants

s'entraîner

3 — COMMENT DÉMARRER ?

À TOI DE JOUER !

1

Réunissez-vous à trois copains ou copines et passez 30 minutes à inventer le plus d'idées d'entreprises possibles. Laissez libre cours à votre imagination et ne vous imposez aucune contrainte.

Combien d'idées avez-vous produites ?

Comment se répartissent-elles ? (industrie, construction, commerce, services)

2

Classez vos idées de la meilleure à la moins bonne en les évaluant par rapport aux questions suivantes :

Existe-t-il une demande suffisante ?

Sera-t-il possible de gagner de l'argent ?

L'idée est-elle réalisable ?

Apporte-t-elle un avantage défendable par rapport aux concurrents ?

Offre-t-elle un fort potentiel de croissance à long terme ?

3

Parmi les trois idées les plus prometteuses, choisissez celle qui vous plaît le plus. Pourquoi cette idée vous motive particulièrement ?

Quelles sont les compétences nécessaires ?

De quels moyens humains et financiers avez-vous besoin ?

Comment trouver des clients et obtenir la première vente ?

Et pourquoi elle serait nulle mon idée d'ouvrir une Friterie sur MARS ?

CHAPITRE
4

BESOIN D'ARGENT

Que tu souhaites démarrer un commerce, mettre au point une innovation technologique, fabriquer un produit en série ou conquérir des marchés étrangers, la contrainte est toujours la même : il faut de l'argent. L'argent est l'engrais qui fait sortir l'entreprise de terre et lui permet de grandir. Mais ceux qui veulent entreprendre et ceux qui ont de l'argent ne sont pas toujours les mêmes. Alors, comment un entrepreneur trouve-t-il les ressources financières dont il a besoin ? Qu'en fait-il une fois qu'il les a reçues ? Lui appartiennent-elles ? Et ceux qui décident de lui apporter cet argent, qui sont-ils et qu'attendent-ils ?

4 BESOIN D'ARGENT

Où tu découvres des entreprises à la recherche de financements

PASTA FUSION ÉPISODE 2

Audrey et Romain lèvent des fonds pour leur restaurant

Audrey et Romain recherchent 120 000 euros pour démarrer leur restaurant et franchir le cap des premiers mois. Ils rassemblent leurs économies et font le tour de leurs amis et de leurs relations.

Depuis qu'ils ont décidé de lancer leur restaurant de pâtes exotiques, Audrey et Romain font et refont leurs comptes. Ils dressent la liste de toutes les dépenses à engager avant l'arrivée du premier convive : mobilier, équipements et ustensiles de cuisine, couverts, tables, travaux et décoration, loyers, salaires et dépenses diverses. Mais ils savent que les besoins d'argent ne s'arrêteront pas le jour de l'ouverture. Même si le restaurant ne fait pas salle comble dans les premières semaines, il faudra acheter des stocks* de marchandises, payer le cuisinier et régler les factures courantes. **Par mesure de sécurité, ils souhaitent démarrer avec une somme égale à trois mois de dépenses d'exploitation, en plus des coûts d'installation.** Au total, l'addition s'élève à 120 000 euros.

Audrey et Romain ne se découragent pas et décident d'engager leurs maigres économies : qui d'autre acceptera d'investir dans leur restaurant s'ils n'y risquent pas leur propre argent ? Romain a mis de côté 3 000 euros grâce à ses jobs successifs et Audrey a hérité la somme de 5 000 euros à la mort de son grand-père. C'est un début, mais ils devront convaincre d'autres personnes de participer malgré leur manque d'expérience.

Alors, ils se tournent d'abord vers ceux qui les connaissent le mieux : leur famille et leurs amis. Les parents d'Audrey décident de participer à hauteur de 5 000 euros. Ceux de Romain lui transfèrent la somme de 5 000 euros à valoir sur sa future succession. Et le parrain d'Audrey, propriétaire d'un garage automobile, accepte de leur prêter la somme de 10 000 euros. Ils mettent par écrit les conditions de l'emprunt et précisent clairement la date du remboursement.

Cependant, la plus grande partie des fonds reste à trouver. Au cours d'un stage de cuisinier, Romain a fait la connaissance de Jacques. À 60 ans, ce commerçant est l'un des plus prospères du voisinage : il exploite deux restaurants de cuisine traditionnelle et un café en centre-ville. Jacques est toujours à l'affût d'un nouveau projet et a décidé de consacrer sa retraite à aider de jeunes entrepreneurs*. Lorsqu'Audrey et Romain lui présentent leur plan, c'est la déception. Jacques soulève un grand nombre de questions et les pousse à revoir complètement leur copie. Pourtant, il laisse la porte ouverte : « Revenez me voir quand vous serez prêts. »

Un mois plus tard, ils sont de retour dans son bureau avec un plan plus précis. La deuxième rencontre se passe beaucoup mieux. **Il leur propose de s'associer à l'entreprise* en leur apportant 40 000 euros. Il sera propriétaire du tiers de l'affaire et partagera les bénéfices* avec eux.** Il les conseillera sur l'organisation du restaurant et les questions financières. Au bout de quatre ans, les deux amis pourront racheter ses parts et devenir propriétaires de l'ensemble. Audrey et Romain acceptent l'arrangement. Ils savent que l'expérience de Jacques leur sera précieuse. Ils n'avaient pas prévu un troisième associé, mais le montage proposé leur permettra de garder le contrôle de l'entreprise et ils ont confiance en leur futur partenaire.

Les fonds nécessaires sont presque réunis. À la dernière minute, les deux amis reçoivent plusieurs bonnes nouvelles. **La Région leur accorde une aide de 15 000 euros en échange de leur engagement à créer trois emplois.** Ils obtiennent deux mois de loyer gratuit de leur propriétaire. Et un fournisseur* leur offre un lave-vaisselle en échange d'un contrat de longue durée sur les produits d'entretien. Audrey et Romain peuvent enfin mettre leur plan à exécution.

4 BESOIN D'ARGENT

Cyril fait appel au capital-risque

Cyril souhaite développer un logiciel révolutionnaire, mais son projet s'annonce très coûteux. Il obtient l'aide d'un fonds de capital-risque, une catégorie d'investisseurs spécialisée dans la création d'entreprises de haute technologie.

Cyril est un expert des logiciels de conception assistée par ordinateur (CAO). Ces logiciels sont utilisés par les bureaux d'études d'entreprises industrielles pour dessiner des objets et préparer les plans qui serviront à leur production. Ingénieur de formation, Cyril a déjà travaillé pour les deux premiers fournisseurs de logiciels de CAO et connaît parfaitement leurs produits. **Depuis six mois, il projette de créer une entreprise* pour développer un logiciel plus puissant et plus simple que les outils existants.** Son système pourra s'adapter à des univers multiples : l'enseignement, la médecine, l'industrie... Cyril prévoit de le vendre à travers un réseau de distributeurs*, ce qui lui permettra de toucher de nombreux clients* de petite taille. Enfin, il entrevoit l'énorme potentiel de son produit sur les marchés étrangers, en particulier la Chine et l'Inde.

Pour réaliser son projet, Cyril a besoin de beaucoup d'argent : deux millions d'euros d'après le business plan*. Les banques hésiteront sans doute à financer les activités de recherche d'une nouvelle entreprise dans un domaine aussi complexe. **Il faudra donc trouver des investisseurs spécialisés dans la technologie qui accepteront de partager les risques du démarrage, moyennant une perspective de gain importante.**

Il contacte Adam, un de ses amis d'école d'ingénieurs. Adam travaille dans un **fonds de capital-risque*. Sa société* rassemble d'importantes sommes d'argent auprès de riches particuliers et les investit dans des entreprises prometteuses sur des secteurs de pointe.** Elle cherche des entreprises avec des gros besoins d'argent et un fort potentiel de croissance. En contrepartie de son investissement*, elle reçoit une part du capital* de l'entreprise et partage ses bénéfices*. Elle influence ses grandes décisions stratégiques et intervient parfois dans son fonctionnement quotidien. Cyril se fait peu d'illusions sur ses chances, car les fonds rejettent la plupart des dossiers qui passent entre leurs mains. Pourtant, Adam se souvient de Cyril comme d'un étudiant brillant. Il lui demande de lui envoyer un résumé de son projet en deux pages.

Dans son dossier, Cyril met en avant les compétences de son équipe. Il sait que **les fonds de capital-risque prennent d'abord leur décision en fonction de la qualité des hommes et des femmes qui portent le projet.** Il explique en quoi son logiciel sera meilleur que celui de ses concurrents*. Surtout, il souligne les énormes perspectives de croissance en France et à l'étranger. Le fonds de capital-risque doit être complètement rassuré sur ce point car il ne participera à l'entreprise que pendant quatre ou cinq ans. Ensuite, il cherchera à revendre sa part pour une valeur bien supérieure à son investissement initial.

Adam est intrigué par le projet et en parle à ses associés. Ils décident d'inviter Cyril et son équipe à présenter leur plan. Le jour venu, la réunion dure quatre heures et ressemble à un oral d'examen. Les membres de l'équipe de Cyril prennent la parole à tour de rôle et expliquent à grand renfort de graphiques les aspects techniques, commerciaux et financiers du projet. Chaque présentateur doit répondre à des questions très pointues. Les associés du fonds ne laissent rien au hasard et semblent maîtriser toutes les subtilités techniques des logiciels et de la finance*. Leurs questions leur permettent d'éprouver la qualité du dossier, mais aussi de tester l'équipe de Cyril sous la pression.

L'examen s'est plutôt bien passé. Au cours des semaines suivantes, les associés du fonds rappellent Cyril avec des questions complémentaires. Ils mobilisent de jeunes analystes pour mener leurs propres recherches sur le marché des logiciels de CAO et vérifier de manière indépendante le bien-fondé du projet. Avant de finaliser leur accord, ils rencontrent individuellement les futurs dirigeants de l'entreprise. Ils discutent avec chacun son contrat de travail* et s'assurent de sa loyauté. **L'affaire est enfin conclue. Le fonds apportera 2 millions d'euros à l'entreprise de Cyril. En échange, il recevra un versement annuel égal à 2 % de son investissement et 20 % des bénéfices de la société.**

Modélisation d'une chaussure au centre technique du cuir (Lyon).

4
BESOIN D'ARGENT

Neopost rentre en Bourse

La société Neopost est solide et prospère. Mais elle souhaite accélérer son développement international et lancer de nouveaux produits. Pour assembler les fonds nécessaires, **elle ouvre son capital au public et s'introduit en Bourse.**

En 1998, la société* Neopost, spécialiste des machines de traitement du courrier, fête ses six ans. Ancienne division du Groupe Alcatel, elle a été rachetée un an plus tôt par son équipe de management* avec l'aide d'un fonds d'investissement*. Jean-Paul, son président, a toutes les raisons d'être optimiste : les ventes annuelles atteignent 400 millions d'euros, l'affaire gagne de l'argent et les projets ne manquent pas. Déjà leader européen, Neopost désire se renforcer en Allemagne et partir à la conquête de l'énorme marché américain où domine son rival, la société Pitney Bowes. Pour réaliser ses ambitions, Neopost devra acquérir des entreprises* déjà présentes dans ces pays. Le groupe* réfléchit également à des solutions de traitement du courrier sur internet et souhaite lancer une nouvelle gamme de machines à affranchir, entièrement digitales.

Tous ces projets demandent des ressources financières importantes. Pour récolter les fruits de leur investissement* et préparer l'avenir, les propriétaires décident d'introduire Neopost en Bourse*, c'est-à-dire d'en vendre une partie au public en petites parts appelées « actions* ».

Au moment de lancer l'opération, chacun pèse une dernière fois le pour et le contre. **L'introduction en Bourse permettra de collecter des sommes importantes.** Les performances du groupe seront mieux connues et appréciées du public. **Neopost deviendra plus crédible vis-à-vis des banques, ce qui facilitera les emprunts futurs.** Les salariés pourront devenir actionnaires*, c'est-à-dire propriétaires d'une partie de la société*, et récolter les fruits de leur travail. La réputation de Neopost attirera de nouveaux talents.

Mais cette opération présente aussi des contraintes. Elle va demander de longs mois de préparation et mobiliser une grande partie du temps des équipes. Il faudra faire valider les comptes de la société par des comptables indépendants, afin de permettre aux investisseurs de prendre leur décision sur des bases solides. Une fois introduite en Bourse, la société devra produire davantage d'informations sur sa stratégie et sa situation financière. Les médias et la presse financière seront à l'affût de chacun de ses mouvements. Les actionnaires suivront chaque jour la valeur du titre et exigeront des performances élevées.

Les arguments favorables l'emportent. Tôt ou tard, l'introduction en Bourse est inévitable et le moment est particulièrement propice. Les cours de la Bourse ne cessent de monter et les prévisions de croissance de Neopost sont excellentes. Pour conduire l'opération, Neopost s'adjoint les services d'une banque d'investissement. Celle-ci prépare les documents de présentation du groupe à l'attention des futurs actionnaires. Elle sonde l'intérêt des investisseurs potentiels : les banques, les fonds d'investissement et les particuliers. Les dirigeants rencontrent les plus gros d'entre eux et leur présentent leurs plans en détail. Jusqu'au dernier moment, ils craignent l'échec et hésitent sur le prix d'introduction de l'action. À 15 euros l'unité, tous les titres trouvent finalement preneur. Le cours stagne pendant quelques semaines, puis s'envole. L'opération est couronnée de succès : tous les volumes disponibles sont immédiatement achetés.

Sept ans plus tard, Neopost a élargi sa présence internationale et enrichi sa gamme de produits. Au 2 janvier 2008, son action vaut 70 euros !

4 BESOIN D'ARGENT

Zodiac cède sa branche Marine

Le groupe Zodiac possède un large éventail d'activités. Pour continuer à financer son expansion dans l'aéronautique, **il décide de céder sa branche Marine à un fonds d'investissement.**

Le public français connaît surtout la société Zodiac pour ses canots pneumatiques et ses piscines gonflables, visibles sur tout le littoral du pays. Pourtant, près de 80 % des ventes de ce grand groupe* français viennent d'ailleurs. **La principale activité de Zodiac consiste à fournir des pièces et des équipements pour l'industrie aéronautique :** des systèmes de sécurité, des calculateurs embarqués ou encore des sièges de cabine pour des avions ou des hélicoptères. C'est un métier incroyablement exigeant qui suppose la maîtrise d'un grand nombre de technologies et des efforts permanents de recherche. Avant de faire accepter un équipement pour l'Airbus A380 ou le Boeing 777, il faut conduire avec succès d'ambitieux programmes de développement et de test sur plusieurs années. Et le terrain de jeu est mondial puisque plus de la moitié des ventes de Zodiac se font hors d'Europe.

La clé du succès pour un groupe comme Zodiac, c'est de concentrer ses talents et ses ressources financières sur ses programmes prioritaires. Sur chaque front, la bataille est extrêmement intense et il faut pouvoir offrir la meilleure technologie et le meilleur service* au meilleur prix. Pour y arriver, il faut éviter de se disperser et faire des choix. Début 2007, **Zodiac décide de céder son activité Marine** (canots, équipements de sauvetage, piscines et accessoires) à un fonds d'investissement* américain, Carlyle. Pourquoi ce groupe en plein essor décide-t-il un tel transfert ? La vente de sa branche Marine permet à Zodiac de collecter

82

plusieurs centaines de millions d'euros. **Cette somme sera utilisée pour financer l'acquisition* de sociétés* d'équipements aéronautiques et rembourser les dettes* du groupe.**

De son côté, le fonds d'investissement est prêt à débourser une somme importante pour l'activité Marine de Zodiac car il a lui aussi un plan. **Il va regrouper Zodiac Marine avec une autre société d'équipements de piscine, Water Pik, rachetée deux ans plus tôt.** La réunion des deux entreprises permettra de créer un leader mondial des équipements de piscine avec une gamme de produits très large et une force de vente puissante dans de nombreux pays. Ce rapprochement a donc une grande valeur stratégique. **Le groupe Zodiac a bien compris l'intérêt de l'opération et décide même d'investir 90 millions d'euros pour garder une part minoritaire de 27 % dans le nouvel ensemble.**

Tout le monde y gagne ! Zodiac reçoit des fonds importants pour financer sa croissance sur son principal métier, l'aéronautique. En même temps, il continue de récolter une partie des fruits de ses années d'efforts dans la branche Marine. Carlyle construit un ensemble puissant dans le secteur des piscines en rapprochant deux sociétés très complémentaires. En même temps, il préserve son alliance avec un partenaire industriel de qualité (Zodiac) et assure la continuité. Les cadres de la branche Marine ne se sentent pas abandonnés par Zodiac mais reçoivent de leur nouveau propriétaire Carlyle les moyens de poursuivre leur expansion internationale.

Stock de sièges de cabine du groupe Zodiac pour la compagnie Air France.

4
BESOIN D'ARGENT

Où tu comprends
comment les entreprises trouvent l'argent nécessaire à leur croissance

Banques, Bourse, investisseurs en tout genre... Difficile de s'y retrouver parmi les acteurs du monde de la finance ! Et pourtant, tous se complètent pour aider l'entreprise à se développer.

Le rôle des marchés financiers

Il y a des gens qui ont un grand projet d'entreprise*, mais pas d'argent... et d'autres qui ont accumulé d'importantes économies. Si les seconds mettent leur argent à disposition des premiers moyennant une juste rémunération, tout le monde y gagne et l'économie se développe. **C'est le rôle des marchés financiers d'orienter l'argent disponible vers les placements les plus productifs.** Les entreprises s'appuient beaucoup sur eux. Sans les marchés financiers, la société tournerait au ralenti et l'argent de l'économie serait sous-utilisé.

ENTREPRENEURS

Pour que les marchés fonctionnent, il faut que les surplus de millions de prêteurs rencontrent les besoins de millions d'emprunteurs. Entre les deux, des intermédiaires font le lien : les établissements financiers. Il s'agit d'entreprises d'un type particulier dont le métier est de collecter de l'argent pour le mettre à disposition d'entreprises, d'administrations ou d'individus. On pense d'abord aux banques, mais il ne faut pas sous-estimer l'importance croissante des fonds d'investissement*, des fonds de capital-risque* et des business angels*.

L'autre condition, c'est que chaque acteur ait intérêt à participer au marché. Après tout, celui qui a un excédent d'argent pourrait le garder dans un coffre ou le consommer. **Pour que Paul choisisse de mettre son argent à la disposition de Jacques, il faut qu'il soit rémunéré.** C'est un investisseur : il sème en vue de récolter. Sa rémunération peut prendre une multitude de formes et porter différents noms : intérêt, dividende*, plus-value... **Typiquement, il attendra une récompense d'autant plus élevée que l'entreprise est risquée.**

Deux formes de financement : la dette et le capital

Pour une entreprise, il existe deux manières de se procurer des fonds sur les marchés financiers : lever de la dette* ou du capital*.

Lever de la dette, cela signifie emprunter de l'argent, en général à une banque, pour une durée déterminée. L'entreprise s'engage à rembourser progressivement cet argent et à verser une rémunération régulière, appelée « intérêt », au prêteur. Les fonds n'appartiennent pas à l'entreprise. Elle a une obligation vis-à-vis du prêteur.

Pour créer une entreprise, il faut lui apporter des richesses : du capital. **Lever du capital, c'est demander à des personnes d'apporter de l'argent ou des biens en échange d'une partie de la propriété de l'entreprise.** Supposons qu'une entreprise émette mille parts de capital. En achetant une de ses parts, un investisseur devient propriétaire d'un millième de l'entreprise et peut recevoir un millième de ses bénéfices*, sous forme de dividende. Un dividende est donc une partie du bénéfice que l'entreprise choisit de payer à l'investisseur plutôt que de la réinvestir. La partie du bénéfice qui n'est pas versée sous forme de dividende reste dans l'entreprise et augmente sa valeur. Le plus souvent, la principale motivation de l'investisseur, c'est de voir la valeur de l'entreprise — et donc de sa part — augmenter au cours du temps. Il pourra ainsi la vendre plus cher — parfois beaucoup plus cher ! — qu'il ne l'a achetée.

En revanche, il existe des risques à mettre son argent à disposition de l'entreprise sous forme de capital. Lorsqu'elle perd de l'argent, la valeur de la part diminue. Si elle tourne mal et doit cesser son activité, l'investisseur n'est remboursé qu'après que tous les autres prêteurs et fournisseurs* ont été payés. Dans bien des cas, cela veut dire jamais ! **Investir dans le capital d'une entreprise peut rapporter plus, mais comporte aussi plus de risques que de lui prêter de l'argent.**

De l'argent au démarrage

La manière dont une entreprise décide de se financer dépend en grande partie de son stade de développement. Au démarrage, les choix sont limités car le risque d'échec est plus important. À ce stade, les premières sources de financement sont souvent l'entrepreneur* lui-même, sa famille ou ses amis.

Capital de départ des créateurs d'entreprise
(France, 2005 - source : Création d'entreprise)

- 25 % plus de 16 000 euros
- 60 % 8 000 euros ou moins
- 15 % 8 000 euros à 16 000 euros

BESOIN D'ARGENT

Remise du prix de la jeune entreprise : un petit coup de pouce pour la création d'entreprise.

Il existe également de nombreuses **aides publiques à la création d'entreprise** proposées par l'État, les Régions ou les chambres de commerce. Ces aides peuvent prendre la forme de subventions, de prêts ou de réductions d'impôts. Des organismes d'aide à la création d'entreprise, tels qu'OSEO en France, acceptent parfois de se porter garant pour les entrepreneurs auprès de leur banque. Le créateur d'entreprise doit toujours s'informer sur les aides publiques disponibles.

Lorsque l'entrepreneur dispose d'un business plan* convaincant, il peut accéder à d'autres sources de financement : en général des prêts bancaires ou des investissements* privés. Souvent, les investisseurs professionnels exigent plus de 30 % d'apport de l'entrepreneur ou de ses proches avant de s'engager.

La première préoccupation d'un banquier, c'est d'être remboursé. Avant d'accepter de prêter de l'argent à un entrepreneur, il va évaluer soigneusement son risque en fonction de plusieurs critères : cette personne a-t-elle déjà créé ou dirigé une entreprise ? A-t-elle toujours remboursé ses prêts personnels à la banque ? Dispose-t-elle de ressources sur son compte en banque ? Possède-t-elle des biens mobiliers ou immobiliers qui pourront être vendus pour rembourser la dette en cas de problème ? Aujourd'hui, environ 25 % des créations d'entreprise reçoivent un prêt bancaire. Très souvent, les prêts doivent être garantis par un bâtiment, un équipement ou un stock* de marchandises.

Dans le monde des hautes technologies, les projets de recherche des jeunes entreprises sont souvent coûteux et risqués. L'entrepreneur peut alors recourir à des investisseurs spécialisés : **les fonds de capital-risque. Ces intermédiaires collectent de l'argent auprès de riches individus ou d'établissements financiers et l'investissent dans des projets à haut risque et fort potentiel.** Ils sont constitués de petites équipes d'experts très pointus en technologie, en finance* et en création d'entreprise. Ils ne sélectionnent que très peu de dossiers. Lorsqu'ils décident d'investir, ils demandent une part importante du capital, une forte rémunération de leur investissement* et un pouvoir de contrôle élevé. En échange, ils apportent souvent à l'entrepreneur une expérience et des conseils précieux. Dans leur décision d'investissement, les fonds de capital-risque accordent beaucoup d'importance à la qualité de l'équipe qui dirigera l'entreprise. Ils font aussi beaucoup de recherche pour déterminer si la technologie proposée attirera suffisamment de clients*. Le but est en effet de revendre les parts de l'entreprise au bout de quelques années pour une valeur très supérieure à l'investissement de départ.

Le capital-risque en Europe en 2006
(source : Ernst & Young, Dow Jones Ventureone)

4,1 milliards d'euros investis (+ 5 %)

867 entreprises financées

2,2 millions d'euros par entreprise

55 % des entreprises viennent du secteur des technologies de l'information

40 % sont en phase de création

Entre les amis, qui peuvent financer un projet à hauteur de quelques dizaines de milliers d'euros, et les fonds de capital-risque, qui peuvent investir plus d'un million d'euros, on trouve les « **business angels** ». **Il s'agit d'individus fortunés, souvent d'anciens entrepreneurs, qui aident des entreprises naissantes en prenant une participation au capital.** Ils offrent l'avantage de se décider plus vite que les fonds et de s'allier à l'entreprise pour plus longtemps. Ils apportent une expérience précieuse aux jeunes entrepreneurs. Ils repèrent les opportunités grâce à leur réseau de relations : des banquiers, des avocats, des comptables ou d'autres investisseurs. Pour trouver un business angel, le créateur d'entreprise doit donc se faire connaître et nouer les bons contacts.

Nombre de business angels en 2005 (source : Le Figaro)

- 4 000 en France
- 50 000 en Angleterre
- 400 000 aux États-Unis

De l'argent pour la croissance et la maturité

Même lorsque l'entreprise est bien établie, les besoins de financement ne disparaissent pas. Il lui faut de l'argent pour lancer des produits, augmenter ses capacités de production, s'implanter à l'étranger ou faire des acquisitions*. Elle peut alors s'introduire en Bourse*.

La Bourse est un gigantesque marché où des individus et des organisations achètent et vendent des parts de société appelées « actions ». C'est un marché public, ouvert à tous. À chaque instant, les volumes demandés et offerts pour

La Bourse de New York (États-Unis) en 1914 (haut) et 2005 (bas).

4 BESOIN D'ARGENT

l'action d'une société déterminent le prix de cette action* et donc la valeur de la société*. Les investisseurs placent leur argent en Bourse dans l'espoir de vendre leurs actions pour une valeur supérieure au prix d'achat. Ils prennent leur décision d'achat ou de vente en fonction de leur opinion sur l'évolution de la valeur d'une société. S'ils pensent que la valeur de la société va augmenter, ils achètent. Et inversement. Leur opinion dépend de la performance financière de l'entreprise, de sa stratégie*, mais aussi de l'avis des autres investisseurs… et parfois de la rumeur !

Pour une entreprise, le principal intérêt d'une entrée en Bourse est de collecter de l'argent. Elle émet des actions et les vend au public à un prix correspondant à sa valeur. Si ses bénéfices sont en forte croissance, cette opération peut être extrêmement fructueuse. Une fois en Bourse, la société gagne aussi en notoriété. Cela présente un certain nombre d'avantages : les banques lui prêtent plus facilement de l'argent ; les autres entreprises font plus volontiers des affaires avec elle ; les investisseurs disposent de plus d'informations et peuvent rentrer et sortir plus simplement de son capital.

En revanche, une introduction en Bourse est complexe, coûteuse et prend beaucoup de temps. Il faut rassembler une masse d'informations financières, préparer de nombreux documents de communication et présenter sa société aux futurs investisseurs. Pour cela, l'entreprise utilise les services d'une ou de plusieurs banques spécialisées dans ce genre d'opérations. Une fois en Bourse, elle doit publier des informations régulières, respecter des procédures comptables lourdes et répondre aux fréquentes questions des analystes financiers. Les dirigeants doivent penser sans cesse à l'impact de leurs décisions sur le cours de l'action et sont souvent accaparés par le court terme.

L'introduction en Bourse ne réussit pas toujours. Il peut arriver que l'action n'attire pas assez d'investisseurs ou que sa valeur chute après l'introduction, parce qu'il y a plus de vendeurs que d'acheteurs. Le choix de la date et du prix d'introduction de l'action est donc essentiel.

Face à ces contraintes, certaines entreprises préfèrent se tourner vers des fonds d'investissement. Il s'agit d'intermédiaires financiers proches des sociétés de capital-risque. Toutefois, contrairement à ces dernières, ils investissent dans des entreprises déjà bien établies qui réalisent des dizaines ou des centaines de millions d'euros de ventes annuelles, parfois plus. Récemment, le fonds d'investissement américain Cerberus a racheté 80 % du capital du constructeur automobile Chrysler pour près de 7,4 milliards de dollars ! Pour rassembler l'argent nécessaire à leurs opérations, les fonds d'investissement se tournent vers des investisseurs privés et empruntent une part importante des sommes nécessaires à des banques. Une fois l'investissement réalisé, ils interviennent dans la gestion de la société pour augmenter sa valeur. Leur but est de « sortir » du capital au bout de quelques années en vendant leur part à une grande entreprise ou à un autre fonds. Ils peuvent aussi choisir d'introduire en Bourse la société dont ils sont propriétaires.

Tout au long de la vie des entreprises, les banques restent des partenaires importants : elles leur prêtent de l'argent pour acquérir de nouveaux équipements, exporter leurs produits à l'étranger ou financer les besoins d'argent ponctuels liés à leur fonctionnement quotidien.

Financements reçus
selon la taille des entreprises
(France, 2004 - source : SBA, Insee)

- 8 % 0 à 19 salariés
- 45 % plus de 1 000 salariés
- 13 % 20 à 99 salariés
- 8 % 500 à 1 000 salariés
- 26 % 100 à 500 salariés

Âge des entreprises lors de leur introduction sur Alternext
(2005 - source : Ernst & Young, TNS Sofres)

- 14 % plus de 20 ans
- 4 % moins de 5 ans
- 39 % 10 à 20 ans
- 43 % de 5 à 10 ans

(Alternext est la Bourse européenne des PME)

Acquisitions et cessions : des outils stratégiques

Pour continuer à se développer sur leur principal métier, les entreprises peuvent décider de se séparer d'une activité jugée moins stratégique. Cette activité sera rachetée par une autre entreprise ou par un fonds d'investissement. Pour l'acquéreur, cet achat sera peut-être l'occasion d'accélérer sa propre croissance. Lorsqu'une entreprise rachète une autre entreprise dans le même secteur d'activité, elle réalise souvent d'importantes économies en s'organisant plus efficacement pour servir des volumes d'affaires plus importants.

Imaginons une société qui fabrique des robinets et possède des magasins de plomberie. En vendant ses magasins, elle peut se concentrer sur les robinets : financer des bureaux d'études pour inventer de meilleurs modèles et des usines pour les fabriquer. Supposons qu'elle vende ses boutiques à une autre chaîne de distribution*. Cette acquisition va permettre à cette dernière de proposer plus de produits dans plus de magasins, à un meilleur prix. **Aujourd'hui, les cessions et acquisitions sont devenues des outils essentiels dans la stratégie des entreprises.**

en question

4 BESOIN D'ARGENT

La pression de la Bourse sur les entreprises est-elle trop forte ?

À écouter certains chefs d'entreprise, on a parfois l'impression qu'une seule chose les préoccupe : le cours de l'action*. De leur côté, les actionnaires* semblent exiger des entreprises* des performances financières toujours plus importantes. Ils veulent davantage de croissance et des coûts toujours plus bas. Telle entreprise annonce un profit* trimestriel en hausse… mais son cours de Bourse* baisse car ses actionnaires attendaient mieux. Cette pression est-elle excessive ? Met-elle trop l'accent sur la performance financière au détriment d'autres enjeux : le bien-être des employés, la satisfaction des clients* ou le respect de l'environnement ?

Commençons par rappeler que **le financement apporté par les actionnaires est indispensable au succès de l'entreprise. Et ce financement mérite une rémunération.** D'une part, pour inciter les investisseurs à mettre leur argent à disposition de l'entreprise, plutôt que de le dépenser ou le garder dans un « bas de laine ». D'autre part, pour compenser le risque associé à leur investissement*, car toutes les entreprises ne réussissent pas. Les actionnaires sont les propriétaires de l'entreprise. Il est normal qu'ils aient un droit de regard sur sa gestion. De même que le propriétaire d'un champ s'intéresse aux récoltes et le propriétaire d'un immeuble se préoccupe des loyers.

La Bourse incite les entreprises à améliorer leur performance économique. C'est en soi une bonne chose. Pour progresser, une organisation a besoin de critères de performance objectifs, mesurables, connus et compris par tous. Sans ces critères, les décisions deviennent arbitraires et politiques. En augmentant ses ventes, l'entreprise contribue au progrès. Elle crée des emplois et améliore le bien-être des consommateurs. En baissant ses coûts, elle parvient à dégager des ressources financières pour investir davantage.

Mais l'entreprise n'est pas seulement responsable vis-à-vis de la Bourse. Elle doit aussi respecter ses salariés, ses clients, l'environnement et le public. Comment parvenir à équilibrer les intérêts de toutes ces parties ?

Pour éviter la dominance exclusive des marchés financiers, il faut d'autres forces aussi robustes : **un marché du travail dynamique** qui permet aux salariés de quitter l'entreprise et de trouver d'autres opportunités s'ils sont mal traités ; **un système concurrentiel efficace** qui permet aux clients de changer de fournisseurs* s'ils paient un prix excessif ou sont mécontents de la qualité des produits et des services* ; **une opinion publique libre et forte** qui proclame sans ambiguïté ses opinions. Si les meilleurs salariés et les clients les plus fidèles s'en vont, si l'entreprise s'obstine à ignorer l'opinion publique, sa valeur doit finir par baisser.

C'est ensuite au chef d'entreprise de faire les arbitrages entre les différentes forces de l'entreprise. Comme un chef d'État représente les différents intérêts de la nation. Il doit expliquer aux actionnaires l'importance des mesures salariales et des initiatives en faveur de l'environnement. Il doit informer et responsabiliser les salariés par rapport à la performance économique de l'entreprise. Et faire comprendre aux clients que l'entreprise doit gagner de l'argent pour continuer à les servir. C'est un énorme travail de pédagogie et de leadership*.

Il faut aussi se prémunir contre les abus et les excès qui tuent la crédibilité du système. Les autorités de contrôle de la Bourse sont là pour empêcher la spéculation abusive et les tricheries. Les règles de décision dans l'entreprise doivent assurer la transparence et le dialogue. Dans ces domaines, il reste des marges de progrès importantes.

Si la pression de la Bourse devient trop forte, les entreprises peuvent chercher d'autres financements. Au cours des dernières années, plusieurs sociétés se sont ainsi retirées de la Bourse au profit d'investisseurs plus patients : des fonds d'investissement ou bien les salariés eux-mêmes.

BESOIN D'ARGENT

rencontre

Luc Besson, créateur de films et d'entreprises

En vingt-cinq ans, ce producteur-réalisateur a construit l'un des plus beaux palmarès du cinéma français en combinant les qualités d'entrepreneur et celles de créateur artistique.

Sa devise :
Si tu veux que quelque chose soit fait, fais-le toi-même !
Réplique du Cinquième Élément

L'envie de créer. Luc Besson a toujours suivi sa passion. Fils de deux animateurs d'un club de vacances, il grandit au bord de la mer, en Grèce et dans l'ex-Yougoslavie. Il s'enthousiasme d'abord pour la plongée sous-marine mais renonce à cette activité à 17 ans, à cause d'un accident. Il prend alors une feuille de papier et crée deux colonnes : à gauche, ce qu'il aime faire et pour quoi il a du talent ; à droite, ce qui ne l'intéresse pas. La colonne de gauche est courte, mais on y trouve les mots magiques : écrire, créer, prendre des photos. Un jour, il se rend sur un plateau de tournage et découvre le cinéma.

Les ficelles du métier. Avant de percer, Luc vit plusieurs années d'apprentissage dans l'anonymat. Il part trois ans aux États-Unis et enchaîne les petits boulots dans les studios de production. À son retour en France, il gravit les échelons, de stagiaire jusqu'à deuxième assistant de tournage. Il achète une caméra et se fait la main en réalisant de nombreux clips, reportages et courts-métrages. Il noue des contacts avec plusieurs grands acteurs et metteurs en scène.

Producteur indépendant. Dès ses débuts, Luc Besson comprend l'importance de l'argent dans la production cinématographique. Il crée sa propre maison de production, les Films du Loup, et réalise en 1983 son premier long-métrage, *Le Dernier Combat*. Pour mener ce projet, il obtient l'aide de plusieurs amis : un vendeur de chaussures, un propriétaire d'agences de voyages et un copain qui vient d'hériter de sa grand-mère. Pour son deuxième film, *Subway*, il reçoit le soutien de Gaumont, la première société de production française.

Le temps des succès. Les films cultes s'enchaînent : *Le Grand Bleu, Nikita, Léon...* Luc Besson souhaite conquérir le marché américain et battre les grands réalisateurs d'Hollywood sur leur propre terrain. Après une longue préparation, il produit en 1997 *Le Cinquième Élément* avec un budget de 90 millions de dollars et une distribution exceptionnelle : Bruce Willis, Gary Oldman et Milla Jovovich. Ce film demeure à ce jour l'un des plus grands succès du cinéma français aux États-Unis.

Chef d'entreprise. Pour Luc Besson, créer et faire des affaires sont les deux faces d'une même médaille. En 2000, il fonde avec son associée Marie-Ange Pogam la maison de film Europacorp, consacrée au cinéma grand public. L'entreprise intervient à tous les stades de la vie du film : de la production à la distribution en salle et la vente de DVD et de produits dérivés. Les deux fondateurs envisagent dès 2002 d'introduire la société en Bourse*. Mais le moment n'est pas propice, et ils attendront cinq ans pour y parvenir dans de bonnes conditions. En attendant, la société* continue d'engranger les succès : *Taxi, Fanfan la Tulipe, Arthur et les Minimoys...*

Du cinéma commercial ? Europacorp vend désormais plus de films à l'international que toute autre société européenne. Elle multiplie les tournages dans le monde entier et finance la construction d'un vaste studio, la Cité européenne du Cinéma, dans la région parisienne. Certains reprochent à Luc Besson de privilégier le commerce par rapport à l'art. Mais le public est toujours au rendez-vous.

Luc Besson *en 7 dates*

1959 Naît à Paris

1981 Crée sa première maison de production

1988 Sort *Le Grand Bleu*

1997 Sort *Le Cinquième Élément*

2000 Crée les studios Europacorp

2006 Lance le projet de Cité du Cinéma à Saint-Denis

2007 Introduit Europacorp en Bourse

Scène du *Cinquième Élément* avec Milla Jovovich.

4 — BESOIN D'ARGENT

À TOI DE JOUER !

1
Sur internet, visite un site d'information boursière (par exemple boursorama.fr). Tape le nom d'une grande entreprise. Observe l'évolution du cours de son action sur les douze derniers mois.

Quel a été le cours le plus bas, le plus haut ?

Cette action s'est-elle comportée mieux que la moyenne des actions boursières ?

Quelles ont été sa plus forte hausse et sa plus forte baisse sur une semaine ? Comment s'expliquent ces mouvements ?

2
Sur internet, visite le site d'Alternext, la Bourse européenne spécialisée dans les petites et moyennes entreprises. Repère une société récemment introduite en Bourse.

Quelle est l'activité de cette société ?

Quels sont les projets de développement évoqués ?

À quel prix l'action a-t-elle été introduite ?

Combien d'actions ont été souscrites ?

Quels sont les facteurs de risques pour cet investissement ?

3
Sur internet, lance ton moteur de recherche favori et tape les mots « capital-risque ». Repère le site d'un fonds de capital-risque et explore-le. Identifie une entreprise dans laquelle ce fonds a choisi d'investir.

Quelle est l'activité de cette entreprise ?

Qu'est-il expliqué sur ses projets ?

Pour quelles raisons le fonds a-t-il choisi d'investir ?

Quel financement le fonds a-t-il apporté ?

Je vais te montrer comment on fait des affaires moi !

Pfff...

CHAPITRE 5

SAVOIR COMPTER

C'est une des réalités premières du monde des affaires : il est impossible de gérer et développer une entreprise sans une bonne maîtrise des chiffres. La comptabilité est nécessaire pour mesurer les résultats de l'activité et les communiquer à toutes les personnes intéressées. Elle est une source d'information indispensable pour les partenaires externes de l'entreprise : investisseurs, banquiers, administration, syndicats. Elle permet surtout aux employés de prendre les bonnes décisions et d'en prévoir les conséquences. Parfois injustement considérée comme rébarbative, la comptabilité devient passionnante lorsqu'on comprend mieux son pouvoir éclairant et ses multiples applications.

découvrir

5
SAVOIR COMPTER

Où tu découvres
le pouvoir éclairant des chiffres dans l'entreprise

PASTA FUSION ÉPISODE 3 — *Audrey*

analyse les coûts de son restaurant

Malgré son succès, *Pasta fusion* ne produit pas les bénéfices attendus. Pour en comprendre les raisons, Audrey décompose ses coûts et **calcule la rentabilité de chaque plat et de chaque boisson.**

Cela fait quinze mois que *Pasta fusion* a ouvert ses portes et, après des débuts tumultueux, le restaurant semble avoir atteint sa vitesse de croisière. **Malgré un taux de fréquentation élevé, la marge* d'exploitation reste très inférieure aux 20 % espérés.** Audrey décide d'analyser plus finement ses coûts pour **comprendre comment chaque plat et chaque boisson sur la carte contribuent au bénéfice* du restaurant.**

Pour analyser son profit*, Audrey commence par distinguer plusieurs types de coûts. Il y a d'abord les **coûts directs*** : ceux que l'on peut allouer directement à un plat ou à une boisson du menu. Il s'agit des ingrédients, du coût de préparation en cuisine ou au bar et du coût de service, jusqu'à la table. Viennent ensuite tous les **coûts indirects***, qui ne rentrent pas dans la composition ou le service d'un plat, mais sont nécessaires au bon fonctionnement du restaurant : le loyer, l'eau, l'électricité, le gaz, les coûts de nettoyage, de vaisselle, les assurances, l'amortissement des équipements et du mobilier.... Pour chaque plat et pour chaque boisson, Audrey décide de partir de ses ventes et d'en soustraire successivement le coût des ingrédients, puis les autres coûts directs et enfin les coûts indirects.

Elle compare d'abord le coût des ingrédients aux prix sur la carte. Elle obtient des chiffres allant de 25 % à 35 % pour les boissons et de 30 % à 50 % pour les plats. Le chiffre de 25 % signifie qu'une boisson est vendue au convive pour quatre fois son coût. Plus ce pourcentage est bas, plus le plat est rentable. Audrey constate donc que les boissons sont en moyenne plus rentables que les plats. Certaines boissons offrent un rapport très intéressant : par exemple, le vin au verre ou les cafés. Certains plats procurent également un profit élevé par rapport au coût des ingrédients : par exemple, des desserts confectionnés avec des produits simples (lait, œufs). Mais d'autres plats posent problème : des pâtes élaborées avec des sauces coûteuses, du foie gras, des fruits de mer...

Audrey alloue ensuite les autres coûts directs (préparation, service). L'écart se creuse entre les boissons et les plats. Les boissons offrent un taux de marge bien supérieur ! Certains plats exigent du cuisinier un temps de préparation très important, alors qu'un café ou un verre de vin sont prêts à servir en moins d'une minute. La carte de *Pasta fusion* semble contenir des plats trop complexes pour un restaurant de « milieu de gamme ».

Pour allouer les coûts indirects, comme le loyer ou l'électricité, Audrey doit définir une règle. Par souci de simplicité, elle décide de les répartir sur chaque plat ou chaque boisson en fonction du chiffre d'affaires* réalisé sur ce plat ou cette boisson. Comme le prix moyen des plats est plus élevé que celui des boissons, ils absorbent davantage de coûts indirects. Audrey est stupéfaite par les résultats : certains éléments du menu dégagent 45 % de marge nette alors que d'autres perdent de l'argent !

Pour Audrey et Romain, cette analyse est riche d'enseignements. Les boissons représentent une faible part de leurs ventes, mais une composante très importante de leur profit. Ils prennent immédiatement plusieurs décisions pour améliorer leur rentabilité*. Ils éliminent de leur carte les plats qui perdent le plus d'argent. Pour les autres, dont les marges restent insuffisantes, ils décident d'utiliser des ingrédients moins coûteux, de simplifier la recette, de diminuer les portions ou d'augmenter les prix. Ils se mobilisent enfin pour mieux vendre les articles les plus rentables : les boissons et les desserts. Ils composent plusieurs menus avec boisson et dessert et poussent les serveurs à proposer plus systématiquement ces deux éléments à leurs clients.

Un restaurateur doit connaître le coût et la rentabilité de chaque plat et de chaque boisson de sa carte.

5 SAVOIR COMPTER

JARDINS MARINS — ÉPISODE 2

Yann et Léa arrêtent leurs comptes

Le jeune couple se plonge dans les chiffres et tire les leçons de la première année de son entreprise de jardinage.

Attablés dans leur cuisine, Yann et Léa contemplent les piles de factures et les colonnes de chiffres étalées devant eux. Demain, ils rencontrent leur comptable pour passer en revue la première année de leur entreprise* de jardinage, *Jardins marins*. Au fil des mois, ils ont scrupuleusement enregistré toutes les opérations dans un cahier : les factures, les chèques reçus ou émis... Ils souhaitent tirer deux questions au clair. Après tant d'efforts, ont-ils gagné de l'argent ? Et s'ils décidaient de céder leur société*, vaudrait-elle quelque chose ?

A priori, **l'enrichissement de l'entreprise au cours de l'année est simple à calculer. C'est la différence entre tous ses revenus et toutes ses dépenses.** Une différence positive représente un bénéfice*, une différence négative, une perte*.

Les revenus de Yann proviennent de la réalisation de ses chantiers et de la vente occasionnelle de marchandises : semences, plantes, terreau. Toutefois, les chantiers s'étendent sur plusieurs semaines et certains ne sont pas terminés au moment des comptes. Pour les chantiers en cours, ils décident de ne retenir dans le revenu que la partie déjà réalisée.

Du côté des dépenses, ils considèrent plusieurs catégories : le coût des marchandises utilisées sur les chantiers (terreau, graines, engrais, plantes), les frais de personnel (le salaire des deux apprentis qui aident Yann), les fournitures consommées (essence, petit matériel...), la location d'outils et d'engins spéciaux (tronçonneuse, débroussailleuse...), le loyer du hangar où Yann entrepose ses équipements, et une multitude de charges diverses : assurances, fournitures de bureau...

Ils hésitent sur la manière de traiter les équipements dont ils sont propriétaires comme la camionnette de Yann ou l'ordinateur. Ces biens leur appartiennent, mais ils ont été partiellement « usés » au cours des douze mois écoulés et ils décident de traiter une partie de leur valeur – un quart ou un cinquième – comme dépenses de l'année.

98

Yann et Léa viennent de construire leur premier **compte de résultat***. Il montre un léger bénéfice. C'est une belle performance pour une nouvelle entreprise qui ne tourne pas encore à plein régime et a dû supporter des frais exceptionnels au démarrage.

Yann et Léa chaussent maintenant leurs lunettes de propriétaires. Leur entreprise représente un patrimoine. Mais sa valeur est bien plus complexe à estimer que celle d'un appartement. D'abord, parce qu'elle est composée d'éléments très divers : des stocks*, des équipements, de l'argent… Ensuite, parce qu'elle est sans cesse en mouvement. **Il faut pouvoir photographier ce patrimoine à un instant précis. C'est le rôle du bilan* : d'un côté, on recense ce que l'entreprise possède (l'actif), et de l'autre ce qu'elle doit (le passif).**

À l'actif*, l'entreprise détient des biens durables (véhicule, équipements, mobilier, ordinateur). Leur valeur diminue chaque année au fur et à mesure qu'ils servent à l'exploitation. Elle possède aussi des stocks de marchandises (engrais, semences, plantations).

Les factures en attente de règlement des clients* sont aussi des actifs : même si l'argent n'est pas encore encaissé, le travail est achevé et ces sommes sont acquises. Enfin, il y a le compte en banque. Tous ces éléments servent à produire la richesse de l'entreprise et sont convertibles en argent à plus ou moins court terme.

Au passif* figurent les sommes que l'entreprise doit. D'abord, le capital* apporté par les fondateurs : Yann, Léa et l'oncle Charles. Ensuite, le prêt de 20 000 euros consenti par la banque, dont une partie est remboursable dans moins d'un an. Enfin, les factures à payer aux fournisseurs*, les impôts et les charges à régler à l'administration, et les salaires à verser aux deux apprentis.

La différence entre ce que l'entreprise possède et ce qu'elle doit, c'est son bénéfice, déjà rencontré dans le compte de résultat. Yann et Léa ont décidé d'en garder la plus grande partie dans l'entreprise pour l'aider à grandir.

Stocks de bulbes de tulipes dans un entrepôt en Hollande. Les stocks font partie des actifs d'une entreprise.

SAVOIR COMPTER

Marc a des problèmes de trésorerie

Marc est un jeune entrepreneur dans un secteur de haute technologie. Alors que la croissance est au rendez-vous, il est pris en tenaille entre les exigences de ses fournisseurs et celles de ses clients et risque de faire faillite.

Il y a huit mois, Marc a créé son entreprise* de panneaux photovoltaïques. Ses produits permettent de produire de l'électricité à partir de l'énergie solaire. Aujourd'hui, il est inquiet. Alors que les ventes s'accélèrent et que les premières grosses commandes arrivent, le niveau de la caisse ne cesse de diminuer. Une situation paradoxale et frustrante : son activité est en pleine croissance et il n'a presque plus d'argent !

Marc est victime d'un « effet de ciseau » fréquent dans les jeunes entreprises en plein développement. D'un côté, il est obligé de commander toujours plus de matières premières et de composants à ses fournisseurs* pour répondre à la demande croissante. Et comme son entreprise est récente et peu connue, ceux-ci exigent d'être payés rapidement, parfois dès la livraison de la marchandise. De l'autre côté, il a dû consentir des conditions très avantageuses à ses clients* pour décrocher les premières commandes. Certains d'entre eux, des grandes entreprises du bâtiment et des gros distributeurs*, considèrent normal de régler leurs factures avec deux ou trois mois de retard. Ils tirent avantage de leur pouvoir de négociation pour imposer leurs conditions, alors qu'ils traitent avec une jeune entreprise encore fragile. Au fur et à mesure que son exploitation s'accélère, Marc est écartelé entre ses fournisseurs et ses clients. **Même si le succès est au bout de la route, ce décalage de trois mois entre ses recettes et ses dépenses risque d'être fatal à l'entreprise.**

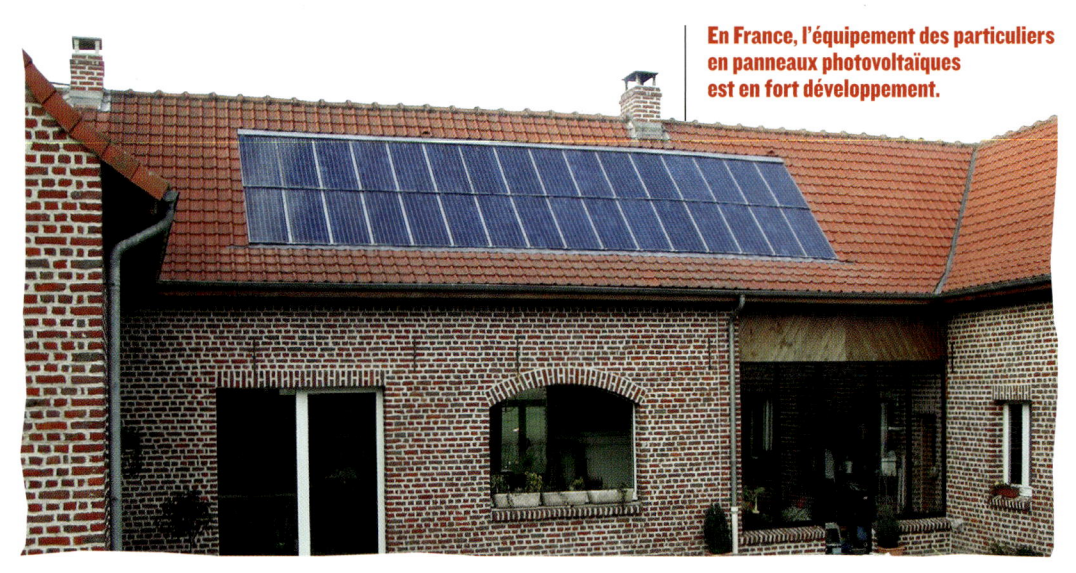

En France, l'équipement des particuliers en panneaux photovoltaïques est en fort développement.

1- Avec son banquier, Marc a pris de bonnes résolutions

2- Désormais, il va mieux gérer ses stocks !!!

3- Négocier les meilleurs prix avec les fournisseurs ...

4- ... Et mettre la pression aux clients qui ne payent pas.

Heureusement, Marc obtient de l'aide. Alors que ce genre de situation mène souvent à la faillite*, son banquier, impressionné par son carnet de commandes et ses progrès rapides, a décidé de lui porter secours. Il lui consentira un prêt pendant un an pour combler une partie de ses besoins de trésorerie*, mais à certaines conditions : Marc devra lui soumettre un plan très précis prévoyant ses recettes et ses dépenses pour les douze prochains mois et lui communiquer toutes les deux semaines les chiffres exacts pour les trente jours suivants. Il convainc Marc de la nécessité de faire entrer un nouvel associé dans son capital*. Marc ne peut plus faire cavalier seul. **Pour se développer dans ce secteur de haute technologie, il doit injecter de l'argent frais et partager la propriété de l'entreprise.**

Le banquier suggère quelques changements dans la gestion quotidienne de l'entreprise. Marc va désormais calculer ses stocks* de matières premières au plus juste et faire en sorte de ne commander que le nécessaire. Il va devoir négocier avec ses fournisseurs des prix et des conditions de paiement plus avantageuses en échange d'accords d'approvisionnement à long terme. Enfin, il va mettre la pression sur ses clients pour qu'ils règlent leurs factures plus rapidement et arrêter de travailler avec ceux qui paient le plus mal. **Le banquier lui conseille de ralentir la croissance pour construire l'entreprise sur des bases plus saines et plus durables.**

SAVOIR COMPTER

Claire prépare son budget

Claire traduit en chiffres les projets de son entreprise pour l'année à venir. Cet exercice l'amène à réfléchir à tous les aspects du fonctionnement de la société et à leur impact sur ses résultats.

Claire est directrice financière dans un cabinet de conseil juridique. Sa société* emploie 70 juristes et assiste de grandes entreprises* dans leurs problèmes de droit des sociétés : créations de filiales, introductions en Bourse*, augmentations de capital*, fusions et acquisitions*. Elle aide les clients* à évaluer différentes structures, négocier des accords, rédiger des contrats et résoudre des litiges. Nous sommes en octobre et **Claire prépare le budget* de l'année suivante,** c'est-à-dire le compte de résultat* à réaliser de janvier à décembre prochain. **Ce document essentiel va influencer tout le fonctionnement de la société pour les 12 mois à venir.**

Le premier élément concerne le **chiffre d'affaires*,** c'est-à-dire les ventes de services* juridiques à prévoir. Gérard, le directeur du cabinet, table sur une croissance de 12 %. Claire a collecté des informations auprès des associés du cabinet sur leurs prévisions de facturation aux principaux clients : parmi les clients existants, certains vont augmenter leur consommation de services juridiques, d'autres vont la diminuer. Elle a aussi anticipé le départ de certains clients et l'arrivée de nouveaux. En regroupant toutes ces données, Claire arrive à une augmentation des heures facturées de 9 %. Pour arriver aux 12 % attendus par Gérard, il faudra augmenter les prix.

Claire doit maintenant prévoir les **coûts** nécessaires pour réaliser ce chiffre d'affaires. Certains de ces coûts augmenteront au même rythme que les ventes (coûts variables*), mais d'autres resteront stables quelle que soit la croissance (coûts fixes*).

Comme dans tous les métiers de service, les coûts les plus importants sont les **frais de personnel** – plus de 50 % du total. Ce que vend le cabinet, c'est d'abord le travail de ses juristes. Compte tenu du niveau d'activité prévu, Claire estime qu'il faudra employer l'année prochaine 80 professionnels. En fonction de ce chiffre, le cabinet va bâtir son plan de recrutement. S'il a surestimé le nombre de juristes dont il a besoin et vend moins d'heures que prévu, son profit* s'effondrera. Si au contraire il vend plus d'heures avec les 80 juristes disponibles, son profit s'envolera. Dans son calcul, Claire tient compte d'une hausse moyenne des salaires de 3 %.

Pour les autres coûts, Claire demande à chaque département de préparer son budget en justifiant ses prévisions de dépenses, d'achats d'équipement et de recrutement. Les budgets des départements marketing*, ressources humaines* et documentation augmenteront deux fois moins vite que les ventes. Le budget du département finance* restera pratiquement stable. En revanche, les coûts informatiques augmenteront aussi vite que le revenu : chaque nouvel employé a besoin d'un ordinateur, d'un téléphone portable et occasionne des coûts de télécommunication. Il faut aussi accroître les équipes informatiques pour dépanner les juristes en cas de problème. Enfin, le coût des bureaux changera très peu car leur taille reste suffisante pour accueillir tous les embauchés.

Lorsqu'elle soustrait les coûts des revenus, Claire parvient à un profit égal à 23 % des ventes. Le budget indique que le profit augmentera plus vite que le chiffre d'affaires (20 % contre 12 %). C'est logique puisque certains coûts n'évoluent que très peu malgré la croissance. Le cabinet bénéficie d'**effets d'échelle.**

Un an plus tard, **Claire analyse les écarts entre son budget et ce qui a été réellement accompli.** Les ventes ont augmenté de 15 % au lieu des 12 % prévus. Ce chiffre cache un nombre d'heures facturées nettement supérieur aux attentes, mais des prix légèrement inférieurs. Les effectifs sont conformes aux prévisions et tous les départements ont respecté leur budget sauf l'informatique. À l'arrivée, le profit atteint 25 % : une très belle année !

comprendre

5 SAVOIR COMPTER

Où tu comprends les rôles de la comptabilité et de la finance

Les chiffres sont à l'entreprise ce que la boussole est au navire. Ils permettent à tous ses participants, à l'intérieur comme à l'extérieur, de s'orienter et d'agir. Ils éclairent les petites décisions quotidiennes et les grands choix stratégiques.

Les besoins de chiffres peuvent venir de l'extérieur de l'entreprise*. Un banquier veut connaître la situation de trésorerie* pour décider d'accorder un prêt. Un investisseur veut connaître les bénéfices* avant d'entrer dans le capital*. L'administration veut connaître le montant des impôts qui lui reviennent. Le rôle de la **comptabilité générale*** est de préparer les comptes de l'entreprise pour l'extérieur. Les règles sont les mêmes pour toutes les entreprises : cela permet de rendre les comptes compréhensibles par tous.

Mais c'est surtout le personnel de l'entreprise qui a besoin de chiffres pour éclairer ses décisions quotidiennes. Un ingénieur souhaite évaluer le coût d'un prototype pour décider des matériaux à utiliser et du processus de fabrication. Un directeur des ressources humai-

104

nes* veut connaître l'évolution des ventes pour prévoir le nombre de personnes à recruter. Un directeur commercial veut calculer ses marges* pour savoir à quel prix vendre un produit. Un trésorier veut suivre les recettes et les dépenses pour déterminer s'il doit emprunter à la banque. Le rôle de la **comptabilité de gestion** est de préparer les chiffres utiles pour toutes ces personnes. Il y a autant de manières possibles de présenter les chiffres que de destinataires et de questions à résoudre.

Parmi les décisions à prendre, il y a toutes celles qui concernent l'argent de l'entreprise : faut-il emprunter, augmenter le capital, construire une nouvelle usine, acheter une société*, diminuer les coûts, verser un dividende* ? La **gestion financière** consiste à recommander les meilleures réponses à ces questions grâce à des analyses adaptées.

La comptabilité générale

Pour présenter leur situation financière, toutes les entreprises produisent trois types de rapports, universellement reconnus dans le monde des affaires : le bilan, le compte de résultat et le tableau des flux de trésorerie. Dans un souci de transparence et de fiabilité, ces rapports doivent être construits suivant des règles et des principes comptables précis. Chacun d'entre eux offre une perspective unique sur la santé de l'entreprise. Comme une prise de sang et un électrocardiogramme fournissent des informations différentes et complémentaires sur l'état d'un patient. Et ce n'est qu'en lisant les trois rapports qu'on obtient une bonne compréhension de la situation.

Le bilan* donne une photographie du patrimoine de l'entreprise à un moment donné. Comme une entreprise vit, son patrimoine est en constante évolution : il faut donc « arrêter » les comptes pour l'étudier. Une entreprise produit son bilan au minimum une fois par an, en général le 31 décembre. Le bilan présente d'un côté l'actif* de l'entreprise et de l'autre son passif*. **Par construction, le bilan est toujours en équilibre, autrement dit :**

Actif = Passif

L'actif, c'est la liste de tous les biens de l'entreprise qui contribuent à son activité et qui peuvent être convertis plus ou moins rapidement en argent : ses équipements, son stock*, l'argent que lui doivent ses clients* (ses créances) et son compte en banque.

Le passif, c'est la liste de toutes les obligations financières de l'entreprise. Il y a d'abord les obligations vis-à-vis de ses propriétaires (les fondateurs et actionnaires* qui ont investi dans l'entreprise) : ce sont les capitaux* propres. Il y a ensuite les dettes* vis-à-vis des autres créanciers de l'entreprise : les banques (prêts à rembourser), les employés (salaires à verser), les fournisseurs* (factures à régler), l'administration (impôts et taxes).

Bilan de la société Alpha
au 31 décembre 2007

Actif		Passif	
Actifs immobilisés :		**Capitaux propres :**	
Machines, véhicules, mobilier	312,5	Capital	250
		Bénéfice	114,75
Actifs circulants :		**Dettes :**	
Stock	100	Emprunts à payer	125
Créances clients à encaisser	220	Fournisseurs à régler	190
Caisse et banque	74,5	Personnel à payer	16,75
		Impôts et charges à payer	10,5
Total :	**707**	**Total :**	**707**

En analysant la structure d'un bilan et son évolution au fil du temps, les financiers d'une entreprise peuvent se faire une opinion précise sur sa robustesse ou sa fragilité.

Le compte de résultat* calcule l'enrichissement de l'entreprise du fait de son activité pendant une période donnée (par exemple, un trimestre ou un an). On parle indifféremment de bénéfice ou de profit*, ou bien de perte* lorsque l'entreprise a perdu de l'argent. Le résultat est la différence entre les revenus et les dépenses de l'entreprise au cours de la période :

Bénéfice = Revenus − Dépenses

Mesurer le bénéfice est essentiel. Quelles que soient les contributions de l'entreprise au progrès de la société, sa vocation première est économique. Elle doit gagner de l'argent. C'est ce qui la distingue d'autres formes de collectivités comme les associations ou les administrations.

Les **revenus** peuvent prendre différentes formes suivant l'activité de l'entreprise : ventes (commerce), honoraires (avocat), loyers (loueur de bien), commissions (agent immobilier)... Certaines entreprises peuvent percevoir des revenus exceptionnels en dehors de leur activité courante, par exemple en revendant une machine d'occasion.

Les **dépenses** peuvent être classées par nature : achats, charges de personnel, loyers, fournitures, charges financières. Certaines dépenses ne correspondent à aucune sortie d'argent : par exemple, la diminution de richesse liée à l'usure des machines au cours de l'année.

Le **bénéfice** de l'entreprise contribue à augmenter les capitaux propres d'une année sur l'autre après paiement d'éventuels dividendes aux actionnaires. La part du bénéfice qui n'est pas payée aux actionnaires reste dans l'entreprise. Elle augmente sa valeur et finance sa croissance.

Compte de résultat de la société Alpha pour l'année 2007

Débit		Crédit	
Achats de marchandises	800	Ventes de marchandises	1 350
Fournitures et services extérieurs	380	Produits financiers	4,25
Charges de personnel	231,25	Produits exceptionnels	199
Charges financières	12,5		
Charges exceptionnelles	14,75		
Bénéfice	114,75		
Total	**1 553,25**	**Total**	**1 553,25**

Le tableau des flux de trésorerie* renseigne sur les encaissements et les décaissements de l'entreprise au cours d'une période donnée :

Variation de trésorerie = encaissements − décaissements

Les Anglais ont une expression : « Cash is king. » En français, on pourrait dire : « La caisse est reine. » C'est avec l'argent de la caisse que l'on paye les employés ou les fournisseurs et que l'on rembourse les emprunts. Lorsque la caisse est vide, l'entreprise est morte. Pour une entreprise, surtout en période de démarrage, le niveau de la caisse est encore plus important que le bénéfice.

Le tableau des flux de trésorerie peut révéler une image très différente du compte de résultat. Lorsqu'une entreprise vend un produit à un client, la vente est enregistrée dans le compte de résultat dès la livraison, mais l'argent n'est pas en caisse tant que le client n'a pas réglé sa facture !

Tableau des flux de trésorerie de la société Béta pour 2007

Opérations d'exploitation :
Rentrées d'argent | + 3 825
Sorties d'argent | - 3 000

Opérations liées à l'investissement :
Décaissement pour l'achat de machines | - 1 050

Opérations liées au financement :
Nouvel emprunt | + 250
Remboursement des emprunts existants | - 75
Versement d'un dividende | - 100

Variations de trésorerie : | - 150

Les comptables préparent les documents financiers suivant un processus précis. Tout au long de l'année, ils enregistrent dans une sorte de cahier appelé « **journal** » les opérations courantes de l'entreprise à partir des pièces justificatives : paiement d'une facture, versement d'un salaire, remboursement d'un emprunt... Périodiquement, ils éditent le « **grand livre** » qui donne l'état de chaque compte de l'entreprise : banque, créances clients, ventes de services... Une fois par an, au moment de la clôture des comptes, ils enregistrent les **opérations d'inventaire.** Par exemple, ils enregistrent le niveau des stocks de matières premières, de produits en cours de fabrication et de produits finis. Une fois ces opérations effectuées, ils peuvent publier le bilan et le compte de résultat définitifs « après inventaire ».

Une grande entreprise enregistre chaque année des millions d'opérations dans des milliers de comptes. Ce travail s'appuie sur des logiciels sophistiqués. Les plus grands groupes* sont généralement constitués de nombreuses sociétés*, chacune avec sa comptabilité*. Il faut regrouper ces comptabilités dans des rapports financiers intégrés. Ce travail, appelé « **consolidation** », demande des connaissances comptables très poussées.

La comptabilité de gestion

Dans une entreprise, la **comptabilité de gestion** – ou comptabilité analytique – est le domaine des contrôleurs de gestion. Leur métier est de mettre les chiffres au service des décisions de l'entreprise. Il exige à la fois rigueur et créativité. Ils peuvent être amenés à produire autant d'analyses qu'il y a de problèmes à résoudre. La plupart de leurs travaux concernent deux domaines : les budgets* et les coûts.

Comme le dit la maxime, « gérer, c'est prévoir ». Pour avancer sur les bons rails, **une entreprise doit régulièrement mettre en chiffres ses prévisions d'activité, en combinant ce qui est souhaitable et ce qui est réaliste.** Une entreprise bien gérée anticipe tous les aspects de son activité. Elle planifie l'évolution de ses ventes, de son bénéfice, de son compte en banque et de ses fonds propres*. Quelques mois avant la fin de l'année, le travail de préparation des budgets de l'année suivante mobilise toute l'entreprise. Le patron exprime ses objectifs : « Nous voulons une croissance de 8 % et un bénéfice de 6 % ». Chaque département fournit des prévisions pour atteindre ces cibles.

La comptabilité de gestion permet de comprendre les coûts et les marges de chaque activité et de chaque produit.

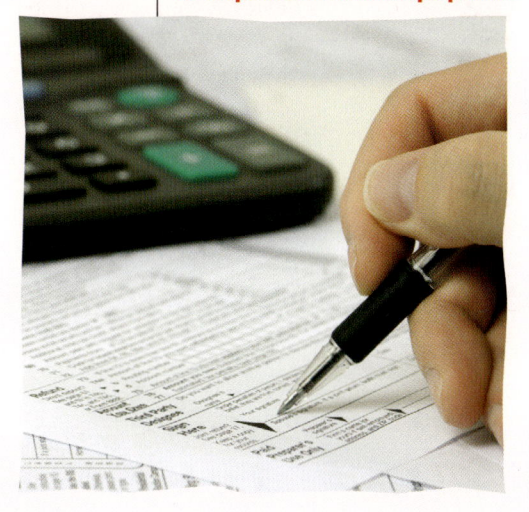

SAVOIR COMPTER

La préparation du budget est un exercice essentiel, car il donne un cadre à la plupart des décisions de l'année suivante : une fois fixés les objectifs de vente et de rentabilité*, il devient plus facile de prévoir tous les aspects du fonctionnement de l'entreprise : les capacités de production nécessaires, le nombre d'employés à recruter, les efforts de marketing* à fournir, les moyens informatiques à déployer...

Le budget permet d'anticiper et de corriger d'éventuels problèmes : des prévisions de ventes trop basses, des coûts trop élevés, des moyens insuffisants. Un budget fait en général l'objet de plusieurs versions et de nombreuses corrections. Le **contrôleur de gestion** développe un premier jet sur un logiciel de calcul, puis fait varier ses hypothèses. C'est un exercice très pédagogique et souvent passionnant. Une fois l'année engagée, le contrôleur de gestion analyse régulièrement les écarts entre prévisions et réalisations et suggère des ajustements : réduire les dépenses de voyages, augmenter les prix sur telle ligne de produits...

Dans la préparation des budgets, les prévisions de coûts font toujours l'objet d'une attention particulière. Certains coûts varient en fonction du niveau d'activité de l'entreprise. Par exemple, les coûts d'énergie pour produire du ciment ou le nombre d'heures de travail pour apporter un service de nettoyage. Ce sont des **coûts variables***. D'autres coûts restent stables lorsque l'activité varie : le loyer des bureaux ou le coût des machines est indépendant du nombre de produits vendus. Ce sont des **coûts fixes***. Bien sûr, tous les coûts finissent par varier. Au-delà d'un certain seuil d'activité, une entreprise devra augmenter la taille de ses bureaux.

Un entrepreneur* doit comprendre l'évolution de ses coûts en fonction de son niveau d'activité. Cela lui permet par exemple de déterminer le niveau de vente minimum à atteindre pour gagner de l'argent. Ce niveau s'appelle le **point mort**. Une entreprise qui démarre doit limiter ses coûts fixes car les ventes des premiers mois sont modestes. Elle doit rechercher le point mort le plus bas possible. Pour une entreprise en vitesse de croisière, la compréhension des coûts permet de déterminer la capacité de production souhaitable en fonction des prévisions d'activité : le nombre de professionnels pour un cabinet juridique, la taille des usines pour une entreprise industrielle. Dans certains secteurs, comme la mode, le niveau d'activité varie sans arrêt : les entrepreneurs cherchent à rendre leurs coûts plus flexibles : par exemple en louant plutôt qu'en achetant les équipements dont ils ont besoin.

Lorsqu'une entreprise fournit plusieurs produits ou services*, il est important de comprendre les coûts et les marges pour chacun d'entre eux. Prenons une concession automobile. Combien d'argent gagne-t-elle sur la vente de véhicules haut de gamme, bas de gamme ? sur l'atelier de réparation, sur la vente de pièces détachées ? Certains coûts peuvent être reliés directement à un produit, par exemple le coût d'achat d'un véhicule. Ce sont des **coûts directs***. Mais d'autres couvrent plusieurs activités et doivent être répartis. C'est le cas du salaire de l'hôtesse d'accueil ou du nettoyage du hall d'exposition. Ce sont des **coûts indirects***. La répartition des coûts permet à l'entrepreneur de décider s'il doit arrêter ou renforcer une activité, augmenter ses prix ou diminuer certaines dépenses.

L'analyse financière

Pour bien gérer l'argent de l'entreprise, un **directeur financier** dispose aujourd'hui d'un large éventail de techniques, chacune adaptée à un besoin particulier.

La **méthode des ratios** est très répandue. Il s'agit de calculer des proportions entre différentes parties du bilan et du compte de résultat. Il existe une multitude de proportions intéressantes à calculer et chacune a une signification différente. Un montant de dettes trop élevé par rapport au capital montre que le financement de l'entreprise est fragile. Un niveau de stock élevé par rapport aux ventes montre que l'entreprise accumule sans doute des stocks excessifs. Un emprunt à court terme élevé par rapport au compte en banque indique que l'entreprise ne pourra peut-être pas rembourser. Dans la méthode des ratios, le calcul est toujours relativement simple, mais son interprétation exige parfois beaucoup d'intelligence !

L'évaluation des décisions d'investissement* est l'un des domaines les plus intéressants de la finance*. L'exercice consiste à identifier les projets les plus avantageux pour l'entreprise. Par exemple, faut-il implanter une grosse usine en Chine, moderniser deux usines de plus petite taille, construire un centre logistique* ? Et comment financer ces projets : en lançant une augmentation de capital, en empruntant, en utilisant la trésorerie disponible ? L'évaluation de ces alternatives repose sur des calculs complexes dans lesquels entrent une multitude de facteurs : le niveau de risque du projet, le calendrier des encaissements et des décaissements à venir, les taux de change, les taux d'intérêt, les conséquences en termes d'impôts.

SAVOIR COMPTER

Peut-on vraiment calculer la valeur d'une entreprise ?

Pour se développer, des sociétés* achètent sans cesse d'autres sociétés. Il n'est pas simple de mettre un prix sur une entreprise*. Équipés des mêmes informations, cinq experts financiers arriveront toujours à cinq valeurs différentes. C'est que l'entreprise est un vaste puzzle en constante évolution. Par où commencer ?

Un bon point de départ est le bilan*, puisqu'il apporte une photographie du patrimoine de l'entreprise. À l'actif* sont répertoriés tous ses biens, et au passif* toutes ses dettes*. Il suffit de faire l'hypothèse que l'on vend les biens et règle les dettes. La différence représente la valeur de l'entreprise. On dit qu'on liquide l'entreprise, autrement dit qu'on arrête brutalement son fonctionnement pour la transformer en argent. La somme obtenue s'appelle la valeur de « liquidation ». C'est ainsi que procède le juge lorsqu'une société n'a plus d'argent et fait faillite*.

Pourtant, les entreprises en cours d'existence ne sont presque jamais vendues à leur valeur de liquidation. Une entreprise n'est pas une chose inerte, mais un être vivant, créé pour produire de la richesse. Ce qui fait sa valeur, c'est donc sa capacité à gagner de l'argent au cours des mois et des années à venir. Tout le problème est là. **La valeur d'une entreprise dépend de ce qu'elle n'a pas encore accompli et les gains futurs sont toujours difficiles à estimer.** La société Google a-t-elle raison lorsqu'elle paie plus d'un milliard et demi de dollars pour le site de vidéo sur internet Youtube, une entreprise de 65 employés, récemment fondée ?

Pour mettre une valeur sur les gains à venir, il y a plusieurs manières de procéder. L'approche la plus précise consiste à construire le compte de résultat* prévisionnel de l'entreprise pour les années à venir, à estimer tous ses profits* futurs et à les ramener à leur valeur d'aujourd'hui. La somme de ces chiffres représente le potentiel total de création de richesse de l'entreprise, et donc sa valeur. Cette méthode est loin d'être parfaite : il faut faire un grand nombre d'hypothèses, et les perspectives de gains sont d'autant plus incertaines et risquées que l'on regarde loin dans l'avenir.

Une méthode très pratique et plus rapide consiste à observer les prix auxquels se sont faits les achats récents d'entreprises dans le même secteur et à comparer les prix de ces entreprises et leurs profits. Supposons que ces transactions aient été conclues, en moyenne, pour douze fois le profit annuel. Il suffit de prendre le profit de la société que l'on souhaite acheter et de le multiplier par douze pour obtenir une indication de sa valeur.

La même société ne vaut pas la même chose pour tout le monde. Si par exemple une société de meubles de jardin souhaite acheter une société de parasols, elle sera sans doute prête à payer plus cher qu'une entreprise d'un autre secteur, car elle va désormais pouvoir vendre les deux produits aux mêmes clients.

Le problème est donc très compliqué ! **Pour arriver à une réponse fiable, les financiers utilisent souvent plusieurs méthodes et « croisent » les différentes estimations.** En définitive, le seul prix qui compte, c'est celui sur lequel le vendeur et l'acheteur de l'entreprise se mettent d'accord, quelle que soit l'approche utilisée.

rencontre

SAVOIR COMPTER

Aditya Mittal, prince de l'acier

Formé par son père, l'un des plus grands entrepreneurs indiens, Aditya Mittal a passé sa jeunesse à construire l'empire familial. À 31 ans, il devient directeur financier du leader mondial de l'acier.

Une dynastie indienne. Le grand-père, Mohanlal, démarre une petite aciérie dans un village des environs de Calcutta, sans eau courante ni électricité. Le père, Lakshmi, part développer l'affaire familiale en Indonésie. Avec les profits* de sa première usine, il en achète une deuxième, puis une troisième. Quelques années plus tard, il met la main sur des sites beaucoup plus importants à Trinidad et au Mexique. Grâce à ses talents de négociateur, il bâtit en vingt ans l'un des premiers groupes* sidérurgiques mondiaux.

Héritier. Le fils, Aditya, pourrait profiter paisiblement de la fortune familiale, mais il préfère continuer à construire l'entreprise*. À moins de 30 ans, il pousse son père à prendre le contrôle du leader mondial de l'acier, le groupe franco-luxembourgeois Arcelor. C'est l'un des « raids » les plus audacieux jamais réussis dans le monde des affaires. Aditya est aujourd'hui directeur financier d'Arcelor-Mittal, producteur de 10 % de l'acier mondial. Malgré ses traits juvéniles, personne ne met en cause sa légitimité.

Élève de son père. Pendant son adolescence, Aditya accompagne chaque samedi son père au bureau ou dans l'aciérie. Lakshmi lui raconte ses voyages et ses projets. Il lui explique les marchés de l'acier et la technique des fourneaux. Après le lycée, Aditya part étudier la finance* aux États-Unis puis rejoint une grande banque internationale. Au bout d'un an, il démissionne et met ses connaissances financières au service de l'entreprise familiale. Sa première mission consiste à introduire en Bourse* Ispat international, une société* créée par son père, pour regrouper toutes les aciéries de la famille. C'est la plus grosse introduction en Bourse jamais conduite dans le secteur de l'acier. Aditya n'a que 21 ans !

La course aux acquisitions. Au début des années 2000, la demande mondiale d'acier s'effondre et l'action d'Ispat passe de 27 dollars à 1,50 dollar. Les Mittal sont convaincus qu'il faut regrouper les aciéries dans des entreprises plus grandes. C'est le seul moyen de stabiliser les prix et d'augmenter le pouvoir de négociation vis-à-vis des fournisseurs* de minerai et des clients*, les grands constructeurs automobiles. Partout dans le monde, des aciéries en difficulté sont à vendre à un prix très bas. Avec le soutien de son père, Aditya se lance dans une course effrénée aux acquisitions*. Pas moins de cinquante entre 1999 et 2005.

Négociateur. Aditya passe ses jeunes années dans des négociations marathon en Europe de l'Est et en Afrique. Il se familiarise avec les subtilités de ce type de transactions et apprend à ne pas lâcher prise dans les phases les plus difficiles. En 2004, il joue un rôle central dans le rachat d'International Steel Group, un groupe américain, pour une valeur de 4,5 milliards de dollars. Lorsque, à 30 ans, il part à l'assaut du leader mondial Arcelor, il est déjà un directeur financier très chevronné.

Respect et complicité. Derrière cette fabuleuse ascension, il y a bien sûr une relation exemplaire entre un père et un fils. Les deux Mittal se parlent au moins deux fois par jour au téléphone et se consultent en permanence sur la marche des affaires. Il y a aussi un sens du travail exceptionnel, que la réussite financière n'a pas émoussé. Lakshmi et Aditya ont la même habitude des journées de travail de seize heures, des longues réunions avec du thé et des sandwichs et des voyages en avion d'un bout à l'autre de la planète. Leur ténacité impressionne, et le fils, toujours calme et direct, paraît encore plus résolu que le père.

Retour aux origines. L'Inde est fière de ces magnats de l'acier, symbole de la réussite du pays. Les Mittal savent que la croissance indienne entraînera d'énormes besoins en acier et y font des investissements* importants, mais l'attachement au pays va plus loin : « Lorsque je serai à la retraite, explique Aditya, je voudrais vivre en Inde et m'y investir dans l'humanitaire. »

Aditya Mittal *en 6 dates*

1976
Naît à Calcutta (Inde)

1996
Est diplômé de l'université de Pennsylvanie

1997
Intègre l'entreprise familiale

1999
Est responsable des fusions et acquisitions

2004
Devient membre du conseil d'administration de Mittal Steel

2006
Rachète Arcelor dont il devient directeur financier

Sidérurgiste dans une aciérie, en Inde.

À TOI DE JOUER !

1

Au début de l'année, définis la manière dont tu souhaites utiliser ton argent de poche. Tu distingues trois rubriques : ce que tu consommes, ce que tu épargnes et ce que tu donnes à des œuvres de charité.

Quelle répartition proposes-tu ?

Après un trimestre, la manière dont tu as réellement utilisé l'argent est-elle conforme à ton plan de départ ?

Comment décides-tu d'ajuster tes dépenses ?

2

Compte l'argent de poche dont tu disposes. Tout au long de l'année, enregistre sur un cahier toutes tes rentrées et tes sorties d'argent.

Crée deux colonnes « entrée » et « sortie ». Pour chaque mouvement, note la date, la nature de l'opération et le montant dans la bonne colonne.

Tous les mois, calcule tes nouvelles économies. Vérifie que le résultat correspond bien à l'argent dans ta tirelire ou sur ton compte en banque.

Note chaque mois si ton argent de poche a augmenté et diminué. Explique pourquoi. Déduis-en des règles pour mieux gérer ton argent.

3

Assieds-toi une fois par mois avec ton père ou ta mère et faites le point sur les dépenses courantes de la famille.

Calcule combien d'argent a été consacré à chaque type d'utilisation : nourriture, alimentation, loisirs, vacances, transports, eau, gaz, électricité...

Note chaque mois l'évolution du total des dépenses et de leur répartition. Quels enseignements tires-tu de ces chiffres ? Propose plusieurs évolutions dans la gestion du budget familial.

Je te prierais de t'acquitter immédiatement des 25 centimes que tu me dois !

CHAPITRE 6

TROUVER DES CLIENTS ET LES GARDER

Le client fait vivre l'entreprise. En achetant ses produits ou ses services, il paye ses salaires et permet sa croissance. Et pourtant, il ne reçoit pas toujours l'attention qu'il mérite ! Tel employé est accaparé par des problèmes internes et se détourne de son marché. Tel manager croit tout savoir du client sans jamais lui parler. Tel commercial facture des frais abusifs et laisse le service se dégrader… Tôt ou tard, la sanction tombe. Trouver des clients et les garder est un jeu passionnant et exigeant. Et les règles évoluent sans cesse !

6 TROUVER DES CLIENTS ET LES GARDER

Où tu découvres l'art de gagner la confiance des clients

PASTA FUSION ÉPISODE 4

Pasta fusion transforme ses clients en ambassadeurs

Audrey et Romain ont trouvé une formule imparable pour remplir leur restaurant : suciter chez leurs convives une satisfaction telle qu'ils reviennent régulièrement et conseillent le restaurant à leurs amis !

Pour promouvoir leur restaurant et développer leur clientèle, Audrey et Romain ont suivi les conseils de Jacques. Après vingt ans d'une carrière de restaurateur réussie, celui-ci était catégorique : « Ne dépensez pas trop d'argent en publicité, les clients* penseront que vous êtes aux abois. Pour un restaurant, les encarts dans la presse ne sont pas particulièrement efficaces et la radio ou la télévision coûtent trop cher. Quant aux promotions du type « apéritif ou dessert gratuit », elles attirent davantage les chasseurs de bonnes affaires que les clients fidèles. »

Pour faire venir les premiers clients, Jacques a convaincu Audrey et Romain de soigner leurs relations publiques et de gagner les faveurs des « faiseurs d'opinion ». Ils ont obtenu des mentions très favorables des médias en invitant personnellement des journalistes et des animateurs de radios locales. Pour chacun de ces hôtes importants, le chef a pris le temps d'expliquer la carte, de faire visiter la cuisine et de faire goûter quelques spécialités. Ils ont convaincu un magazine culinaire réputé de publier un article sur leur recette la plus originale, « l'espéranto de pâtes exotiques ». Le journal local les a couverts d'éloges lorsqu'ils ont reçu gratuitement dans leur restaurant tous les volontaires d'une association contre la faim dans le monde, à l'occasion d'une collecte. Plus généralement, Audrey et Romain ont fait beaucoup d'efforts pour se faire apprécier dans leur quartier. Ils ont accueilli plusieurs fois les réunions mensuelles de la chambre de commerce. Leur chef a organisé des leçons de cuisine pour les étudiants de l'université voisine. Ils ont pris l'habitude de laisser à chaque visiteur influent un petit dossier contenant le menu, leur carte de visite, la biographie du chef et les meilleurs articles de presse. Grâce à ces contacts, le restaurant a pu se faire connaître et attirer les convives.

Leur meilleure publicité est venue des clients eux-mêmes. Sur ce point, les conseils de Jacques ont encore été déterminants. **« La qualité du service est de loin votre première arme. Vous devez sans cesse surprendre vos clients et dépasser leurs attentes.** Si vous voulez qu'ils deviennent vos ambassadeurs, ils doivent quitter le restaurant en disant : whaou ! » Pour susciter l'enthousiasme, il a d'abord fallu écouter et observer les convives : découvrir leurs habitudes, leurs occupations, leurs sujets de conversation. **Bien connaître ses clients, c'est la base du marketing*** ! Ces observations ont permis d'introduire une multitude de petites améliorations. Face à l'importance de la clientèle étudiante, Audrey et Romain ont adapté leur programmation musicale. Devant le succès des crudités, ils ont augmenté le nombre et la variété des salades au menu.

Les serveurs multiplient les attentions : ils accueillent les clients avec chaleur, recommandent un vin, décrivent les nouveautés de la carte, glissent des cuillères additionnelles lorsqu'un seul convive prend un dessert, racontent une anecdote, montrent une sollicitude particulière pour les personnes seules ou âgées… Le chef fait le tour des tables pour partager avec les clients quelques secrets sur ses recettes ou leur proposer un digestif. Audrey et Romain passent des dizaines d'heures à encourager, renforcer et, si nécessaire, imposer ces comportements jusqu'à ce qu'ils deviennent pour tous une deuxième nature.

Petit à petit, ils ont compris comment gérer les incidents et transformer les clients mécontents en fidèles supporters. Ils sont devenus plus attentifs aux signes de frustration : un regard circulaire sur la salle, une main qui se lève à répétition, des coups d'œil sur la montre, un plat non terminé. Ils ont appris à devancer les problèmes, à faire s'exprimer le client et à proposer des solutions immédiates : changer un vin, déduire un plat de l'addition ou simplement s'excuser avec sincérité.

Aujourd'hui, *Pasta fusion* compte beaucoup de clients fidèles. À chaque visite, ils sont salués avec gratitude, comme les membres d'une famille. Les serveurs se souviennent de leur nom, de leurs plats préférés et de leurs centres d'intérêt. **Audrey et Romain les consultent souvent sur les améliorations à apporter à la carte ou au service. Ils sont la vraie richesse du restaurant !**

6 TROUVER DES CLIENTS ET LES GARDER

Vanessa s'interroge sur le succès de l'iPod

Pour son premier cours de marketing, Vanessa doit réfléchir aux raisons du succès de l'iPod. Plus qu'un simple produit, elle découvre une marque très forte et un univers clients aux multiples facettes.

La nouvelle est accueillie par des applaudissements. « Chaque élève pourra télécharger une version enregistrée des cours sur son iPod. » Vanessa vient d'être admise dans une école de commerce et assiste intriguée à sa première séance de marketing*.

— Levez la main s'il y a au moins un iPod dans votre famille.

La majorité des mains se lève.

— Et s'il y en a deux…

Près de 30 % des mains sont encore levées.

— Voilà, dit le professeur, un bon point de départ pour comprendre le marketing. Pour le prochain cours, demandez-vous pourquoi l'iPod a eu tant de succès et préparez vos arguments !

Vanessa, qui se sépare rarement de son iPod rouge gravé à son nom, se sent inspirée par la question. Lorsque son grand frère a acheté son premier modèle en 2003, il y avait déjà des lecteurs de musique MP3. Certains offraient même de meilleures performances techniques que le baladeur d'Apple : une plus large capacité mémoire, une plus longue autonomie… L'iPod a pourtant touché des cordes sensibles chez les consommateurs en répondant à des attentes jusque-là mal prises en compte : un design séduisant avec des lignes épurées, des matériaux originaux et une large palette de couleurs, une grande simplicité d'utilisation pour télécharger de la musique et naviguer parmi ses chansons préférées. De là à expliquer les 100 millions d'exemplaires vendus en moins de quatre ans !?

Vanessa se souvient du jour où elle a découvert l'iPod. Elle avait été frappée par cette campagne d'affichage présentant des silhouettes jeunes et stylées parées du fameux baladeur. Elle avait tout de suite adoré ces publicités dont les couleurs et les lignes audacieuses faisaient écho à celles du produit. L'iPod est devenu un accessoire de mode, le symbole d'un style de vie. On le porte comme un bijou en choisissant sa couleur et son écrin. Le nom du produit véhicule des images fortes : la jeunesse, la liberté, la musique, l'élégance, le mouvement…

Pour Vanessa, il y a encore autre chose. **Si l'iPod exerce un tel attrait, c'est qu'il procure une expérience très riche et entièrement nouvelle de la musique. Tout l'univers d'Apple contribue au succès du produit.** Cela commence par la librairie musicale sur internet, iTunes. Le site est à l'image de l'appareil : sobre, élégant et facile à utiliser. Pour le développer, Apple est devenu distributeur de musique et a négocié des droits de téléchargement avec les quatre plus grandes maisons de disques. Dans l'année qui a suivi le lancement du site iTunes, les ventes mensuelles de baladeurs ont été multipliées par sept !

Viennent ensuite les extensions du produit : connecteurs, amplificateurs, logiciels, étuis en tous genres. Elles permettent de varier à l'infini l'esthétique et les possibilités d'utilisation. Le plus bluffant reste sans doute l'expérience d'achat. Vanessa a été particulièrement impressionnée par l'Apple Store de Londres : un décor clair et aéré ; des tables où l'on invite le client* à essayer le produit dans tous les modes d'utilisation imaginables, avec une grande variété d'accessoires et de logiciels. Des vendeurs qui ne semblent pas là pour vendre – est-ce possible ? –, mais pour informer et partager leur passion du produit. Un comptoir, le « genious bar », où l'on répond amicalement à toutes les questions techniques... Le magasin vous accueille dans l'univers iPod et le passage en caisse n'est qu'une conséquence logique.

Vanessa tient sa démonstration pour le cours de marketing. **Plus qu'un produit bien pensé, l'iPod est devenu une marque chargée de symboles puissants.** Avoir un iPod, c'est vivre une expérience riche et cohérente dont chaque moment a été parfaitement pensé et orchestré. Vanessa imagine le travail et l'organisation nécessaires pour offrir chaque jour une telle qualité à 100 millions de clients !

L'iPod en 2007

79 % du marché mondial des baladeurs MP3

85 % des téléchargements de musique

Plus de 100 millions d'exemplaires vendus depuis 2002

L'Apple Store de New York. Suite au lancement de l'iPod, la valeur de la société Apple a été multipliée par 8 entre 2003 et 2006.

Pauline veut fidéliser les clients d'une chaîne de parfumerie

Pauline persuade le directeur de lancer un plan de fidélisation de ses clients. Elle lui explique les avantages de son programme et lui détaille son fonctionnement.

Armée d'une maîtrise de gestion, Pauline a rejoint il y a huit mois l'équipe marketing* d'une grande chaîne de parfumerie. En six ans, sa société* a ouvert ou racheté 60 magasins en ville et dans des centres commerciaux sur tout le territoire. Les boutiques offrent un vaste choix dans une ambiance raffinée. Mais c'est sur la qualité de son accueil et de son service* que la chaîne entend se distinguer.

Pauline vient de commencer la réunion la plus importante de sa jeune carrière. Elle doit présenter à Gérard, le président de la société, le programme de fidélisation* sur lequel elle travaille depuis son arrivée. L'idée est simple : au fur et à mesure de leurs achats, les clients accumulent des points sur une carte de fidélité. **À partir d'un certain montant de dépenses, ils pourront recevoir des coupons de réduction ou d'autres cadeaux en récompense de leur loyauté.**

Gérard ne croit pas au projet et attaque après seulement quelques secondes de discussion :

— Ce programme ne représente que des dépenses en plus : il va falloir le faire connaître à nos clients* et créer toute une infrastructure pour comptabiliser les points, communiquer avec les membres... sans compter le coût des cadeaux !

Le rayon cosmétiques d'un magasin Sephora. La fidélisation est un levier de performance essentiel dans le commerce de détail.

Pauline attendait ces objections et ne se démonte pas. Elle a préparé une page de synthèse qui résume, chiffres à l'appui, les bénéfices et les coûts de l'opération.

— D'après nos calculs, **un client qui fait un seul achat nous rapporte 7 euros. Si le même client revient régulièrement dans nos magasins pendant dix ans, ce chiffre atteint 7 000 euros.** Il y a à cela plusieurs raisons : non seulement le client fidèle visitera nos magasins sur une plus longue période, mais il achètera davantage de produits. En plus de son parfum habituel, il essayera nos eaux de toilette ou nos maquillages et fera des cadeaux... Son « panier » aura tendance à augmenter. Il reviendra chez nous parce qu'il apprécie l'expérience et connaît nos vendeurs. Il sera moins sensible au prix. S'il est satisfait, il nous recommandera à ses amis et parrainera d'autres acheteurs. Ce bouche-à-oreille complétera nos efforts commerciaux.

— Admettons, répond Gérard. Mais notre budget* marketing va encore augmenter !

— En fait, explique Pauline, ce programme va permettre de le stabiliser. Jusqu'ici, nous avons fait beaucoup de publicité dans la presse et par affichage. Ce type de communication coûte cher et produit souvent des résultats décevants parce qu'il frappe au hasard. **Nous envisageons de remplacer cette publicité de masse par des courriers très ciblés à l'attention des clients qui ont déjà visité nos magasins.** Nous rassemblerons des informations utiles sur ces consommateurs (leurs produits préférés, leur date d'anniversaire...) et nous serons capables de leur faire des offres mieux adaptées.

Cette fois-ci, Pauline a toute l'attention de Gérard. Pour finir de le convaincre, elle explique la manière dont elle propose de diminuer les coûts.

— Pour gérer le programme de fidélisation, nous ferons appel à une petite société extérieure. Nous éviterons ainsi des investissements informatiques coûteux. Nous enverrons les relevés de points par internet plutôt que par courrier. Nous multiplierons les attentions qui ne coûtent pas cher et font plaisir à nos clients. Lorsqu'ils achèteront certains produits, nous leur offrirons des trousses de maquillage ou des coffrets à bijoux. À l'occasion de leur anniversaire, nous leur ferons des petits cadeaux : par exemple, des parapluies, des carnets ou des porte-clefs à notre enseigne.

Gérard n'a plus de questions. Il a besoin de trois jours pour revoir le dossier en détail. Il demande déjà à Pauline de préparer un plan de lancement détaillé. C'est très bon signe !

Damien vend des services chez un constructeur d'ascenseurs

Après trois ans d'efforts, Damien, 28 ans, vient d'être promu manager des ventes chez un grand constructeur d'ascenseurs. Il savoure son succès en repensant à la formidable organisation commerciale qu'il a rejointe et au métier qu'il a découvert.

En entrant dans la société*, Damien s'attendait à vendre des ascenseurs neufs, mais il a appris un autre métier tout aussi passionnant : la vente de services*. Autrefois, c'est le technicien qui proposait lui-même le contrat de maintenance, parce qu'il connaissait intimement la machine. Aujourd'hui, les contrats sont devenus trop complexes pour être vendus entre deux graissages de poulies. Ils ressemblent à des polices d'assurance sophistiquées avec de multiples options : des horaires d'assistance plus ou moins étendus, des prestations de dépannage et d'entretien variées, le suivi électronique de l'ascenseur par un centre de contrôle à distance, des informations accessibles sur internet sur l'état de la machine. Le commercial doit être capable d'en vanter les atouts à des auditoires variés, parfois très expérimentés et souvent sceptiques : des syndics d'immeubles, des associations de copropriétaires. Ses arguments portent sur la sécurité et la disponibilité de l'équipement, le confort, la préservation de la valeur d'un immeuble...

Les vendeurs de services sont très différents des vendeurs d'ascenseurs neufs qui chassent sans relâche les affaires. Ils ressemblent davantage à des laboureurs. **Ils font patiemment fructifier leur parc d'ascenseurs et construisent des relations de confiance avec leurs clients* sur plusieurs années. C'est la qualité de ces rapports qui permet de renouveler les contrats dans de bonnes conditions.

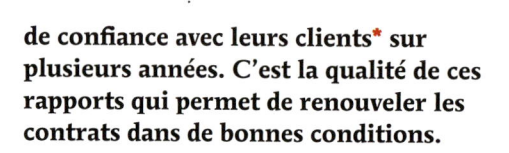

Damien a appris à analyser toutes les données disponibles pour déceler une opportunité de vente ou le risque de départ d'un client. Les systèmes informatiques de sa société lui fournissent tout ce dont il a besoin : l'âge de l'ascenseur, le nombre de pannes, la date du dernier contact client, de l'échéance du contrat... Il sait quand mener une visite de courtoisie ou accorder une petite faveur pour renforcer la loyauté d'un interlocuteur important. Il sait repérer les personnes qui pèseront sur une décision commerciale : celle qui tranche, celle qui influence et celle qui risque de tout faire capoter ! Il glane des informations précieuses en parlant quotidiennement au technicien qui répare l'ascenseur ou à la secrétaire qui répond au téléphone.

Dans l'entreprise* de Damien, l'organisation commerciale est une redoutable machine de guerre. La direction des ventes évalue et rémunère ses commerciaux sur un ensemble de critères : les ventes de services, les niveaux de marge*, les contrats perdus et regagnés à la concurrence, la satisfaction des clients… Elle organise fréquemment des concours de vente avec de nombreux prix. Il n'est pas rare qu'un bon commercial gagne le double de son salaire de base. **Pour que les résultats soient au rendez-vous, il faut s'assurer que chacun utilise intelligemment son temps :** en faisant suffisamment de visites aux clients, en rédigeant assez de propositions, en invitant des clients au centre de démonstration… Toutes ces activités font l'objet d'un suivi rigoureux.

Au début, Damien ressentait la pression de ce système parfaitement réglé. Après quelques succès, il s'est pris au jeu. **Les règles sont claires et ne laissent aucune place aux manœuvres politiques.** Il conserve beaucoup de liberté dans l'organisation de ses journées. L'ambiance de travail est très jeune, l'équipe ne rate jamais l'occasion de célébrer dignement une victoire. Dans les premiers mois, le manager de Damien l'a souvent accompagné chez les clients pour lui montrer les ficelles du métier. Trois ans plus tard, c'est à lui de transmettre son expérience.

comprendre

6
TROUVER DES CLIENTS ET LES GARDER

Où tu comprends
le rôle des marques et du marketing

Comment conquérir les « bons » clients, servir au mieux leurs besoins, bâtir avec eux une relation durable et en faire des ambassadeurs enthousiastes ? Le rôle du marketing est d'apporter les réponses à ces questions et de les traduire en actions.

Tout part du client !

Derrière le mot « client » se cachent des réalités très diverses. Lorsque tu vends des vêtements ou des repas dans un restaurant, ton client* est une personne : on parle de consommateur. Lorsque tu proposes des avions gros porteurs à une compagnie aérienne ou des services de nettoyage à une mairie, ton client est une organisation. Cette organisation peut comprendre elle-même un grand nombre d'interlocuteurs : celui ou celle qui prend la décision, négocie le prix, paie les factures, utilise le produit ou le service* au quotidien. Même pour un objet de consommation courante, les choses ne sont pas si simples : dans le cas d'un livre de jeunesse, le professeur qui conseille l'ouvrage, le parent qui l'achète et l'enfant qui le lit sont tous trois des clients ! Parfois, il existe aussi toute

Des capsules colorées au sourire de George Clooney... tout l'univers de Nespresso contribue au succès de la marque.

une chaîne de clients entre le producteur et le consommateur. Qui est le client d'une marque de shampooing : le supermarché ou le consommateur ? Qui est le client d'un fabricant de lavabos : le distributeur*, le plombier installateur ou la personne qui rénove sa salle de bains ? Tous ces clients ont des attentes spécifiques et doivent être traités avec attention.

Ce n'est pas facile pour un employé de regarder l'entreprise* avec les yeux du client. L'exercice est pourtant révélateur. Dans une imprimante, un ingénieur voit des composants électroniques, mécaniques et optiques, des matériaux avec leurs coûts et leurs performances techniques, des options de design et de fabrication. L'utilisateur, lui, recherche une haute qualité d'impression, un débit élevé, une bonne fiabilité et une grande simplicité d'utilisation. Le client attend diverses fonctionnalités, pas un bloc de plastique, de verre et d'acier !

Vue du client, l'entreprise n'apporte pas seulement un produit ou un service, elle procure une expérience complète avec de nombreux épisodes plus ou moins réussis. Lorsqu'il achète une voiture, le client passe par plusieurs étapes : la visite du centre d'exposition, les explications du vendeur, la négociation, les démarches administratives pour obtenir l'assurance et la carte grise, l'attente de la livraison, la prise en main du véhicule... Une fois le véhicule livré, l'aventure continue : il peut y avoir une panne pendant la période de garantie, il y a les visites d'entretien... L'impression du client, c'est la somme de ces expériences. Chacune met en jeu des acteurs différents – vendeur, technicien, personnel administratif – et suffit à tout faire basculer. Très peu d'entreprises sont capables d'assurer une expérience clients* positive de bout en bout. La marque Nespresso a construit son succès sur une expérience originale du café : de l'esthétique des petits percolateurs à la simplicité des commandes de capsules sur internet, des boutiques branchées avec leur coin dégustation au regard de séducteur de George Clooney dans la publicité !

Un client a d'autant plus de valeur qu'il reste fidèle à son fournisseur*, lui achète davantage de produits et le recommande à ses amis. Pour une banque, le bon client est celui qui lui confie son salaire et ses économies et lui demande de financer ses plus gros achats. Il est très coûteux de chercher sans cesse de nouveaux clients : il faut faire de la publicité, déployer d'énormes

TROUVER DES CLIENTS ET LES GARDER

efforts commerciaux ! À quoi bon tout ce travail si le client ne fait qu'un achat et puis s'en va ? Un coiffeur ne peut s'enrichir qu'avec une clientèle stable qui le visite tous les mois pendant plusieurs années. Les chiffres sont parfois spectaculaires : dans le secteur des cartes bancaires, une simple augmentation de 5 % du nombre de clients fidèles année après année suffit à accroître la valeur de l'entreprise émettrice de 75 %.

Avant de fidéliser des clients, il faut commencer par bien les choisir. Une entreprise s'épuise inutilement à attirer des clients peu loyaux, uniquement intéressés par les ristournes. Il faut ensuite consacrer suffisamment de moyens et d'attention aux clients existants, trop souvent négligés. Cela suppose la mise en place d'un dialogue continu grâce à des visites commerciales fréquentes, des clubs d'utilisateurs, des forums sur internet ou des enquêtes de satisfaction fiables... Approfondir la relation, c'est aussi chercher à servir des besoins additionnels avec des campagnes de vente adaptées. Par exemple, en proposant un crédit immobilier en plus d'un compte bancaire, du cirage en plus d'une paire de chaussures, de l'encre en plus d'une imprimante ou une garantie de cinq ans en plus d'une machine à laver.

Enfin, de plus en plus d'entreprises proposent des programmes de fidélisation* en offrant des remises ou des cadeaux au-delà d'un certain montant d'achats. Leurs motivations sont claires : **en général, un client fidèle achète plus, il est moins regardant sur le prix, coûte moins cher à servir et parle positivement de son expérience à ses amis.** Cependant, ces initiatives se ressemblent et il devient difficile de corriger les effets d'une mauvaise expérience avec des cadeaux ou des points de fidélité. L'un des aspects les plus intéressants de la fidélisation, c'est la gestion des clients mécontents. Un client insatisfait peut faire énormément de dégâts en se répandant sur sa mésaventure auprès de nombreux acheteurs potentiels. Si l'entreprise prend le temps de l'écouter, elle peut recueillir des idées d'amélioration précieuses et le faire basculer dans le camp des fidèles.

Bâtir son plan marketing

Pour développer les ventes d'un produit ou d'un service, il faut répondre à plusieurs questions : quels clients cibler ? Comment rendre l'offre plus attrayante ? À quel prix la vendre ? Où distribuer le produit ? Comment communiquer avec les clients ? Le marketing* cherche les meilleures réponses et les met en œuvre sur le terrain. Dans une petite entreprise, le directeur général s'occupe lui-même de ces sujets. Dans un grand groupe* comme L'Oréal ou Danone, il s'appuie sur des équipes très spécialisées.

Le travail du marketing commence par une connaissance intime... des clients ! **Il utilise une vaste panoplie de techniques pour mieux comprendre leurs comportements, leurs opinions et leurs besoins.** Ces techniques s'appuient sur la statistique, les mathématiques, l'économie, mais aussi la psychologie et la sociologie.

Les enquêtes clients par téléphone, sur internet ou dans la rue permettent d'obtenir un grand nombre de réponses standardisées (« oui » ou « non », « important » ou « pas important »...). Rédiger un bon questionnaire est un exercice très formateur pour un débutant en marketing. Il faut savoir ce que l'on cherche et le traduire en un petit nombre de questions claires. Une enquête ne permet pas d'explorer en profondeur tous les sujets. Pour défricher un domaine mal connu ou tester une idée, les entreprises mènent parfois des entretiens individuels ou des « focus groups ». Dans ce dernier cas, un animateur réunit un groupe de consommateurs dans une salle et pose une série de questions. Le dialogue entre les participants fait ressortir les opinions dominantes et les contradictions.

Test de consommateurs pour une gamme de jus de fruits. L'étude des besoins du client s'appuie sur une large palette de techniques.

TROUVER DES CLIENTS ET LES GARDER

Les spécialistes de marketing vont plus loin et n'hésitent pas à partager la vie des consommateurs. Ils prennent des repas dans leur cuisine, utilisent leur salle de bain, discutent avec eux de l'actualité et des problèmes quotidiens, observent leurs goûts alimentaires, leurs habitudes d'hygiène, leurs loisirs, le contenu de leurs placards... Ils en retirent souvent des idées très novatrices !

L'internet ouvre de nouveaux horizons dans la recherche sur le client. Les équipes marketing parcourent constamment les blogs et les forums de discussion pour recueillir les idées des consommateurs. Elles lancent même leur propre blog pour encourager les opinions et les réactions sur leurs produits. Parfois même, elles décident de tester des offres sur des sites de réalité virtuelle comme Second Life, avant de les introduire dans le monde réel ! De plus en plus d'entreprises constituent enfin des communautés de clients « experts » sur internet. Elles les consultent systématiquement sur toutes leurs innovations.

Une fois rassemblées les connaissances sur le marché, il faut faire des choix : sélectionner un groupe suffisamment large de clients intéressés par le produit et prêts à payer ! C'est à ces clients que s'adresseront les publicités, c'est eux que les commerciaux chercheront à rencontrer dans leurs tournées. Ce travail s'appelle la **segmentation***. Il consiste à trier et à analyser des bases de données chiffrées sur des critères variés : les goûts des clients, leur âge, leur sexe, leur milieu social, leur adresse ou les événements de leur vie (mariage, retraite...). Un exercice passionnant pour les matheux !

Lorsqu'elles ont choisi le bon terrain de jeu, les équipes de marketing peuvent bâtir leur plan d'attaque. Pour ne rien oublier, elles l'organisent autour des « 4 P » :

• **P comme Produit.** Comment offrir un produit plus attractif aux yeux de ses clients que celui de ses concurrents* ? Il faut penser « produit » au sens large et inclure dans la réflexion tous les aspects de l'expérience du client : le produit, les accessoires, le service après-vente, le site web d'information et les contacts administratifs. Puis il faut se distinguer sur ce qui importe le plus : nos yaourts contiennent des morceaux de fruits, nos trains arrivent à l'heure, nous vous prêtons un véhicule de rechange...

• **P comme Prix.** Une hausse de prix se répercute directement sur le profit* : cela vaut la peine d'y réfléchir ! La tendance naturelle est de partir des coûts et de calculer le prix en ajoutant une marge*. Il est parfois plus astucieux de se demander combien le client est prêt à payer. Cette manière de fixer les prix est fréquente pour des objets de luxe : bijoux, parfums... Les questions de prix sont toujours passionnantes. Par exemple, faut-il introduire une console de

Magasin Swatch à Pékin. Les montres Swatch sont aussi des accessoires de mode !

128

jeu innovante à un prix élevé ou bien offrir un tarif attractif pour équiper davantage de clients et vendre plus de jeux ?

• **P comme Place.** Le choix du mode de distribution* a une grande influence sur les résultats commerciaux et l'image du produit. Si l'on souhaite toucher une clientèle de masse, il vaut mieux passer par des canaux grand public, comme les supermarchés ou l'internet. Si l'on propose un équipement complexe (par exemple, une installation d'air conditionné), il vaut mieux utiliser ses propres vendeurs ou des distributeurs spécialisés. Si l'on offre un produit de luxe, comme des montres haut de gamme, il faut se limiter à quelques magasins prestigieux qui sauront mettre en valeur la marque.

• **P comme Promotion.** Le dernier élément du plan marketing fait appel à l'imagination, à la création. Il s'agit de graver dans l'esprit du consommateur une image positive du produit, de lui faire prendre conscience de son identité à travers quelques messages bien choisis. Pour cela, l'entreprise construit sa marque et bâtit son plan de communication.

Le pouvoir de la marque

Un produit n'est qu'un objet. Un service n'est qu'une succession de tâches. Pour faire rêver le client, il faut autre chose. Le client doit pouvoir associer le produit ou le service à des bienfaits objectifs (silencieux, solide, simple d'utilisation, bon marché...) et des valeurs émotionnelles (beau, jeune, libre, chic, élégant, branché, aventureux...). **La marque transforme un simple objet en valeurs et en symboles.** L'imagination du client prend le relais et son intérêt augmente. Avec une marque comme Swatch, la montre n'est plus un simple objet d'horlogerie, c'est un accessoire de mode qui donne l'heure. Les messages des marques sont parfois très nuancés. Il y a vingt ans, cinq rugbymen français lançaient la marque de vêtements de sport Éden Park, symbolisée par un logo en forme de nœud papillon rose. Le but était de traduire le subtil mélange de virilité et de fantaisie qui fait le charme du rugby.

Comme tous les produits de l'imagination, les marques vivent et meurent. Il faut les entretenir, **les moderniser.** Les vêtements Lacoste (voir page 20) sont en forme malgré leurs 70 ans, les figurines japonaises Pokemon s'essoufflent au bout de sept ans. Même si ce n'est pas un bien matériel, une marque puissante a beaucoup de valeur et peut s'acheter ou se vendre. La première marque mondiale, Coca-Cola, est aujourd'hui valorisée à 67 milliards de dollars !

Les 10 premières marques mondiales en 2006
(valeur en milliards de dollars - source : Interbrand)

Marque	Valeur
Coca-Cola	67
Microsoft	56,9
IBM	56,2
General Electric	48,9
Intel	32,3
Nokia	30,1
Toyota	27,9
Disney	27,8
McDonald's	27,5
Mercedes	21,7

La communication à l'âge de l'internet

Lorsque l'on parle de communication, on pense d'abord à la publicité. La publicité dans les médias représente d'énormes enjeux financiers et continue à croître. Mais elle ne constitue qu'une partie des budgets de communication. **À l'heure de l'internet, de nouveaux modes de dialogue basés sur le bouche-à-oreille sont en plein essor. C'est ce qu'on appelle le « buzz marketing* ».**

La publicité permet de créer ou de renforcer la notoriété d'une marque. Elle proclame haut et clair son message aux clients cibles : par exemple en vantant les bienfaits d'un parfum aux jeunes femmes pendant une émission de variétés. Des agences de publicité aident les entreprises à bâtir leurs campagnes. Leur travail couvre le choix du média (radio, télé, presse), la formulation du message, la planification (durée,

TROUVER DES CLIENTS ET LES GARDER

Dépenses publicitaires mondiales par type de média
(estimation 2007 - source : Zénithoptimedia)
Total : 450,6 milliards de dollars

- 7 % internet
- 6,1 % publicité extérieure
- 0,4 % cinéma
- 37,1 % télévision
- 8,1 % radio
- 12,6 % magazines
- 28,7 % journaux

fréquence, créneaux horaires) et la création (script, acteurs, photos, tournages). La publicité présente toutefois plusieurs limites : c'est une communication de masse à sens unique qui ne permet pas un dialogue personnalisé avec le consommateur et coûte souvent très cher.

Les consommateurs d'aujourd'hui se méfient du « matraquage » et souhaitent connaître l'opinion d'autres consommateurs avant de choisir un produit ou une marque. C'est particulièrement vrai pour les 12-25 ans et pour certaines catégories d'achats (hi-fi, informatique, cosmétique...). L'internet facilite ces échanges grâce au développement des blogs (on en compte plus de 3 millions en France en 2006). Les entreprises doivent donc participer activement aux blogs de marques pour garder le contact avec leurs consommateurs. **Elles développent des sites internet de plus en plus complets et multiplient les bannières et les liens sur le web. Cela leur permet d'apparaître visiblement sur les grands moteurs de recherche comme Google ou Yahoo !**

Le buzz marketing ne se limite pas à l'internet. Les entreprises ont de plus en plus recours aux **relations publiques** pour faire parler d'elles. Elles organisent des conférences de presse et encouragent les journalistes à écrire sur leurs produits. Elles participent à des émissions télévisées et prennent position sur des grands débats de société comme l'environnement ou l'éducation. Ces initiatives coûtent moins cher que la publicité et paraissent souvent plus objectives et convaincantes. Le **marketing de rue** se développe très vite. Il consiste en campagnes d'information vivantes et colorées sur les lieux publics, en contact direct avec les consommateurs, et souvent accompagnées de distribution d'objets publicitaires. Elles donnent une image plus conviviale et accessible du produit. Lors du lancement de son logiciel Windows Vista, la société Microsoft a ainsi envoyé des centaines d'hôtesses dans les villes de France !

L'art de la vente

Même avec une grosse campagne de publicité, un produit se vend rarement tout seul : il faut l'intervention d'un vendeur. Aujourd'hui, le métier de vendeur demande bien d'autres qualités que le charme ou le culot. **Le bon commercial s'appuie sur des méthodes rigoureuses, des outils sophistiqués et un très bon sens de l'organisation. Il combine d'excellentes qualités techniques et humaines.**

Pour conclure une vente, le vendeur doit franchir avec succès une série d'étapes : c'est le **cycle de vente**. Il faut d'abord repérer un client potentiel, vérifier que ses besoins, son niveau d'intérêt et ses ressources sont suffisantes pour poursuivre la discussion, comprendre ses attentes en profondeur, lui soumettre une proposition, répondre à ses questions et objections... et conclure l'affaire. À chaque étape, le processus peut s'interrompre. Pour réussir, le vendeur doit mener plusieurs discussions en parallèle. L'essentiel est de ne pas prospecter au hasard et de bien gérer ses priorités.

On ne gagne pas la fidélité du client en lui forçant la main. **Le succès commercial est le résultat d'une relation de confiance patiemment construite.** Il faut s'intéresser au client au-delà de la négociation en cours, le conseiller et lui rendre fréquemment service. Très souvent, le client tranche entre deux produits de qualité équivalente en fonction de sa relation avec le vendeur. **Un bon vendeur sait d'abord écouter.** Une écoute active, appuyée par de bonnes questions, amène l'acheteur à se confier et à exprimer ce qu'il considère le plus important.

Lorsque le client est une grande organisation, la vente demande un véritable plan de bataille. Il faut comprendre comment la décision sera prise (le « circuit de décision ») et identifier toutes les personnes qui y seront associées de près ou de loin. Pour la vente d'un gros ordinateur, il pourra s'agir du directeur général, du responsable des achats, du directeur informatique et du directeur financier. Il faut planifier les rencontres avec chacun et décider quel sujet aborder. C'est presque toujours un travail d'équipe, impliquant un chef d'orchestre et plusieurs spécialistes.

Aujourd'hui, le **télémarketing** – ou commerce téléphonique – complète de plus en plus la vente en face à face. Une équipe d'assistants fait de la prospection par téléphone. Le vendeur ne rend visite qu'aux clients intéressés et économise ainsi un temps précieux. Ce procédé est particulièrement répandu dans la vente de produits d'épargne ou d'assurance. L'informatique améliore beaucoup le processus de vente en permettant au client de chercher des informations, de passer ses commandes ou de régler ses factures sur internet.

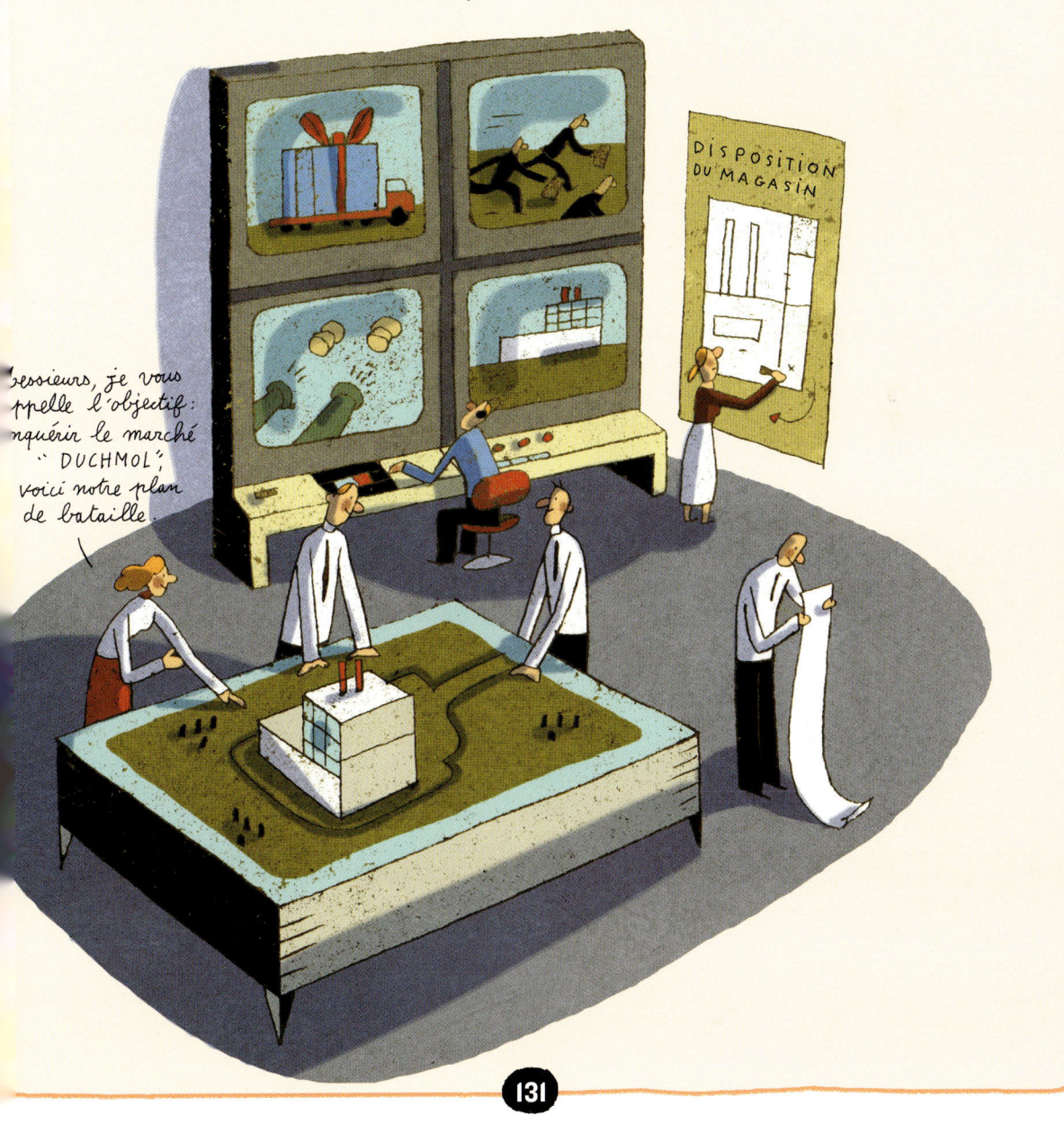

en question

6 TROUVER DES CLIENTS ET LES GARDER

Sommes-nous les esclaves des marques ?

Cela ressemble à un bombardement permanent. Les marques nous assènent leur message à chaque instant de notre vie : sur les murs des villes, pendant et entre les émissions de télévision, sur chaque page de l'internet, derrière chaque événement sportif, chaque manifestation culturelle et bientôt chaque cause humanitaire. Elles sont constamment présentes dans notre langage et certains enfants font plus référence aux publicités qu'à toute autre forme de connaissance. **Le message des marques est si puissant qu'il domine notre volonté et nous attire comme un aimant.** Il suffit de penser à l'attrait des jeans Diesel pour certains ados.

En même temps, les marques nous aident dans nos choix et remplissent un rôle essentiel d'information. Imagine une gigantesque librairie avec tous les livres du monde sans aucun signe distinctif. Il nous faudrait passer des siècles à fouiner et feuilleter avant de nous décider, et notre choix de livre ne serait sans doute pas le meilleur. Dans le monde des biens et des services*, nous avons besoin de signes et de repères.

Certaines marques jouent entièrement sur l'image sans se soucier des performances réelles du produit. Cependant, la beauté du message ne parvient pas très longtemps à masquer la faiblesse du contenu. On peut raconter ce qu'on veut sur une voiture, elle ne se vendra plus si elle tombe constamment en panne. La recherche a montré que les marques les plus solides sont celles qui apportent un avantage réel. C'est le cas de BMW et d'iPod. L'une procure un vrai plaisir de conduite et l'autre une expérience musicale exceptionnelle.

La société de consommation nous rend plus matérialistes, mais les marques ajoutent des valeurs et des symboles aux objets. Contrairement à une idée reçue, les adolescents ne se laissent pas si facilement manipuler par les marques. Ils flairent à plusieurs kilomètres les publicitaires qui veulent paraître « cool » pour les appâter. Toutefois, ils ne s'opposent pas à ce qu'une marque renforce avec sincérité les valeurs auxquelles ils croient : l'écologie, l'authenticité, l'humour… Ils aiment que les marques inventent des styles, des tendances. C'est ce que sont parvenues à faire les équipes marketing* d'Adidas, de Yop, de Studio Line ou de Hollywood Chewing Gum.

À leur manière, les marques jouent un rôle culturel et enrichissent notre univers artistique. C'est le test ultime pour un artiste d'arriver à communiquer une idée en une seule photo ou en quelques secondes de cinéma. Les meilleurs metteurs en scène, photographes et acteurs se sont formés à l'école de la pub. Suivant tous les canons de l'art, certaines publicités sont très belles ou très drôles.

Restent plusieurs problèmes. Que penser lorsqu'un petit enfant se fait manipuler par une publicité sans pouvoir exercer son jugement, par exemple lorsqu'il fait acheter une boîte de céréales pour le cadeau qu'elle contient ? Est-il acceptable qu'une marque mette en avant un produit dommageable à la santé ? Dans les cas extrêmes, **la loi doit fixer des limites.** La difficulté est de savoir à partir de quel point. La fascination des marques amène également des personnes à consommer au-delà de leurs moyens. Dans ce contexte, le développement des marques de distributeur* à bas prix ou des médicaments génériques constitue un réel progrès. Il offre une alternative au consommateur et force les marques traditionnelles à innover pour se différencier.

rencontre

TROUVER DES CLIENTS ET LES GARDER

Yseulis Costes, pionnière du marketing interactif

Rares sont ceux qui quittent le monde de la recherche pour créer leur entreprise. Yseulis Costes a franchi le pas et créé 1000mercis, une société de marketing très innovante.

Une nouvelle discipline. Son idée lui vient dès 22 ans, au cours de ses études en management* aux États-Unis. Elle comprend que l'internet va permettre un dialogue plus personnalisé entre les entreprises* et leurs clients* et donner naissance à une nouvelle forme de marketing* « interactif ». Yseulis se passionne pour cette nouvelle discipline et en fait son sujet de recherche. De retour en France, elle enseigne le marketing dans plusieurs grandes écoles. La vague de l'internet vient de déferler. Ses étudiants s'enthousiasment pour cet eldorado et partent par dizaines créer leur entreprise. Devant leur engouement contagieux, elle surmonte sa peur du risque et tente à son tour sa chance. À 27 ans, elle crée la société* 1000mercis pour mettre en application ses travaux universitaires. La même année, elle donne naissance à une petite fille.

Des fondations solides. Quatre mois plus tard, le monde de l'internet est en crise. Heureusement, Yseulis Costes a construit son entreprise sur du solide. Elle s'est associée avec un ami, Thibault Munier, spécialiste reconnu des bases de données en marketing. Elle a aussi reçu l'appui d'un entrepreneur* chevronné, Marc Simoncini. Celui-ci lui prodigue conseils et encouragements et apporte cinq millions de francs au capital* de la société.

Deux métiers. 1000mercis s'est donné pour mission d'aider les entreprises à renforcer leur marketing grâce à l'internet et à la téléphonie mobile. En tant que média interactif, l'internet permet de comprendre exactement ce que veut le client, de proposer des offres plus adaptées et de mesurer l'impact de ses actions. La société s'appuie sur deux métiers : la publicité interactive et le marketing interactif. Le premier permet aux entreprises de conquérir des clients, par mail ou par SMS, grâce à une base de données européenne de 8 millions de consommateurs. Le second aide les entreprises à mettre en place des programmes de fidélisation* sur mesure grâce au web.

Une vague porteuse. Sept ans après sa création, 1000mercis continue à doubler chaque année son chiffre d'affaires* et affiche une prestigieuse liste de clients : BNP Paribas, La Poste, la SNCF, Yahoo... En 2006, Yseulis introduit la société en Bourse* pour financer son développement international : d'abord vers l'Espagne, puis vers l'Angleterre. Les caisses sont pleines et les projets ne manquent pas.

L'innovation permanente. Pour piloter son entreprise, la jeune femme a adopté des principes forts. D'abord, rester fidèle à sa mission quels que soient les incidents de parcours. Ensuite, placer l'innovation au cœur du développement. Elle puise largement dans son expérience universitaire et démontre qu'il n'y a pas de murs infranchissables entre la spéculation intellectuelle et le business. Ses années de recherche l'ont habituée à formuler des hypothèses, une pratique utile pour un dirigeant d'entreprise.

Culture et convictions. 1000mercis s'est doté d'une culture originale, largement inspirée par sa fondatrice. Exigeante et ambitieuse, Yseulis sait faire du travail un jeu et maintenir dans ses équipes des relations informelles. Ses collaborateurs saluent son énergie et sa force de persuasion, mais aussi sa concentration et son calme, souvent proche du détachement. À travers son expérience, la jeune femme a développé des convictions fortes sur l'entreprenariat : elle regrette qu'une peur excessive du risque freine la création d'entreprise et voudrait que le travail soit davantage vécu comme « une grande aventure humaine ».

Yseulis Costes *en 6 dates*

1972
Naît à Clermont-Ferrand

1995
Découvre le marketing interactif à l'université du Nouveau-Mexique

1999
Enseigne le marketing à Paris-Dauphine

2000
Fonde 1000mercis

2005 :
Grand prix « Clic d'or » de l'internet

2006
Introduit 1000mercis en Bourse

Un exemple de campagne de marketing interactif : le lastminutopoly que 1000mercis a développé pour le site lastminute.com.

À TOI DE JOUER !

1
Observe et commente une publicité télévisée de ton choix.

Quel est le produit ou le service ? À qui s'adresse cette publicité ?

Quel est le principal message de cette publicité ?

Comment est-il communiqué ? Est-ce convaincant ?

Aimes-tu cette publicité ?

La publicité augmentera-t-elle la notoriété du produit ou du service ?

La publicité fera-t-elle acheter le produit ou le service ?

2
Tu aides un membre de ta famille à choisir sa prochaine voiture.

Interroge cette personne sur ses critères de choix et son budget.

Organise ces critères par catégorie et classe-les par ordre d'importance.

Fais des recherches (internet, magazines automobiles, brochures) et identifie les véhicules possibles.

Note ces véhicules sur chacun des critères et calcule leur score total.

Propose les trois meilleurs choix et justifie ta recommandation par rapport aux critères retenus.

3
Tu inventes un exercice de vente avec des amis et vous vous livrez à un jeu de rôles.

L'un de vous joue le vendeur, le deuxième le client, le troisième observe. L'exercice dure dix minutes. À la fin, vous échangez vos impressions.

Le vendeur a-t-il bien écouté ? A-t-il compris les besoins de l'acheteur ?

Le vendeur a-t-il établi un lien personnel avec l'acheteur ?

Quelles étaient les objections de l'acheteur ? Le vendeur y a-t-il répondu ?

Le vendeur a-t-il marqué des points ? Est-il parvenu à conclure ?

— Tiens, quel est le but de cette pub ?
— De couper le film en plein milieu !

CHAPITRE 7

ACHETER, PRODUIRE, LIVRER

Ça y est ; le client vient de passer commande ! Avant de crier victoire, il reste un détail à régler : lui livrer le produit attendu ! Ses exigences sont multiples : il n'accepte de patienter que trois jours, exige une heure de livraison précise, souhaite recevoir son produit dans la version rose fuchsia avec des options très spécifiques. Et il attend une qualité irréprochable à un prix abordable ! Comment allier la souplesse et la qualité d'un petit artisan avec les coûts très bas d'une grande entreprise industrielle ? En coulisse, des femmes et des hommes achètent, produisent, transportent et distribuent : toute une chaîne se déploie pour résoudre ce formidable casse-tête !

7 ACHETER, PRODUIRE, LIVRER

Où tu découvres la production, la logistique et les achats

découvrir

PASTA FUSION ÉPISODE 5

Audrey et Romain font leurs achats

En deux ans, Audrey et Romain sont devenus des acheteurs avisés. Ils savent que les achats conditionnent toute la vie de leur restaurant : **la qualité de la nourriture, le travail en cuisine et, bien sûr, les finances !**

Un restaurant a besoin d'une multitude d'objets et de denrées pour fonctionner : des équipements, du mobilier, des ustensiles, des couverts, des articles de textile et de papier, des produits de nettoyage et surtout de la nourriture et des boissons. Chaque jour, Audrey et Romain consacrent une à deux heures aux achats alimentaires. Ils évoquent en souriant les erreurs des premiers mois et les bons réflexes qu'ils ont développés avec l'expérience.

La première difficulté, c'est de savoir quoi acheter. Au début, ils passaient des commandes imprécises et se retrouvaient avec des ingrédients de qualité insuffisante. Ils ont demandé conseil à des amis restaurateurs et essayé divers produits en cuisine. Désormais, ils savent exactement ce dont ils ont besoin et spécifient chaque détail. Par exemple, pour une viande : le type de morceau, la qualité, le mode de conditionnement, le nombre de pièces par paquet…

Ils ont longtemps hésité à utiliser des produits semi-préparés. Fallait-il acheter des fonds de tarte, de la viande désossée, des pommes de terre prédécoupées, des desserts tout faits ? Dans chaque cas, ils ont dû arbitrer entre le nombre d'heures de cuisine économisées et le coût additionnel du produit. Ils souhaitaient aussi que les cuisiniers puissent se concentrer au maximum sur leurs spécialités. Selon cette logique, ils ont par exemple décidé d'acheter certains légumes tout épluchés. À l'inverse, ils ont préféré préparer eux-mêmes leurs sauces les plus originales alors qu'il existe de nombreuses sauces pré-cuisinées sur le marché.

Ils ont mis plus d'un an à définir leur **politique vis-à-vis des fournisseurs***. Ils ont finalement décidé de retenir un fournisseur principal par catégorie de produits : viande,

138

poisson, fruits et légumes, épicerie… Chacun reçoit un volume d'affaires suffisant pour consentir des remises intéressantes. En contrepartie, il doit livrer tous les produits de sa catégorie et demeurer compétitif sur les prix et le service, faute de quoi le restaurant peut cesser de s'approvisionner chez lui. Pour sélectionner leur fournisseur principal, Audrey et Romain ont invité trois entreprises* à soumettre des offres. Ils leur ont fait visiter l'entrepôt et la cuisine et leur ont expliqué le menu. Dans leur évaluation, ils ont été particulièrement sensibles aux suggestions des candidats pour améliorer la qualité des plats, faciliter les opérations ou diminuer les coûts. **Ils ont pris en compte non seulement la qualité et le prix des denrées, mais aussi les délais de livraison, les délais de paiement et le niveau de service* offert.** En fin de compte, ils ont retenu des partenaires décidés à s'investir à leur côté pour la réussite de l'affaire.

Les premiers mois, **ils ont rencontré de sérieux problèmes dans la gestion de leur stock***. Certains plats du menu n'étaient plus disponibles et les clients* se plaignaient. Ou bien certaines denrées envahissaient inutilement leur entrepôt parce qu'ils avaient accepté de passer une grosse commande en échange d'une remise exceptionnelle. Leur comptable les a beaucoup aidés à améliorer le suivi du stock. Pour chaque article, ils ont calculé le volume de commandes et la fréquence les plus appropriés. Ils ont mis en place un suivi quotidien des consommations et un inventaire mensuel des stocks de marchandises.

En réduisant le nombre d'articles dans certaines catégories, ils ont obtenu des prix beaucoup plus intéressants. Par exemple, ils ont diminué le nombre de variétés de fromages utilisés dans leurs recettes, simplifiant du même coup le travail en cuisine.

Enfin, **ils sont partis en guerre contre les gaspillages**. Ils se sont efforcés de minimiser les restes de cuisine et de les réutiliser au maximum. Ils ont contrôlé plus rigoureusement la taille des portions. Et ils ont amélioré les conditions de stockage pour limiter la dégradation des denrées périssables.

Les étals de fruits et légumes du marché de Rungis.
La distribution de produits frais exige une parfaite maîtrise de la logistique.

Yasmina compare deux modes de production

Jeune ingénieur, Yasmina découvre deux usines de groupes électrogènes. L'une produit elle-même tous ses composants ; l'autre achète tout à l'extérieur et se limite à l'assemblage final.

La découverte est étonnante : deux usines qui fabriquent exactement le même produit, mais sont organisées complètement différemment. Durant ses études d'ingénieur, Yasmina a effectué un stage d'été dans une usine de groupes électrogènes de la région de Chicago. Aujourd'hui, elle démarre son métier de responsable qualité* dans une entreprise* française spécialisée dans les mêmes fabrications… et elle ne retrouve aucun de ses repères.

Un groupe électrogène est une petite unité de production électrique d'appoint. Les groupes servent en cas de défaillance du réseau électrique ou bien pour alimenter des sites éloignés : chantiers, concerts en plein air, mines… Ils varient beaucoup en taille et en puissance. Les plus petits sont des équipements portatifs, les plus grands occupent plusieurs pièces et peuvent desservir une ville entière.

Un groupe électrogène est constitué de quatre grandes parties : un moteur à essence qui produit l'énergie ; un alternateur qui transforme l'énergie en électricité ; un panneau électronique qui contrôle l'allumage et le fonctionnement ; et un carénage métallique qui recouvre tous les éléments et limite les nuisances sonores.

L'usine américaine produisait elle-même la plupart des composants. Le groupe en cours de fabrication progressait sur une chaîne de montage de près de 100 mètres de long. À chaque étape, des ouvriers ajoutaient une pièce ou un module, puis le groupe avançait vers la station suivante où d'autres ouvriers prenaient le relais.

De chaque côté de la chaîne, des ateliers spécialisés fabriquaient les divers composants. Un atelier produisait des petits alternateurs, un travail délicat demandant beaucoup de main-d'œuvre. Un deuxième atelier fabriquait des circuits électroniques imprimés pour les panneaux de contrôle. Ce travail très automatisé s'appuyait sur des machines spécialisées en impression sur silicone et microsoudure. Un troisième atelier assemblait tous les éléments du contrôleur dans un boîtier.

Par contraste, l'usine française est beaucoup plus simple et n'assure que l'assemblage final. Tous les composants sont fabriqués à l'extérieur par des fournisseurs* indépendants : moteurs, alternateurs, contrôleurs, châssis, carènes... **Ici, pas de chaîne : les groupes sont assemblés sur des stations fixes.** Les ouvriers en charge d'une station assurent toutes les opérations de montage. Des chariots convoyeurs déposent à leurs pieds toutes les pièces nécessaires. Le site ne fabriquant pas de composants, les espaces de fabrication sont plus réduits. En revanche, de vastes entrepôts informatisés gèrent la réception et le stockage des composants livrés par camion du matin au soir. **La plupart des fournisseurs sont implantés à quelques kilomètres de l'usine et certains ne travaillent que pour elle.**

Yasmina trouve l'usine française beaucoup plus flexible. Si la demande de groupes électrogènes vient à baisser, il suffit de ralentir les commandes de composants. L'usine américaine devra, elle, continuer à supporter des coûts inutiles. L'usine française maîtrise mieux ses coûts puisqu'elle sait exactement ce qu'elle paie à chaque fournisseur. Son fonctionnement est beaucoup moins complexe, ce qui diminue les risques de gaspillage. Enfin, elle peut bénéficier des dernières technologies en faisant, par exemple, fabriquer les circuits électroniques par de grandes entreprises spécialisées.

Pourtant, l'usine française court d'autres risques : elle est très dépendante de ses fournisseurs. Si une livraison n'est pas conforme ou arrive en retard, la production est immédiatement perturbée. Si le fournisseur fait faillite* ou se met en grève, tout peut s'arrêter. Le système exige donc une collaboration très étroite avec les fournisseurs et des plans de secours.

Dans cette usine de groupes électrogènes de la société SDMO, les composants sont fabriqués à l'extérieur et l'assemblage se fait sur des stations fixes.

7
ACHETER, PRODUIRE, LIVRER

Hervé repère les innovations technologiques

Hervé vient de rejoindre un grand opérateur logistique. Son métier consiste à repérer les technologies qui permettront d'améliorer l'efficacité de l'entreprise. **Il découvre un monde foisonnant d'innovations.**

Un opérateur logistique* propose à ses clients* des solutions sur mesure pour gérer le transport et le stockage de leurs objets (composants, produits finis ou pièces de rechange). Plutôt que d'assurer eux-mêmes ces activités, ceux-ci lui confient leur logistique. Pour répondre à leurs besoins, l'opérateur utilise ses camions, ses entrepôts ou s'appuie sur d'autres sociétés*. Il s'engage sur des délais de livraison et des coûts d'exécution. Il fournit régulièrement des informations sur les flux de marchandises et les niveaux de stocks*.

Depuis quelques années, l'un des enjeux majeurs de la logistique est le suivi des objets. L'opérateur doit pouvoir dire quand un objet a quitté son point de départ, quand il a été livré et où il se situe le long de la chaîne. Grâce à un tel système, on évite les erreurs et les pertes, on informe le client et on peut facilement mesurer les délais de livraison. C'est **la technologie des codes optiques**, ou « codes-barres », qui permet de suivre à la trace une pièce ou un produit. Au début, les transporteurs mettaient à la disposition de leurs clients des machines spécialisées pour éditer les documents de livraison avec leurs codes-barres. Aujourd'hui, tout se passe sur internet. Des équipements de plus en plus sophistiqués permettent de lire les codes-barres le long de la chaîne.

Gant de lecture RFID.

Des scanners portatifs sont même capables de numériser la preuve de livraison, avec la signature du client, et de l'envoyer sur l'écran de l'expéditeur.

Dans le domaine du suivi d'objet, une grande révolution est en marche : l'arrivée de l'identification des objets par radiofréquence (RFID). Imagine un camion chargé de vêtements de luxe, chacun doté d'une puce électronique. Un simple passage sous un portique électronique permet de « lire » toutes les informations relatives à la cargaison du camion sans même qu'il ait besoin de s'arrêter. Les puces à radiofréquence offrent des capacités de stockage d'informations bien plus importantes qu'un code-barres. Une simple puce peut contenir toute la documentation technique d'un produit. Les possibilités d'utilisation semblent infinies. Les grandes chaînes de distribution* comme Carrefour ou Auchan, qui manipulent des dizaines de milliers d'objets dans chaque magasin, savent que la RFID va transformer leur métier. Pourtant, cette technologie n'en est qu'à ses balbutiements. Les puces restent chères, ce qui empêche leur utilisation pour des articles courants. On les trouve principalement sur des objets de valeur comme des bijoux ou des prothèses chirurgicales. À ce jour, les domaines d'application les plus développés de la RFID sont la protection des frontières et la lutte antiterroriste.

Hervé est particulièrement frappé par **la multiplication des logiciels de logistique.** Certains permettent de gérer toutes les informations relatives au transport des objets. D'autres améliorent la gestion du stock et des mouvements de marchandises dans les entrepôts. Ces logiciels sont de mieux en mieux intégrés avec les autres applications de l'entreprise : gestion des achats, des commandes clients et de la comptabilité*.

Mais ce qui fascine le plus Hervé, ce sont toutes les solutions visant à mieux organiser les déplacements des véhicules de transport. Des **GPS embarqués** permettent à l'opérateur logistique de suivre en temps réel les mouvements de ses camions et de réorienter le trafic à sa convenance. Des **bourses de fret sur internet** permettent aux camionneurs de trouver des cargaisons à transporter afin d'éviter les retours à vide après une livraison. On parle désormais de **« camion intelligent ».**

Après six mois, Hervé est convaincu d'avoir choisi le bon secteur : la logistique est vraiment à la pointe de la technologie !

7 — ACHETER, PRODUIRE, LIVRER

Où tu comprends le fonctionnement de la chaîne d'approvisionnement

De la commande à la livraison, les entreprises doivent coordonner des tâches de plus en plus complexes et dispersées. Elles font appel à des méthodes et des technologies sophistiquées pour réduire leurs coûts et leurs délais.

Une longue chaîne à maîtriser

Pour servir la commande d'un client*, de nombreux acteurs doivent accomplir leur travail sans retard ni erreur : des usines, des fournisseurs* de matières premières, des transporteurs, des entrepôts et des distributeurs*. La commande suit une chaîne d'approvisionnement* dont tous les maillons comptent. Pour respecter ses promesses de qualité et de délais, l'entreprise* doit garder à chaque instant une vue d'ensemble de cette chaîne : non seulement chez elle, dans ses usines et ses entrepôts, mais aussi chez ses fournisseurs, ses transporteurs et ses clients. Sans une parfaite coordination entre les maillons, la chaîne ne peut pas fonctionner correctement.

Gérer ce processus est devenu un métier très spécialisé. Il faut d'abord faire des choix : doit-on acheter les composants ou les fabriquer ? transporter les produits par route ou par mer ? les stocker dans un entrepôt ou les acheminer directement de l'usine au client ? Plus le circuit est complexe, plus les risques de retards ou d'erreurs sont nombreux. Une bonne coordination exige également des informations abondantes qui circulent rapidement d'un maillon à l'autre. C'est pourquoi **les chaînes modernes s'appuient largement sur l'informatique.**

La chaîne d'approvisionnement représente un enjeu considérable. Elle peut atteindre 60 à 80 % du total des coûts dans une entreprise industrielle. Sa complexité ne cesse de s'accroître du fait de la mondialisation*. Les produits sont souvent fabriqués sur un continent et distribués sur un autre : les circuits s'étendent désormais sur toute la planète. Le développement du commerce électronique amplifie encore le phénomène. Avec l'internet, les commandes à distance se multiplient et augmentent les besoins de transport.

Ce qui coûte le plus cher, ce sont les stocks* : les matières premières, les composants, les éléments en cours de fabrication ou les produits finis entreposés le long de la chaîne. Pour autant, les stocks ne permettent pas toujours de servir le client comme il le souhaite. Imagine une usine qui produit des tracteurs sans savoir exactement ce dont le marché a besoin. Elle risque de se retrouver avec un grand nombre de véhicules invendus sans être capable de fournir au client le tracteur qu'il désire, avec les options, la boîte de vitesses, les pneus et la couleur qu'il attend. **Pour bien fonctionner, la chaîne logistique doit être « tirée » par le client.** Idéalement, elle se met en marche « juste à temps », lorsque le client passe sa commande. Les stocks sont ainsi réduits au minimum. Cela suppose que l'entreprise connaisse parfaitement ses clients

Chaîne de soudage de l'usine Oyak-Renault à Bursa (Turquie) où sont fabriqués les modèles Clio et Mégane. L'atelier comporte une cinquantaine de robots soudeurs.

et diffuse efficacement l'information le long de la chaîne. **L'entreprise doit aussi se coordonner avec ses fournisseurs.** Dans des secteurs très avancés comme l'automobile, les fournisseurs sont situés à quelques kilomètres des usines d'assemblage, disposent d'informations détaillées sur les plans de production et déposent les pièces le long des chaînes de montage au dernier moment.

Des usines agiles et flexibles

Les usines sont un maillon clé de la chaîne d'approvisionnement. Dans une société de consommation où règne l'individualisme, chaque client veut un produit différent. Nous sommes loin de la « Ford T » des débuts de l'automobile : un modèle unique produit en centaines de milliers d'exemplaires ! **Le mot d'ordre des usines modernes est donc la flexibilité.**

Pour y parvenir, la bataille commence dès la conception des produits. **Le produit doit être dessiné de manière à simplifier au maximum son processus de fabrication.** Les entreprises performantes s'efforcent de développer plusieurs produits autour d'une technologie unique et de pièces communes. Plusieurs modèles d'automobile sont conçus autour du même châssis, du même bloc-moteur et utilisent les mêmes airbags ou les mêmes rétroviseurs. En réduisant la complexité des produits et en diminuant le nombre de pièces, les entreprises deviennent plus réactives.

Le choix du processus de production a une grande influence sur la flexibilité. Le travail à la chaîne basé sur une succession de tâches hyperspécialisées était particulièrement adapté à la production en grandes quantités de produits identiques. Les machines étaient utilisées au maximum, les temps d'exécution réduits au minimum. Le travail à la chaîne se prête mal à la fabrication de produits divers dans des configurations multiples. **De plus en plus de produits sont assemblés de A à Z sur une station de travail unique,** de la même manière que nous montons un meuble en kit. Les ouvriers responsables de la station reçoivent les outils et les pièces dont ils ont besoin ainsi que la procédure de montage. Les tâches élémentaires prennent un peu plus de temps, mais il y a beaucoup moins d'interruptions. Le travail des ouvriers est plus intéressant, ce qui augmente leur motivation et donc leur efficacité.

Une autre manière de gagner en flexibilité est de limiter le rôle de l'usine à l'assemblage final

et d'acheter toutes les pièces et les composants intermédiaires à l'extérieur. Cette approche est caractéristique de l'industrie automobile. Les grands constructeurs achètent désormais des parties entières de leurs véhicules à des « équipementiers » : boîtes de vitesses, systèmes de freinage, sièges…

La flexibilité repose enfin sur une parfaite coordination de toutes les activités au sein de l'usine. Pour régler cette horlogerie complexe, les usines utilisent des **logiciels sophistiqués** qui permettent de calculer les stocks au plus juste, de lancer les tâches d'exécution et les ordres de réapprovisionnement. **Des ordinateurs situés dans les ateliers pilotent directement le travail des machines et des automates.**

La bataille pour la qualité

Le consommateur moderne considère la qualité comme un dû. Une télévision, un ordinateur ou un four à micro-ondes ne doit plus tomber en panne. Pour satisfaire une telle exigence, l'entreprise doit rester constamment en alerte. La qualité* comme la sécurité est une affaire d'obsession.

La gestion de la qualité s'est développée dans les années 1970 après que les entreprises japonaises furent parvenues à défier l'industrie américaine grâce à une qualité supérieure. Très pratique, l'approche japonaise partait du terrain. Les employés d'un atelier identifiaient un défaut : panne d'une machine, pièce défectueuse, retard d'exécution. Aussitôt, ils constituaient un petit groupe pour y remédier suivant une démarche codifiée : formulation du problème, mesure, recherche des causes, identification des solutions. On parlait de **méthode « des petits pas ».**

Pourtant, les défauts de qualité peuvent avoir des causes plus fondamentales : l'usine a été mal conçue, l'entreprise n'a pas les compétences nécessaires, son organisation n'est pas adaptée. Pour en tenir compte, l'approche japonaise de la qualité a été complétée par d'autres méthodes plus globales. La **méthode « Six sigma »**, introduite par le groupe américain Motorola, cherche à ramener le taux d'erreurs à moins de 10 par million d'unités produites ou de tâches effectuées. Elle part du sommet de l'entreprise et touche toutes les fonctions. Selon leur niveau d'expérience, les employés de l'entreprise se voient décerner la ceinture verte, bleue ou noire. Comme le judo, la qualité est un art martial ! Des organismes indépendants attribuent également des certificats de qualité aux entreprises suivant des normes reconnues (type « ISO »). Leurs contrôles rigoureux jouent un rôle important dans la bataille pour la qualité.

L'importance stratégique des achats

Les achats ont un impact énorme sur la marche de l'entreprise. Ils influencent ses coûts, la qualité de ses produits, son fonctionnement et ses délais de livraison. Pour un constructeur d'ordinateurs personnels, l'entreprise qui apporte le microprocesseur est bien plus qu'un simple fournisseur : c'est un partenaire stratégique. Il en est de même du fournisseur de trains d'atterrissage pour un constructeur d'avions. Une grande part du succès de ces entreprises dépend de la collaboration avec leur partenaire.

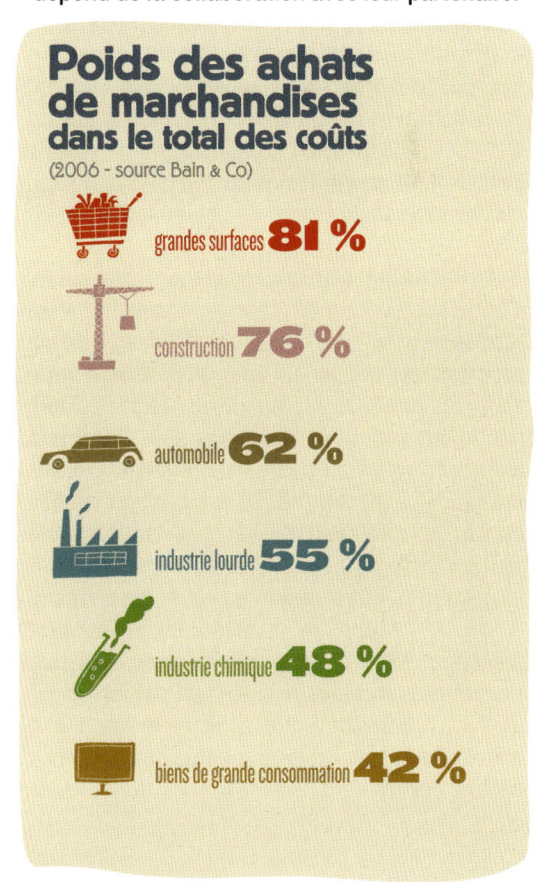

Poids des achats de marchandises dans le total des coûts
(2006 - source Bain & Co)

- grandes surfaces **81 %**
- construction **76 %**
- automobile **62 %**
- industrie lourde **55 %**
- industrie chimique **48 %**
- biens de grande consommation **42 %**

ACHETER, PRODUIRE, LIVRER

Pour remplir sa mission, une entreprise achète une multitude de produits et de services*. La plus grande part vient des achats directs : des matières premières, des pièces, des composants ou des services qui entrent dans la fabrication du produit. **L'entreprise achète encore bien d'autres choses :** des services de télécommunication, des équipements informatiques, de l'énergie, des billets de transport, des véhicules de fonction, des assurances, des services comptables ou juridiques... **On parle d'achats indirects.** Ces catégories constituent souvent un réservoir d'économies considérable car personne ne s'y est intéressé de près !

Le choix du fournisseur est essentiel. Le « bon » fournisseur ne se contente pas d'apporter la meilleure qualité au meilleur prix. Il prend des initiatives pour aider son client à remplir sa mission. Il l'aide par exemple à simplifier sa logistique, à améliorer son produit et lui fournit des services additionnels. Les entreprises performantes font systématiquement jouer la concurrence et choisissent un nombre limité de fournisseurs. Elles simplifient ainsi leur gestion et obtiennent de meilleurs prix en offrant à chacun un plus gros marché. Les prestataires retenus peuvent compter sur des volumes stables et investissent davantage dans la relation. Afin d'éviter une dépendance excessive, une entreprise retient en général deux à trois prestataires par type de pièces ou de composants.

La meilleure manière de réduire les coûts d'achat reste encore de consommer moins et plus intelligemment ! En améliorant les méthodes de construction sur un chantier, on diminue spectaculairement les quantités de matériaux nécessaires. En incitant tous les employés d'une entreprise à utiliser le même type d'ordinateurs (même marque, même configuration), on obtient des prix d'achat plus avantageux tout en facilitant la maintenance. En éteignant les lumières des bureaux à partir d'une certaine heure, on réalise d'importantes économies d'énergie. Alors qu'une bonne négociation ne permet de baisser le prix que de quelques pourcent, une utilisation plus judicieuse des marchandises et des services achetés peut générer des économies de 15 à 30 % !

De plus en plus d'entreprises établissent des liens électroniques avec leurs fournisseurs. Elles leur transmettent des informations sur l'état de leur stock et les autorisent à déclencher le réapprovisionnement en dessous d'un certain seuil. La facturation et les paiements se font également par informatique. Ces pratiques permettent d'améliorer les délais de livraison, de diminuer les stocks et de baisser les coûts administratifs.

L'explosion logistique

Napoléon a perdu la campagne de Russie à cause des déficiences de son système de ravitaillement, et ce malgré la supériorité militaire de la « Grande Armée ». La logistique est tout aussi vitale dans l'entreprise ! **Il s'agit d'acheminer des matières premières et des composants vers des usines et de transporter des produits finis vers des entrepôts, des distributeurs ou des clients finaux.** En France, le secteur logistique pèse entre 15 et 20 % de l'économie et emploie près d'un million de personnes. Le volume d'objets transportés augmente sans cesse du fait de la croissance économique internationale, de la mondialisation des échanges et du développement du commerce électronique. Dans certains cas, les choix logistiques sont déterminants. Par exemple, lorsque l'entreprise transporte des produits volumineux et à faible valeur, comme du verre ou du ciment.

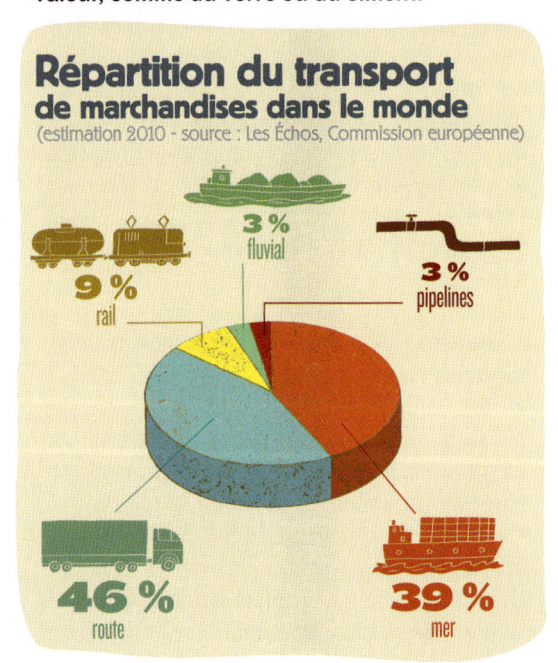

Répartition du transport de marchandises dans le monde
(estimation 2010 - source : Les Échos, Commission européenne)

- 3 % fluvial
- 3 % pipelines
- 9 % rail
- 46 % route
- 39 % mer

Chargement des conteneurs d'un cargo sur des camions.
Au début du XXIe siècle, les volumes transportés par route et par mer sont en forte croissance.

Beaucoup d'acteurs de la logistique sont des **transporteurs**. De nos jours, le transport ferroviaire stagne alors que les transports routier, maritime et aérien sont en pleine expansion. Les entreprises confient fréquemment leur logistique à des **opérateurs « intégrés »** qui assurent non seulement le transport, mais aussi la gestion des entrepôts. Ils s'engagent sur des délais et des coûts de livraison et définissent eux-mêmes la meilleure solution pour y parvenir. Ils choisissent le moyen de transport le mieux adapté aux besoins du client. Ainsi, le transport aérien est plus rapide, le transport routier plus flexible et le transport maritime moins coûteux. Ils déterminent les points de stockage. Les entrepôts permettent de grouper ou dégrouper les produits et de répondre aux demandes urgentes des clients. Le choix des entrepôts dépend de la localisation des fournisseurs, des usines et des clients. Pour limiter leurs stocks, les entreprises ont tendance à réduire le nombre d'entrepôts.

Le secteur de la logistique est confronté à de nombreux défis : les volumes et les distances s'accroissent, les clients exigent plus de rapidité et davantage d'informations, les États veulent améliorer la sécurité et protéger l'environnement, et la concurrence est toujours plus rude. Pour faire face à ces enjeux, **les entreprises peuvent s'appuyer sur de nombreuses innovations techniques :**

– Le **suivi informatisé des objets** permet de contrôler les délais et de mieux renseigner le client ;

– Les techniques de **localisation par satellite** permettent aux transporteurs de mieux utiliser les véhicules ;

– Les **logiciels de gestion** des entrepôts améliorent la productivité du travail et réduisent le nombre d'erreurs.

en question

7 ACHETER, PRODUIRE LIVRER

Pourquoi acheter
à d'autres ce que l'on sait faire soi-même ?

De plus en plus d'entreprises* décident de confier à des prestataires extérieurs ce qu'elles faisaient autrefois elles-mêmes : un grand fabricant d'outillage renonce à produire la moitié de ses articles et préfère les acheter en Chine ; un constructeur automobile sous-traite les aménagements intérieurs de ses véhicules à des « équipementiers ». Aucune activité n'échappe à ce phénomène : l'informatique, la logistique*, l'assistance téléphonique au client*, la comptabilité*, la préparation de la paie… C'est pour devenir plus compétitive et plus flexible que les entreprises ont recours à « l'externalisation ».

Face à la concurrence, les entreprises ont besoin de concentrer leurs efforts sur leurs savoir-faire les plus distinctifs. Le métier d'une entreprise pharmaceutique ou d'une chaîne de supermarchés n'est pas l'informatique ou la comptabilité : d'autres entreprises plus spécialisées sont capables d'assurer une meilleure prestation à un meilleur coût. Certaines sociétés poussent cette logique très loin. Par exemple, le fournisseur d'articles de sport Nike veut concentrer tous ses efforts sur le marketing* et la gestion de sa marque et confie la plupart de ses autres activités, y compris la production, à des partenaires.

En se spécialisant sur une activité, un prestataire extérieur traite des volumes plus importants et accumule davantage d'expérience. Pendant longtemps, les grands groupes* japonais ou coréens faisaient tout eux-mêmes : ils possédaient leur propre agence de publicité, leurs propres services de nettoyage, leur propre compagnie de transport et leur propre société* de services* informatiques. Ces fournisseurs de services « internes » n'avaient qu'un client et ne se frottaient jamais à la concurrence. Leur taille restait limitée et leurs compétences s'étiolaient.

L'externalisation permet à l'entreprise d'accroître sa flexibilité. Lorsqu'elle fait tout en interne, elle subit de plein fouet les variations de la demande. À la moindre baisse d'activité, ses ouvriers sont inoccupés, ses machines ne tournent pas et les pertes* s'accumulent. Lorsqu'elle achète des prestations à l'extérieur, elle peut plus facilement **moduler ses coûts** en fonction de son niveau d'activité. L'externalisation lui permet aussi de **faire évoluer ses produits** en accédant aux dernières technologies. Pour équiper ses véhicules des meilleurs GPS, un constructeur automobile a intérêt à s'approvisionner chez les fournisseurs* les plus innovants.

L'externalisation s'accompagne parfois de délocalisation*. C'est le cas dans des secteurs industriels très consommateurs de main-d'œuvre et soumis à une forte pression sur les prix. Par exemple, le textile, la mécanique légère ou l'électronique. En produisant en Chine, où les salaires sont cinq à dix fois inférieurs aux niveaux occidentaux, certaines entreprises divisent leurs coûts de revient par deux. La tentation est donc forte et il n'y a parfois aucune autre solution.

Les conséquences sociales des délocalisations sont douloureuses. Avant de s'embarquer sur cette voie, l'entreprise doit se demander si elle a exploré toutes les possibilités pour réduire ses coûts sur ses sites actuels. Elle doit aussi considérer tous les « coûts cachés » de la délocalisation : les délais de livraison plus longs, les risques politiques, l'éventuelle dégradation de la qualité* et du service.

Heureusement, toutes les activités confiées à des opérateurs indépendants ne quittent pas le territoire national et n'aboutissent pas à des pertes d'emploi ! Par exemple, la majorité des centres d'appels téléphoniques utilisés par les entreprises françaises sont situés en France. L'externalisation favorise le développement de nouveaux secteurs économiques : les services aux entreprises, la sous-traitance spécialisée. Certains grands employeurs français, comme Veolia, Sodexo ou Capgemini, vivent de l'externalisation.

ACHETER, PRODUIRE, LIVRER

rencontre

Carlos Ghosn, une carrière sans frontières

C'est l'un des dirigeants les plus respectés et les plus cosmopolites du monde des affaires. Après avoir redressé le géant automobile japonais Nissan, le voici aux commandes du constructeur français Renault.

Il l'a dit :
L'expérience de travailler dans une culture différente a une valeur incalculable.

Brésilien et libanais. Carlos Ghosn est né au Brésil dans une famille d'origine libanaise. Son grand-père Bichara quitte seul, à 13 ans, les rivages de la Méditerranée pour faire fortune en Amérique du Sud. C'est pourtant au Liban qu'il grandit dans la culture française, à l'école rigoureuse des pères jésuites. Il excelle en mathématiques, se passionne pour la géographie et montre de grandes facilités pour les langues (il en parle cinq). Son baccalauréat en poche, il entre en « maths sup » à Paris, puis réussit le concours de la prestigieuse École polytechnique.

Auvergnat. Au lieu de s'orienter vers la fonction publique, il préfère partir pour Clermont-Ferrand où l'accueille le groupe* Michelin, l'un des leaders mondiaux du pneumatique. Michelin est une entreprise* familiale, marquée par un fort « esprit maison » et un grand élan de conquête. Pendant dix-huit ans, il y accomplit un parcours exemplaire. Il fait ses armes comme stagiaire ouvrier dans un atelier de préparation de gomme, puis comme ingénieur de production. À l'âge de 27 ans, il prend la direction de l'usine du Puy et découvre très tôt l'importance du travail d'équipe. François Michelin le repère et lui confie plusieurs dossiers sensibles. Ce patron à la fois pratique et visionnaire joue un rôle essentiel dans son parcours.

Américain. Après sept ans en France, Carlos Ghosn prend la direction de la filiale brésilienne en pleine crise. Il remet l'entreprise sur les rails dans un climat économique et social chaotique marqué par des hausses de prix annuelles de 1 000 %. Trois ans plus tard, le voici président de Michelin en Amérique du Nord et responsable de 40 % des ventes du groupe. L'entreprise vient de racheter l'un des leaders américains du pneu et Carlos Ghosn est chargé de l'intégrer. Il gère habilement les équilibres de pouvoirs et de cultures, renforce la collaboration entre les fonctions et redéfinit le rôle des usines. Il parfait sa formation en observant les forces du « mana-

Carlos Ghosn présente le « concept car » Nissan Pivo au salon de Tokyo en 2005. La cabine de cette petite voiture électrique pivote : l'avant devient l'arrière, et vice versa !

gement* à l'américaine » : l'importance de la communication, le sens du client* et la discipline des coûts.

Français. En 1996, le président de Renault, Louis Schweitzer, lui propose de devenir son numéro deux, avec la perspective de prendre un jour sa succession. Le groupe Renault traverse une passe difficile. Carlos Ghosn s'illustre par un plan très ambitieux de réduction des coûts. Le succès vient d'abord des économies d'achats, mais le plan marque surtout les esprits par la fermeture douloureuse d'une usine de 3 000 personnes en Belgique.

Japonais. Début 1999, Renault joue l'une des cartes les plus risquées de son histoire en prenant le contrôle d'un des trois grands constructeurs japonais, Nissan. L'entreprise souffre : 20 milliards de dollars de dettes*, sept années de pertes*, des usines japonaises sous-utilisées, des véhicules sans attrait, des équipes démoralisées. Carlos Ghosn, qui a joué un rôle clé dans les négociations, organise le sauvetage. Il ausculte l'entreprise avec une équipe d'expatriés, puis lance un diagnostic approfondi avec 500 employés. Au bout de six mois, il annonce publiquement le plan de renaissance de Nissan. L'entreprise introduit 22 nouveaux modèles adaptés aux goûts du marché. En même temps, elle s'impose un traitement de choc avec la baisse des coûts d'achat de 20 %, la diminution de moitié du nombre de fournisseurs* et la réduction de 30 % de son dispositif industriel au Japon.

De défis en défis. Trois ans plus tard, Nissan a supprimé ses dettes, retrouvé ses profits* et repris les embauches. Carlos Ghosn a permis à l'entreprise de se transformer de l'intérieur, grâce à ses propres talents, et de retrouver sa fierté. À l'échelle du Japon, le renouveau de Nissan est un profond signal d'espoir dans un pays souvent critiqué pour son immobilisme. Devenu président du groupe en 2005, il se tourne vers de nouveaux défis comme le renforcement de la présence de la marque dans les pays émergents avec des véhicules à bas prix.

Carlos Ghosn en 7 dates

1954
Naît au Brésil

1978
Entre chez Michelin à Clermont-Ferrand

1985
Directeur de Michelin au Brésil

1989
PDG de Michelin aux États-Unis

1986
Intègre le groupe Renault

1999
Directeur général de Nissan au Japon

2005
Devient PDG de Renault

s'entraîner

7 — ACHETER, PRODUIRE, LIVRER

À TOI DE JOUER !

1

Tu prépares un gâteau avec un(e) ami(e). Choisissez la recette, achetez les ingrédients, cuisinez et goûtez votre création.

Quel est le coût direct de fabrication du gâteau ? (pour le coût de main-d'œuvre, prenez le salaire minimum garanti : 8,44 euros de l'heure)

Que pourriez-vous faire pour rendre votre gâteau encore meilleur ?

Que pourriez-vous faire pour diminuer le temps de préparation ? pour réduire le coût du gâteau ?

2

Tu achètes les fournitures scolaires de rentrée avec un(e) ami(e). Vous utilisez la même liste, mais partez chacun de votre côté et comparez ensuite vos achats.

Comparez les prix. Comment expliquez-vous les différences ?

Comparez la qualité des produits et leur marque. Sur quels articles ces critères sont-ils importants ?

Comparez votre choix de magasin. Comment influence-t-il le résultat ?

Après cet échange d'expériences, que changeriez-vous à votre mode d'achat pour obtenir « la meilleure qualité au meilleur prix » ?

3

Tu observes et compares des exemples de « suivi d'objet » dans la vie de tous les jours. Par exemple, l'envoi d'une lettre recommandée avec accusé de réception, l'achat d'un objet sur internet...

Quelles sont les différentes étapes du processus ?

Le prestataire annonce-t-il un délai ? Ce délai est-il respecté ?

Quelles informations reçois-tu sur le parcours de l'objet ? Sous quelles formes ?

Quelles pratiques te paraissent les meilleures ? Pourquoi ?

Ouais, bof... le rapport qualité-prix n'est pas terrible !

CHAPITRE 8

UN BON CHEF, C'EST QUOI ?

Lorsqu'un salarié se retrouve pour la première fois responsable d'une ou de plusieurs personnes, il découvre qu'il ne suffit pas d'être intelligent ou sociable pour être un bon chef et se sent souvent mal préparé. Dans le monde des affaires, le chef – petit ou grand – est la personne par laquelle arrive le meilleur ou le pire. Le vocabulaire français est pauvre pour en parler : commander, diriger... Il renvoie toujours à des notions hiérarchiques... Or, pour réussir, le « leader » doit savoir jouer sur d'autres registres que celui de l'autorité. Et ses qualités se révèlent parfois dans les rôles les plus modestes.

8 — UN BON CHEF, C'EST QUOI ?

Où tu découvres des chefs expérimentés et des chefs débutants

Arnaud devient chef pour la première fois

Depuis deux ans, Arnaud était assistant dans le département marketing d'un grand groupe agroalimentaire. Son manager vient de démissionner et le voilà parachuté à la tête d'une équipe de trois personnes.

Arnaud a six semaines devant lui pour préparer le plan marketing* d'une marque de chocolat. **Il est efficace dans son travail et populaire auprès de ses collègues. Mais il n'a jamais dirigé personne et doute des compétences de son équipe.** Christine a rejoint l'entreprise* trois mois plus tôt et manque d'expérience. Rémi, le plus ancien, n'a pas très bonne réputation : paresseux et souvent cynique, il ne cache pas son désir de changer de carrière. Quant à Pierre, il paraît à la fois brillant… et très susceptible.

Arnaud rédige seul un plan de travail de dix pages. Il rencontre individuellement les membres de l'équipe et leur présente les tâches attendues et les échéances à respecter. Pour éviter toute ambiguïté, il précise avec force détails la marche à suivre pour chaque activité. Il reçoit pour toute réaction des regards vides ou des acquiescements peu convaincus. **Son plan est complexe. Qu'ont-ils vraiment retenu de son avalanche de consignes ?**

Les premières réunions de projet sont une catastrophe. Rémi a à peine commencé son travail et perdu de vue une bonne partie des objectifs. Les analyses de Christine sont très approximatives et maladroitement présentées. Même le travail de Pierre laisse à désirer. Pour remédier à la situation, Arnaud croit bon d'augmenter la pression : il vérifiera désormais l'avancement du projet plusieurs fois par jour et demandera à chacun de travailler aussi tard que nécessaire pour combler les retards accumulés. Il réécrira lui-même une partie de leurs documents et prendra directement en charge les tâches les plus complexes. Il ne juge pas l'équipe à la hauteur et préfère « reprendre la main » pour obtenir le résultat désiré.

Malgré quelques progrès, la réunion de la semaine suivante n'est guère plus satisfaisante. Christine semble dépassée, Rémi est démotivé et Pierre franchement hostile. Les réponses à ses questions deviennent de plus en plus évasives. Les discussions portent entièrement sur des détails d'exécution et n'abordent jamais les sujets de fond. Arnaud se sent complètement isolé et voit l'échéance s'approcher comme un couperet. **L'équipe ressent fortement son stress et se replie sur elle-même.**

C'est un déjeuner avec Claude, le directeur du marketing, qui sort Arnaud du cauchemar. Contre toute attente, celui-ci se montre satisfait des progrès accomplis et centre la discussion sur le moral de l'équipe. Il laisse Arnaud exprimer ses frustrations et lui parle avec bienveillance des difficultés et de la solitude de son rôle de chef. Une fois Arnaud apaisé, il lui suggère plusieurs changements pratiques. **Le plus urgent est de rassembler l'équipe pour rétablir la confiance.** Il faut leur montrer que le défi est encore à leur portée. Ensuite, Arnaud doit se limiter à deux ou trois objectifs clairs et cesser d'interférer constamment dans leur travail. **Il a intérêt à moduler davantage ses attentes et son mode de communication en fonction de la personnalité et des aptitudes de chacun.**

Dans les semaines qui suivent, l'équipe remonte progressivement la pente. Arnaud simplifie la mission de Christine et lui apporte des encouragements et des conseils fréquents. La jeune femme prend confiance et devient plus efficace. Il reconnaît Pierre comme son second et lui délègue une part importante du plan de travail. Mieux apprécié, Pierre révèle son talent. Il a avec Rémi une franche discussion sur son manque de motivation. Celui-ci ne le laisse plus tomber. Lors des réunions, il ne se contente plus d'inspecter le travail, mais encourage les discussions sur les grandes orientations de la marque.

Finalement, l'équipe retrouvera sa bonne humeur, donnera libre cours à sa créativité et produira un plan très original.

8 — UN BON CHEF, C'EST QUOI ?

Marie-Claire parle de son ancienne patronne

Après sept ans d'efforts, Marie-Claire vient d'être promue directrice commerciale de la clientèle « petites entreprises » dans une banque. Elle déjeune aujourd'hui avec une amie et lui parle de celle à qui elle doit sa réussite.

— Nous avons tous en mémoire un manager qui a profondément influencé notre carrière et nous a aidés à grandir professionnellement et humainement ; quelqu'un qui a formé notre personnalité et guidé nos choix. Pour moi, c'est Agnès qui a joué ce rôle. J'ai connu d'autres chefs aussi compétents, mais c'est elle qui m'a appris mon métier et me l'a fait aimer.

— Pourquoi t'a-t-elle tant marquée ?

— **Agnès était d'abord une merveilleuse formatrice.** Au début, elle m'accompagnait souvent chez les clients*. Sur le chemin du retour, elle commençait par me féliciter pour ce que j'avais accompli : « Tu as présenté la proposition avec clarté et persuasion ; tu as répondu à leurs objections avec les bons arguments. » Dans la foulée, elle suggérait immédiatement deux ou trois améliorations pour les futures réunions : « Fais des pauses pour les laisser s'exprimer ; garde le sourire, même si tu es attaquée ; propose des étapes très concrètes pour la suite… » Lorsque nous avions identifié un point à améliorer, Agnès ne lâchait plus prise. Elle me donnait de multiples occasions de m'entraîner et me rendait régulièrement compte de mes progrès. **Elle ne prenait jamais ma place pour finir un travail, même pour gagner du temps ou améliorer le résultat. Il fallait que j'y arrive !**

— Était-elle exigeante ?

— **Avec Agnès, je savais toujours où j'en étais.** Pas besoin de lire entre les lignes ou d'interpréter ses réactions. Elle pouvait être extrêmement dure si un dossier de crédit était incomplet ou mal présenté. Pendant quelques minutes, elle laissait voir sa déception et vous mettait très mal à l'aise. Mais l'orage passait et elle tirait un trait.

Il manque encore une pièce au dossier !

Elle ne manquait jamais une occasion de célébrer un succès ou de mettre en valeur les contributions individuelles, surtout celles des plus jeunes et des moins qualifiés. Plus d'une fois, elle nous a emmenés faire la fête jusqu'au petit matin.

Mais ce qui nous impressionnait le plus, c'était son courage. Là où d'autres seraient restés cachés derrière leur bureau, Agnès n'hésitait jamais à monter au créneau. **Elle décrochait son téléphone pour calmer les clients mécontents, intervenait personnellement dans les négociations les plus désespérées et défendait vigoureusement les intérêts de son équipe lorsqu'ils étaient menacés.** C'est en l'observant que beaucoup d'entre nous ont appris à surmonter leurs peurs. Plusieurs de ses anciens collaborateurs sont devenus d'excellents managers.

— **Étiez-vous proches ?**

— Plusieurs fois par an, **Agnès provoquait une discussion plus large sur ma carrière, mes projets, mes motivations ou mes frustrations.** Certains de ces échanges étaient planifiés, mais d'autres démarraient par hasard dans un taxi ou une salle d'attente. **Invariablement, elle commençait par me remercier pour mon travail.** Puis, les conventions professionnelles s'effaçaient et j'avais l'impression de parler à une grande sœur. Elle abordait ouvertement ses succès et ses échecs. Elle me faisait découvrir des aspects de la banque que je ne connaissais pas. Nous parlions de mes centres d'intérêt : mes cours de théâtre, mes voyages. Ces discussions m'ont vraiment aidée à m'accrocher.

— **Comment se comportait-elle avec les équipes ?**

— Agnès ne s'intéressait pas seulement aux individus. Elle nous réunissait souvent et décrivait avec enthousiasme sa vision des objectifs à atteindre : lancer une offre bancaire, conquérir un client important… Nous nous sentions investis d'une mission exceptionnelle. Agnès applaudissait ouvertement les gestes de solidarité et fustigeait sans ménagement tout comportement égoïste et tout dénigrement.

8 — UN BON CHEF, C'EST QUOI ?

PASTA FUSION ÉPISODE 6

Audrey et Romain forment leur équipe

L'un des secrets de la réussite de *Pasta fusion*, c'est la qualité de son équipe. Audrey et Romain consacrent énormément d'efforts à recruter leurs collaborateurs, les former, les motiver et leur instiller le sens du service.

Des serveurs qui ne se présentent pas à leur poste les soirs de grande affluence, des disputes entre employés sous les yeux des convives, du personnel qui fume dans le restaurant, des tensions entre la salle et les cuisines, des hôtesses qui laissent éclater leur mauvaise humeur... Romain a vécu tout cela au cours de ses stages avant de créer *Pasta fusion*. Il prévient Audrey : « Nos employés feront notre succès ou nous couleront. Si nous ne recrutons pas les bonnes personnes ou si nous ne les formons pas suffisamment, nous n'aurons plus qu'à prier ! »

Ils consacrent plusieurs semaines à former leur « dream team ». Ils évaluent soigneusement le nombre et la nature des postes à pourvoir : une hôtesse, deux serveurs, un cuisinier, un préparateur et un plongeur. Ils discutent en détail les qualités et les compétences les plus importantes pour chaque poste. Par exemple, l'hôtesse devra être parfaitement organisée et capable de garder son sang-froid en toutes circonstances, les serveurs devront savoir créer le contact avec les clients* et déceler leurs goûts et leur état d'esprit, le préparateur de cuisine devra posséder une première expérience, travailler rapidement et montrer son désir d'apprendre au contact du chef cuisinier.

Pour recruter des candidats, ils placent des annonces dans la presse et contactent l'agence locale de l'ANPE. En lisant les dossiers de candidature, ils privilégient les expériences réussies et les recommandations enthousiastes.

Mais ils se méfient des postulants qui ne sont jamais restés plus de deux mois dans leurs précédents emplois et préfèrent donner leur chance à des débutants motivés. Audrey et Romain décident de rencontrer personnellement tous les candidats. Dans leur esprit, le recrutement fait pleinement partie de leur rôle d'entrepreneur* et ils n'entendent pas le déléguer à la légère. **Ils veillent tout particulièrement à retenir des personnalités compatibles et adaptables puisque l'équipe devra vivre ensemble dix à douze heures par jour.** Pour les entretiens de recrutement, ils se répartissent les rôles : l'un teste les compétences et l'autre sonde la personnalité. L'un charme le candidat et l'autre le pousse dans ses retranchements.

Une fois l'équipe sur le pont, Romain multiplie les initiatives de formation. Il organise plusieurs répétitions générales. Il invite les serveurs à s'attabler et à goûter tous les plats pour pouvoir mieux les décrire. **Il rassemble plusieurs fois l'équipe pour partager sa vision du restaurant et du service. Ses réunions sont l'occasion de transmettre son enthousiasme et son énergie.** Mais c'est dans la répétition quotidienne que la formation produit son effet. La clé est de montrer par les gestes, plutôt que par les discours, les comportements attendus de chacun. En accueillant lui-même les clients, en les servant amicalement, il ne se contente pas d'absorber le surcroît de travail, il incarne les valeurs du restaurant. En prenant l'initiative de remplacer un verre sale ou d'aider une personne âgée à se lever, il établit des standards pour tous les serveurs.

Pour motiver leurs employés, Audrey et Romain ne sont pas avares de compliments. Lorsqu'il le faut, ils n'hésitent pas non plus à les réprimander sur un ton simple et direct. Ils gravent dans les esprits la différence entre les attitudes positives et les comportements inacceptables : oui au serveur qui donne un coup de main à un collègue surchargé ; non au cuisinier qui retarde la commande d'un serveur pour lui donner une leçon. L'esprit d'entraide est fréquemment récompensé : une journée de congé supplémentaire à celui-ci ou une bouteille de vin à celui-là !

comprendre

8 — UN BON CHEF, C'EST QUOI ?

Où tu comprends les exigences du rôle de chef

ORGANISER • OBSERVER • MOTIVER • PLANIFIER

Le contremaître dans un atelier, le cadre de 26 ans auquel on vient de confier un stagiaire, le président de Microsoft ou le plombier avec ses apprentis... Petits ou grands, ces « leaders » ont une influence considérable sur leur entourage et doivent démontrer les mêmes qualités.

À quoi sert un chef ?

L'une des définitions traditionnelles du rôle de chef tient en quatre mots : **planifier, organiser, contrôler et motiver**. En tant que **planificateur**, le chef fixe les priorités de son équipe ou de son entreprise* : nous allons croître à tel rythme, servir tel client*, réaliser tel chantier, produire tel rapport... En tant qu'**organisateur**, il déploie ses équipes pour servir au mieux les priorités : nous avons besoin de tant de personnes, réparties de telle façon, réalisant tel plan avec tels outils. En tant que **contrôleur**, il vérifie que chacun atteint les résultats demandés, remplit les exigences de qualité et respecte les calendriers. En tant qu'**entraîneur,** il motive ses employés et les incite à donner le meilleur d'eux-mêmes.

La difficulté du rôle de chef, c'est qu'il exige toutes ces compétences. Celui qui ne fait que contrôler des tableaux de bord sans former ses équipes n'est pas un bon chef. Pas plus que le gentil animateur qui n'accorde aucune attention aux résultats. Ou que le grand visionnaire qui ne s'embarrasse pas des détails d'exécution. On oppose souvent le **« manager »** qui se contente d'administrer son département et le **« leader »** qui sait inspirer, convaincre et motiver. **Mais le vrai chef est à la fois manager et leader.**

Qu'est-ce que le leadership ?

Il existe des styles de dirigeants très variés. Certains cherchent constamment à affirmer leur pouvoir. Ils aiment impressionner et intimider. Ils haussent volontiers la voix et suscitent des sentiments très vifs chez leurs interlocuteurs. D'autres sont extrêmement sensibles à l'aspect humain de leurs actions. Ils veulent être aimés et développer des relations sociales harmonieuses. Ils savent influencer leur entourage. D'autres encore aiment la compétition. Ils veulent se dépasser et battre des records. Leurs bureaux sont remplis de trophées et de médailles. **Il n'y a pas de modèle unique de leadership* : la plupart des chefs affichent plusieurs de ces comportements avec en général une « tendance dominante ».**

Certains traits de caractère reviennent souvent chez les leaders efficaces. Un psychologue américain, Richard Goleman, a démontré que la réussite dans des postes de commandement avait peu de choses à voir avec le quotient intellectuel ou le niveau d'études. Elle dépendait davantage de ce qu'il a baptisé **« l'intelligence émotionnelle »**, par opposition à l'intelligence rationnelle. Tous les leaders étudiés par Goleman avaient une bonne conscience d'eux-mêmes : ils comprenaient clairement leurs motivations et leurs humeurs. Ils savaient maîtriser leurs émotions et réfléchir avant d'agir. Ils pouvaient se mettre à la place de leur interlocuteur et voir le monde de son point de vue.

Ce qui est le plus remarquable chez un bon leader, c'est souvent ce que l'on ne voit pas tout de suite : son **caractère** et ses **valeurs**. **Les équipes suivent un chef parce qu'elles ont confiance en lui et savent qu'il fera ce qui est bon**

Les qualités de leadership s'expriment dans les plus petites équipes.

pour l'entreprise. Par exemple, il saura mettre l'intérêt collectif avant le sien ou celui de n'importe quel collaborateur. On parle d'« **intégrité** ». Cette qualité est essentielle parce qu'elle est sans arrêt mise à l'épreuve dans la vie des affaires.

Difficile également de diriger sans un bon jugement. Un leader prend chaque jour des dizaines de décisions : accorder une remise à un client, autoriser une dépense, choisir le design d'un produit... Certaines ont des conséquences considérables et ne peuvent être repoussées sous peine de pénaliser l'entreprise. **Le leader sait rassembler les données utiles, écouter les points de vue pertinents et trancher.** Souvent, il s'appuie sur son intuition. Il a l'œil pour les collaborateurs de talent et le nez pour les produits qui vont faire un tabac !

Motiver les individus

Les leaders efficaces en sont convaincus : la performance d'un collaborateur dépend principalement de son niveau de confiance en soi et de sa volonté de se dépasser. Mais trouver les bons leviers de motivation n'est pas facile. Chacun a des besoins différents et des réactions différentes. Faut-il utiliser la carotte ou le bâton ? Intervenir ou laisser faire ?

En définissant des objectifs clairs, le leader donne un sens à l'effort. Pour battre son record personnel, un sauteur en hauteur doit voir la barre à franchir. Lorsque les objectifs n'existent pas ou sont trop flous, un collaborateur se démobilise et s'ennuie. Lorsqu'ils sont trop nombreux, il peut faire un blocage. Plus simples sont les objectifs, plus facilement le collaborateur peut les garder en tête et comparer ses progrès aux résultats attendus.

Des **compliments** fréquents montrent au collaborateur qu'il est sur la bonne voie et renforcent son estime de soi. Ils lui donnent l'assurance indispensable pour franchir la prochaine étape. Un joueur de tennis ne montera au filet que s'il a l'impression de bien maîtriser son coup droit. Tout aussi nécessaires sont les **remarques immédiates** lorsque la performance est inférieure aux attentes. Elles rappellent clairement les règles du jeu. Un manager mou qui passe toutes les erreurs sous silence démotive les collaborateurs les plus méritants. Laisser échouer un employé sans lui dire la vérité est un total manque de respect. Mais pour être bien comprise, la critique doit intervenir sans délai et mettre en cause l'action du collaborateur sans attaquer la personne.

Les meilleurs leaders adaptent constamment leur mode de motivation à l'expérience de leurs collaborateurs. Ils sont très directifs avec les débutants et leur donnent des conseils fréquents. Ils laissent beaucoup d'indépendance aux plus expérimentés et leur posent des défis ambitieux.

Mobiliser l'équipe

Le manager ne s'adresse pas uniquement à des individus. Il dirige des personnes qui doivent travailler ensemble et coordonner leurs actions. Dans un groupe, l'enthousiasme est contagieux et le découragement l'est encore plus. Les meilleures équipes ont une âme et une énergie propres qui dépassent celles de leurs membres. L'équipe de France de football de 1998 n'était pas une somme d'individualités, mais un groupe merveilleusement soudé.

Le bon chef sait inspirer son équipe. Il l'aide à prendre de la hauteur et à rêver. Il donne une signification profonde à sa mission collective, même modeste. Tout l'art est de convaincre son équipe qu'elle ne taille pas simplement des pierres, mais qu'elle construit une cathédrale. Cela demande bien sûr de bonnes qualités de communication. Il faut savoir s'adresser au groupe et faire des discours. Les meilleurs communicants ne sont pas tous nés avec ce don. Ils se préparent, s'entraînent et appliquent des techniques de communication qui leur permettent de comprendre leur auditoire, de maîtriser leur voix et leur expression corporelle. **Il n'est jamais trop tôt pour apprendre à parler en public !**

Forger une culture

Dans certaines entreprises, il est naturel de rester au-delà des heures normales pour aider un collègue surchargé. Dans d'autres, tout le monde part à six heures moins cinq. La différence, c'est la culture. **La culture est un ensem-**

ble de croyances, de valeurs, de signes et de symboles qui cimentent l'entreprise et orientent les comportements.** Elle est un point de ralliement dans les moments difficiles. La culture peut s'exprimer de multiples manières : dans le vocabulaire, dans la tenue vestimentaire, dans le niveau de formalisme (tutoiement ou vouvoiement), dans les rituels (réunions, célébrations) et surtout dans les gestes de tous les jours. Par exemple, certaines entreprises invitent systématiquement les jeunes débutants à toutes les réunions importantes. Cela fait partie de leur culture.

Le leader est dans une position unique pour façonner cette culture. En livrant bataille au-devant de ses troupes, il donne du courage à tout le monde. En remerciant ses collaborateurs, il montre l'importance du respect dans les relations de travail. **C'est lui qui « donne le ton » par ses actes et ses paroles.**

Développer les talents

Dans toutes ses actions, le leader d'aujourd'hui cherche à développer les leaders de demain. Il s'implique personnellement dans le recrutement des collaborateurs. Il dialogue fréquemment avec eux, leur donne des conseils, leur confie des responsabilités et les aide à réfléchir à leur carrière. Dans une entreprise, le travail de formation le plus important a lieu sur le terrain, dans l'action de tous les jours. Dans l'évaluation de leurs managers, les entreprises modernes accordent de plus en plus d'importance à cette mission de développement des talents : quel impact ce manager a-t-il eu sur ses équipes ? A-t-il aidé des collaborateurs à progresser ? De plus en plus souvent, **ce sont les meilleurs « bâtisseurs d'équipes » qui arrivent au sommet des entreprises.**

Dans le processus de développement des talents, la direction des ressources humaines* joue un rôle essentiel. Elle organise le recrutement et la formation. Elle définit les compétences, mais aussi les comportements attendus dans chaque poste. Elle oriente les carrières des collaborateurs en leur permettant de diversifier leurs expériences. Elle mesure le moral des employés et propose des initiatives pour le renforcer. Elle fournit aux managers les outils et les méthodes pour faire progresser leurs équipes.

8 UN BON CHEF, C'EST QUOI ?

Peut-on devenir chef
– et le rester –
en écrasant les autres ?

C'est l'une des images d'épouvante du monde de l'entreprise* : le chef qui piétine les autres pour arriver au sommet ; celui qui pousse ses équipiers aux limites de leurs forces et récolte les fruits de leur travail sans aucune reconnaissance ; celle qui multiplie les intimidations et les remarques abusives. Dans cette représentation du chef, quelle est la part du mythe et de la réalité ? Et l'entreprise est-elle encore prête à tolérer ce genre d'abus ?

Il n'y a pas de fumée sans feu. **Même si elles restent rares, ces situations existent et frappent toujours par leur caractère injuste et les dégâts humains qu'elles provoquent.** L'appétit de pouvoir et l'intérêt politique incitent parfois des managers à profiter des autres. La pression du résultat amène certains à pousser les équipes au-delà du raisonnable. Ce risque n'est pas propre au monde de l'entreprise. On le retrouve dans toutes les formes de collectivités à tous les niveaux hiérarchiques : administrations, associations, partis politiques, groupes religieux... Pour empêcher les abus les plus criants, **la loi reconnaît aujourd'hui la notion de harcèlement moral.**

Il ne faut pas confondre harcèlement et exigences élevées. Les critiques constructives poussent les équipes à se dépasser, à rechercher des idées neuves et à puiser dans leurs réserves pour atteindre des résultats qu'elles croyaient hors de portée. Les entraîneurs sportifs connaissent bien ces ressorts psychologiques. Ils ont emmené la nageuse Laure Manaudou ou l'escrimeuse Laura Flessel sur la plus haute marche du podium. **Toutefois, ces critiques ne sont efficaces que si elles respectent les personnes et ne sapent pas la confiance.**

Certains dirigeants très respectés, comme Steve Jobs, le président d'Apple, ou Jack Welch, l'ancien président de General Electric, sont connus pour leur tempérament rugueux. Lorsque le travail n'est pas à la hauteur, ils deviennent cassants et expriment sans ménagement leur insatisfaction. À d'autres moments, ils sont capables de galvaniser leurs troupes avec des éloges enthousiastes. Pour la plupart de leurs collaborateurs, cette alternance de chaud et de froid a le mérite d'envoyer des signaux clairs et de créer une « tension positive ». Un tel comportement n'est pas rare dans des secteurs à forts enjeux tels que les hautes technologies, la mode ou le cinéma. Il se révèle parfois indispensable lorsqu'une entreprise doit se sortir d'une situation difficile.

De plus en plus d'entreprises comprennent que leur succès dépend de la fidélité et de la motivation de leurs employés. Le personnel est considéré comme la ressource la plus précieuse. La première responsabilité du manager est de l'aider à progresser. Si un manager obtient des résultats satisfaisants mais décourage des employés talentueux par un comportement abusif, il détruit une partie de la valeur de l'entreprise.

Le groupe* General Electric évalue ainsi ses dirigeants sur leurs résultats économiques et leur respect des valeurs humaines. La société* donne une deuxième ou une troisième chance lorsque les résultats économiques sont insuffisants. En revanche, elle se montre intransigeante lorsqu'ils sont atteints en sacrifiant les équipes. Dans beaucoup de métiers de service* (conseil, audit...), on invite régulièrement les employés à « noter » leur chef : votre manager respecte-t-il les valeurs de la firme ? A-t-il un impact positif sur votre développement ? Vous traite-t-il avec respect ? Ce système amène des changements de comportements spectaculaires chez certains dirigeants.

L'entreprise moderne n'a pas fait disparaître les chefs malveillants. En revanche, elle traque de plus en plus efficacement les abus. Les cadres* comprennent de mieux en mieux l'importance économique d'un management* respectueux. Chaque jour, des millions de chefs se consacrent avec dévotion à la réussite de leur équipe.

rencontre

UN BON CHEF, C'EST QUOI ?

Malamine Koné, sous le signe de la panthère

Sa marque, Airness, fait rêver toute une génération d'ados. Voici le destin fabuleux d'un Africain à Paris.

Il l'a dit :
Il serait fou de ne pas être fou !

Malamine Koné en 6 dates

1971 Naît au Mali

1993 Décroche un Deug de droit

1999 Crée la griffe Airness

2003 Djibril Cissé devient ambassadeur de la marque

2004 Premier contrat avec un club de ligue I

2006 Sa société réalise 120 millions de chiffre d'affaires

Combatif. Son histoire commence dans un village du Mali. Élevé par sa grand-mère, il passe son enfance à garder les moutons. À 11 ans, il rejoint ses parents à Saint-Denis dans la région parisienne : il n'est jamais allé à l'école et ne parle pas un mot de français. Déterminé et combatif, il obtient un Deug de droit à 22 ans… et décroche à deux reprises le titre de champion de France de boxe. Ses copains de ring le surnomment « la panthère ». Mais un grave accident de voiture met fin à sa carrière sportive. Pendant sa convalescence, il observe les tenues de ses amis et comprend que les modes vestimentaires naissent dans les banlieues avant d'être reprises par les stylistes. Il décide de créer sa propre marque de T-shirt : Airness. La panthère sera son logo !

Débrouillard. Malamine fait imprimer quelques modèles et décroche ses premières commandes dans les magasins de sport du quartier : cinq T-shirts, puis dix, puis cinquante. L'affaire est lancée. Mais c'est sur les équipes de foot qu'il bâtit son succès. Il recrute ses ambassadeurs parmi les stars montantes : Djibril Cissé, Didier Drogba… Au bout de quelques années, il fournit plusieurs clubs de ligue 1 et étend sa marque au basket, au rugby et au tennis. Au-delà des maillots, il propose une grande variété d'articles : chaussures, casquettes, ballons, téléphones portables, lunettes et cahiers.

Exigeant. MK fait fabriquer ses vêtements par des producteurs indépendants et perçoit un pourcentage du prix de vente. Ses employés se concentrent sur le design, le marketing*, le sponsoring et les accords de licence. Leur âge moyen est d'environ 25 ans. Le fondateur arrive au bureau vers 8 heures et travaille souvent jusqu'à minuit. Il réunit son équipe deux fois par jour et maintient avec chacun des contacts étroits et directs. Il prend ses décisions au flair et s'implique personnellement dans tous les domaines, de la conception des produits à la négociation des partenariats. Ses employés le disent exigeant, parfois autoritaire, et très soucieux du détail. MK a aussi de grandes ambitions. Il rêve de s'implanter en Amérique et d'habiller l'équipe de France de football.

À TOI DE JOUER !

1

Tu aides un ou une amie en difficulté à rebondir et à progresser.

Ton ami(e) a des difficultés dans une matière, des résultats scolaires ou sportifs en baisse, des problèmes de discipline ; ou il (elle) est en retard dans la préparation d'un examen...

Que fais-tu pour le (la) faire réagir ?

Que fais-tu pour lui redonner confiance en lui (elle) ?

Quel type d'aide lui apportes-tu ?

Quels objectifs définis-tu avec lui (elle) ?

Comment mesures-tu ses progrès ?

2

Tu t'intéresses à un leader connu et admiré et tu fais des recherches sur elle ou sur lui.

Cela peut être un responsable politique ou associatif, un chef d'entreprise, un entraîneur sportif, un leader spirituel, un aventurier, un explorateur, un artiste...

Qu'est-ce qui t'impressionne le plus chez ce leader ?

Comment décrirais-tu son style de leadership ?

Que fait-il (elle) pour inspirer les autres ?

Que fait-il (elle) pour révéler et développer les talents ?

Quel genre de communicant est-il (elle) ?

3

Tu lances une initiative et tu cherches à mobiliser les participants.

Cela peut être le club d'écologie du lycée, un groupe de rock avec des amis ou simplement une sortie hebdomadaire à plusieurs.

Quels sont les points forts de ton projet ?

Pourquoi penses-tu pouvoir « inspirer » les participants avec ces arguments ?

Comment communiques-tu ton projet aux futurs participants ?

Comment adaptes-tu tes arguments à chaque personne ?

Quelles actions entreprends-tu pour ouvrir la voie ?

Si tu éprouves une difficulté quelconque, Poupée, n'hésite pas à me demander...

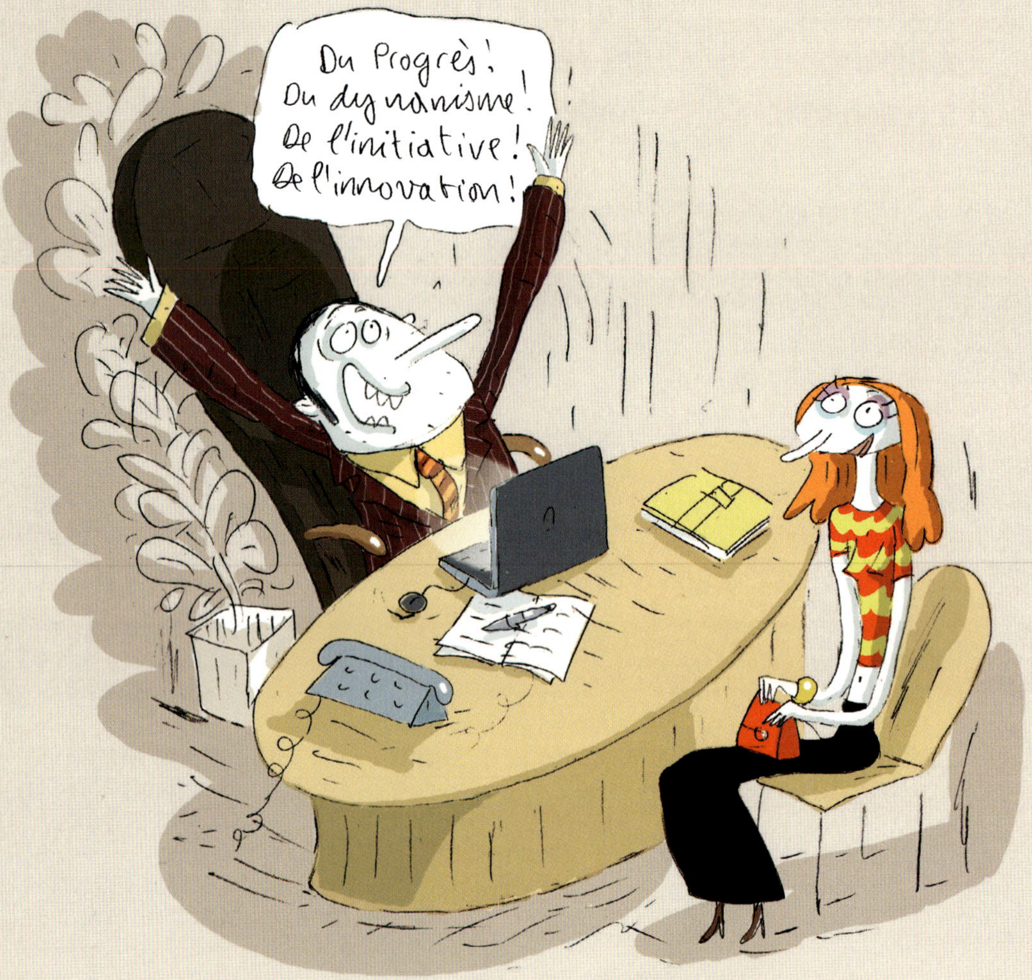
Du Progrès ! Du dynamisme ! De l'initiative ! De l'innovation !

PARTIE 2
DES ENTREPRISES POUR DEMAIN

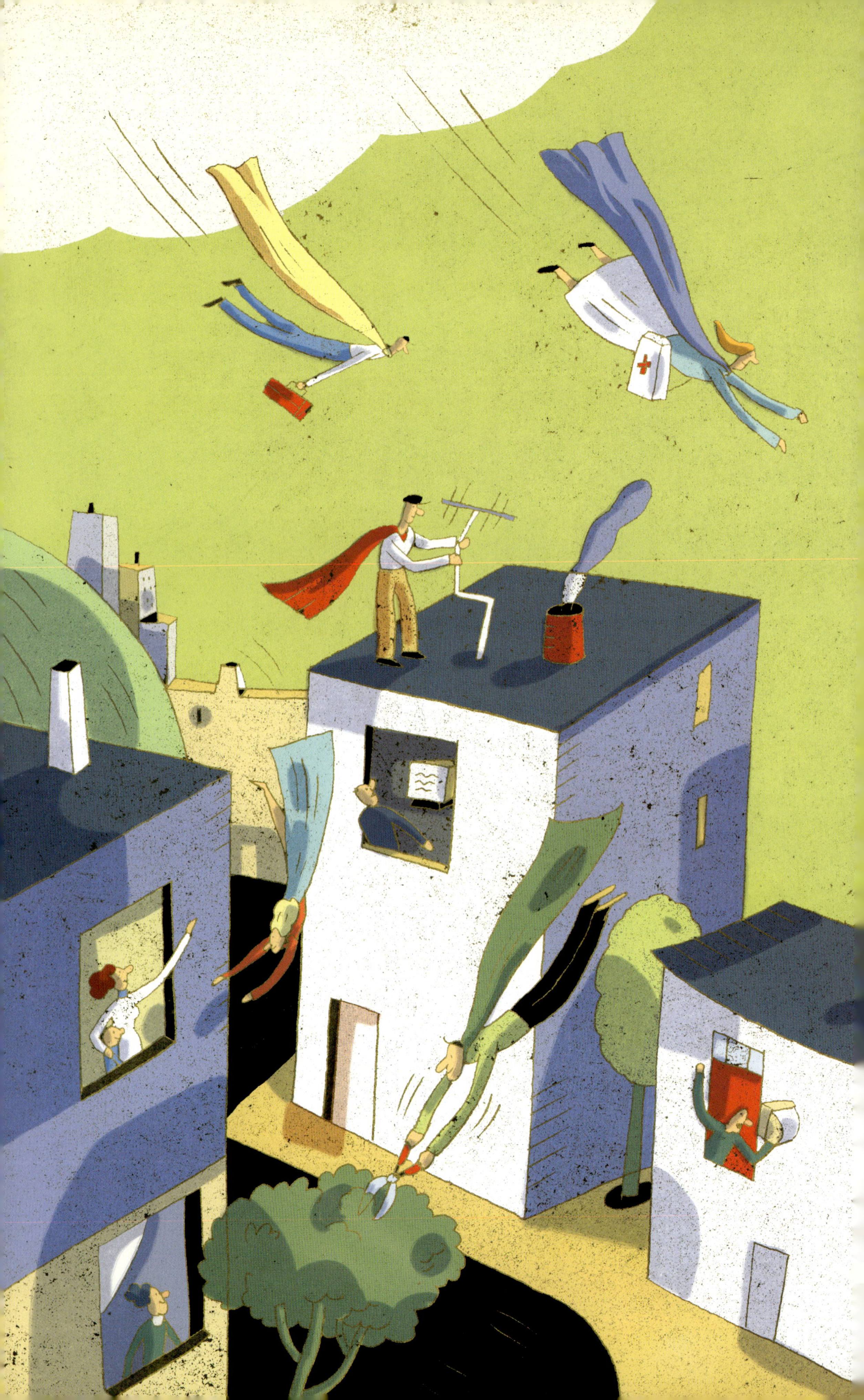

CHAPITRE 9
À VOTRE SERVICE !

Le progrès nous a apporté des merveilles technologiques. Malheureusement, il n'a pas éliminé les « galères » de nos existences, bien au contraire. Trouver une baby-sitter, un plombier, un professeur de maths pour un enfant en difficulté, une infirmière pour la toilette d'une personne âgée ou un as du clavier pour débarrasser son ordinateur d'un virus... sont autant de casse-tête qui envahissent les journées de millions de gens et occasionnent souvent un stress considérable. Les services à la personne sont promis à un bel avenir : ils répondent à des besoins essentiels de la vie moderne tout en permettant à de jeunes entrepreneurs de se lancer à peu de frais.

9 À VOTRE SERVICE !

Où tu découvres
des entreprises qui simplifient notre quotidien

Maxime Aïach
révolutionne le soutien scolaire

En créant à 27 ans la société Acadomia, ce cadre financier transforme le secteur du soutien scolaire. Il introduit des standards de qualité et de professionnalisme dans un univers « d'amateurs ».

Pendant longtemps, le soutien scolaire s'est limité aux petits cours. Des étudiants proposaient leurs services en plaçant des affichettes chez les commerçants du quartier. Les parents payaient ces leçons au noir sans aucune garantie de qualité. Désormais, ce monde occulte cède progressivement la place à un secteur économique très organisé. C'est un ancien élève de l'École supérieure de commerce de Lyon, Maxime Aïach, qui amorce le changement en 1991. Ce jeune cadre* financier se souvient des leçons qu'il donnait quelques années plus tôt en tant qu'étudiant et pense qu'il existe une forte demande pour des cours de qualité adaptés aux besoins et à la personnalité des élèves. Il crée à l'âge de 27 ans l'entreprise* de cours à domicile Acadomia et convainc plusieurs amis de le rejoindre dans l'aventure.

Quinze ans plus tard, **un lycéen sur trois et un collégien sur cinq suivent des cours à domicile.** Les parents s'inquiètent pour l'avenir de leurs enfants et recherchent des services* de qualité afin de compléter l'enseignement dispensé par l'école. Déjà très implanté dans certains pays asiatiques (Japon, Corée du Sud, Taiwan), le soutien scolaire est en pleine expansion dans les pays occidentaux. En France, la demande pour ces cours touche toutes les couches de la société. Une étude menée en 2005 par l'IFOP montre que 65 % des élèves inscrits sont des enfants d'employés ou d'ouvriers. Les premières entreprises du secteur, Academia, Keepschool, Complétude et les Cours Legendre, couvrent déjà tout le territoire.

L'entreprise de Maxime Aïach aide plus de 100 000 élèves et s'appuie sur les services de 25 000 professeurs. Elle mise sur la proximité et anime un réseau de 90 agences. Un tiers de ces agences sont des entreprises indépendantes qui ont passé avec Academia un accord de franchise* pour pouvoir utiliser sa marque et ses méthodes. De plus en plus souvent, les entreprises de soutien scolaire ont recours au système de la franchise pour accélérer leur croissance.

Les sociétés* de soutien scolaire font appel à de multiples compétences : elles emploient des « conseillers pédagogiques », chargés du suivi des élèves, et des « chargés de recrutement », en contact avec les enseignants. Elles ont besoin d'outils informatiques modernes pour gérer leurs dizaines de milliers de clients* et de prestataires. Elles dépensent enfin de très fortes sommes en publicité pour asseoir la notoriété et les valeurs de leur marque. Academia consacre ainsi 15 à 20 % de son chiffre d'affaires* à la communication.

Selon le fondateur d'Academia, les parents attendent avant tout des résultats. Sa société s'engage donc auprès d'eux en signant un « contrat de réussite ». Pour chaque nouvel inscrit, une rencontre est organisée avec un conseiller pédagogique afin de définir les objectifs du soutien. L'entreprise cherche à cerner le niveau et la personnalité de l'élève et à le mettre en contact avec le professeur le plus adapté. Academia suit rigoureusement la progression de l'élève et propose des conférences pédagogiques pour l'aider à mieux s'organiser et acquérir des méthodes de travail.

Après avoir connu des taux de croissance de 30 à 40 %, Academia doit « limiter » sa progression annuelle à 20-25 %. C'est la condition pour maintenir la qualité de ses prestations. La société élargit son offre pédagogique, par exemple vers les adultes et les langues étrangères. En partenariat avec un éditeur, elle propose des bilans de connaissances, des packs de révision d'examens ou encore des ateliers de révision.

Maxime Aïach, le fondateur d'Academia, devant une des agences de son réseau.

9 À VOTRE SERVICE !

Annie
vous coiffe dans votre salon

La coiffure à domicile répond à une réelle demande de la part des personnes isolées, âgées ou peu mobiles. En développant ce métier à l'échelle nationale, le groupe Viadom a bâti une affaire florissante.

Annie habite dans une petite ville de la Drôme. Après avoir travaillé dix-sept ans dans un salon de coiffure, elle recherche un métier plus autonome. La voici coiffeuse à domicile pour la société* Viadom. Toutes les trois semaines, elle se rend chez Madame Lefranc, l'une de ses fidèles clientes, pour sa traditionnelle mise en plis. À 72 ans, Madame Lefranc souffre d'une arthrose du genou et se déplace avec difficulté. Les visites d'Annie lui permettent de rester élégante malgré son handicap, et lui procurent une compagnie très réconfortante.

Pionnier de la coiffure à domicile, le groupe* Viadom s'est constitué progressivement à partir de 1990. Sur un simple appel téléphonique, ses coiffeurs et coiffeuses interviennent chez les particuliers, dans les hôpitaux et les maisons de retraite, sur les lieux de travail ou de vacances. Ils fournissent une aide indispensable aux personnes à mobilité réduite. Ils apportent aussi un confort et un gain de temps précieux à de nombreuses personnes valides. Dans le calme et l'intimité de leur salle de séjour, les clients* hésitent moins à essayer des soins ou à acheter des produits et des accessoires de beauté. **Le modèle économique* de Viadom est donc très efficace.**

Pour recruter son personnel, Viadom met en avant la souplesse des horaires et la liberté d'organisation du travail. Les coiffeurs sont salariés, disposent d'un véhicule de fonction et reçoivent une formation. L'entreprise* met à leur disposition une ligne d'assistance technique, un centre national de réservation téléphonique, du matériel publicitaire et des cadeaux pour les clients.

Au fil des années, Viadom a étendu son offre à de nouveaux domaines : esthétique et massages, mais aussi ménage et jardinage. Avec 4 000 collaborateurs et 400 000 clients, **l'entreprise se positionne désormais comme l'un des leaders européens des services* à domicile.**

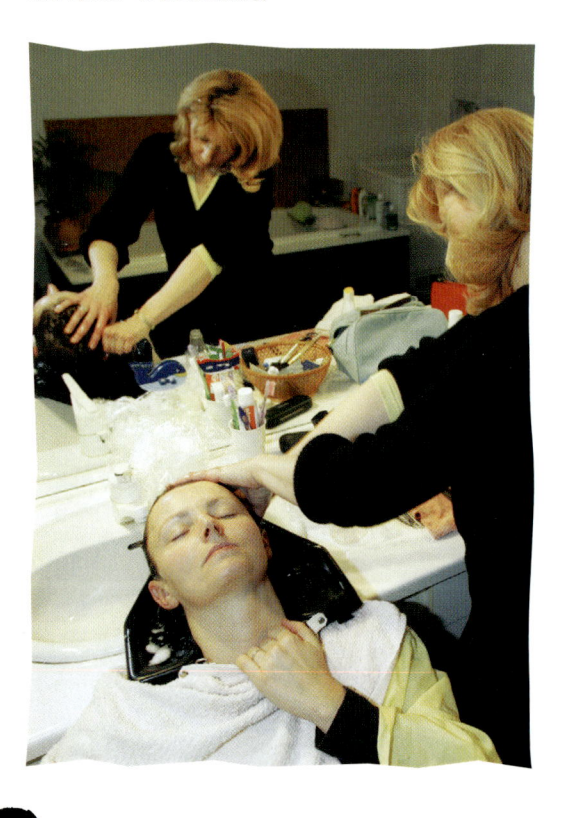

Gérard s'occupe de tout !

Les conciergeries d'entreprise simplifient la vie des salariés au travail en les soulageant des tracasseries du quotidien. Avec ce type de services, un employeur attire plus facilement les jeunes candidats et améliore la satisfaction de son personnel.

Son rôle n'a rien à voir avec celui d'un concierge d'immeuble. Il ressemblerait plutôt à celui d'un concierge d'hôtel cinq étoiles. Le métier de Gérard est de faciliter la vie pratique des employés d'une grande société* informatique cliente afin qu'ils puissent se concentrer sur leur travail. Il apporte leurs vêtements au pressing, fait ressemeler leurs chaussures, trouve une nounou, réserve une table dans un restaurant, achète des billets d'avion, fait livrer des fleurs, envoie un plombier chez eux... Gérard travaille pour une « conciergerie d'entreprise ». **Sur un simple coup de téléphone ou un courrier électronique, il mobilise son carnet d'adresses constitué de milliers de prestataires agréés.** Leurs interventions sont payées directement au prix du marché et la conciergerie facture 10 euros par employé et par jour pour l'assistance de Gérard.

Le travail des employés au bureau est de plus en plus « haché » par des contraintes domestiques alors que leurs entreprises leur demandent une forte disponibilité. En les aidant à résoudre les tracasseries du quotidien, la conciergerie d'entreprise diminue leur stress et réduit les absences de courte durée. La présence d'une conciergerie devient un argument de recrutement efficace pour les plus jeunes. **Elle augmente sensiblement la satisfaction et la fidélité du personnel, à tous les niveaux.**

Les conciergeries d'entreprise ont connu un essor spectaculaire au cours des dernières années. Certaines ont été créées de toutes pièces (To Do Today, la 25e heure...), d'autres sont des filiales de grands groupes* (Accor, Sodexo...). Elles ne touchent que 1,5 % des employés en France, mais déjà près d'un tiers aux États-Unis. De plus en plus de sociétés prévoient dans leurs bureaux l'espace pour une coiffeuse, un kiné ou une salle de gym et confient ces services* à leur conciergerie. Celles-ci cherchent aussi à attirer des entreprises plus petites grâce à des formules plus flexibles.

9 À VOTRE SERVICE !

Karim est secouriste de l'internet

Il est aussi vénéré qu'un médecin urgentiste ou qu'un pompier. Karim est spécialiste de l'assistance informatique à domicile, et ses clients le remercient avec émotion à chaque intervention.

Depuis quinze jours, leur écran était noir, leur connexion internet ne marchait plus, l'ordinateur se bloquait constamment. En vingt minutes, il a mis fin à leur cauchemar. La demande pour les services* d'assistance informatique est en pleine explosion. **Près de 60 % des foyers français sont équipés d'un ordinateur et plus de 40 % ont accès à l'internet.** Or la moitié de la population considère que la complexité est un frein sérieux à l'équipement informatique. Ce sentiment est particulièrement répandu chez les personnes âgées, encore peu équipées. **L'assistance informatique constitue donc un enjeu essentiel.** Il s'agit de réduire la fracture entre ceux qui évoluent avec aisance dans l'univers numérique et ceux qui en restent exclus.

Malgré la forte demande, ce sont surtout les aides fiscales du gouvernement qui ont permis à cette activité de décoller. L'assistance informatique est l'un des vingt métiers de services à la personne encouragés par la loi Borloo. Les particuliers peuvent régler ces prestations très simplement avec un CESU (Chèque emploi service universel) et déduire la moitié du coût de l'intervention de leurs impôts. Les entreprises* agréées bénéficient de réductions de charges. Dans les deux ans qui ont suivi l'introduction de la loi, plus de 1 000 sociétés d'assistance informatique ont été créées.

Ces entreprises prennent des formes diverses. Certaines sont de petites structures très flexibles de quelques dizaines d'employés avec des noms pittoresques : Mulot Déclic, Famiclic... D'autres poursuivent une politique de croissance soutenue en ouvrant des agences ou en montant des réseaux de franchise* (PC30, GoMicro). Les grandes chaînes de distribution* comme Darty, Fnac, Boulanger ou Carrefour s'intéressent également de près à l'assistance informatique et ouvrent leurs propres filiales.

Les prestations offertes sont de plus en plus variées. Outre l'installation ou le dépannage de base, ces entreprises réalisent des travaux plus avancés pour des clients* déjà expérimentés : installation d'une webcam, montage d'un réseau Wifi, conception d'un site web ou d'un blog, cure antivirus, initiation à l'imagerie numérique...

Comme tous les métiers de service en expansion, l'assistance informatique est confrontée à de nombreux défis. Au démarrage, il peut être difficile de trouver suffisamment de clients dans le même quartier. Lorsque ceux-ci sont trop dispersés, les délais d'intervention s'allongent et la rentabilité* diminue. Les sociétés* font surtout appel à des employés peu qualifiés et à des étudiants. Elles ont du mal à recruter les bons profils et la qualité de leurs interventions reste très variable. Pour remédier à ce problème, **les entreprises d'assistance informatique misent sur la formation.** Il ne s'agit pas seulement d'apporter au personnel des compétences techniques. Il faut aussi lui transmettre le sens de la pédagogie et du contact nécessaire pour rassurer les clients stressés. À terme, ces entreprises essaient de construire un groupe d'employés stables et expérimentés pour renforcer leur culture et encadrer les débutants.

Si elle gagne la bataille de la qualité*, l'assistance informatique a un bel avenir devant elle. **Le gouvernement prévoit 30 000 créations d'emplois dans ce secteur d'ici cinq ans pour accompagner les deux tiers de familles françaises qui seront alors équipées d'un ordinateur.** Ceci représente de multiples offres d'emplois à temps partiel pour les étudiants. Et pour ceux qui ne possèdent pas de diplôme, l'assistance informatique donne une des meilleures chances d'accéder à un métier intéressant, combinant technique et communication.

Roland Tricot, le directeur de Mulot Déclic.

comprendre

9 – À VOTRE SERVICE !

Où tu comprends les raisons du succès des services à la personne

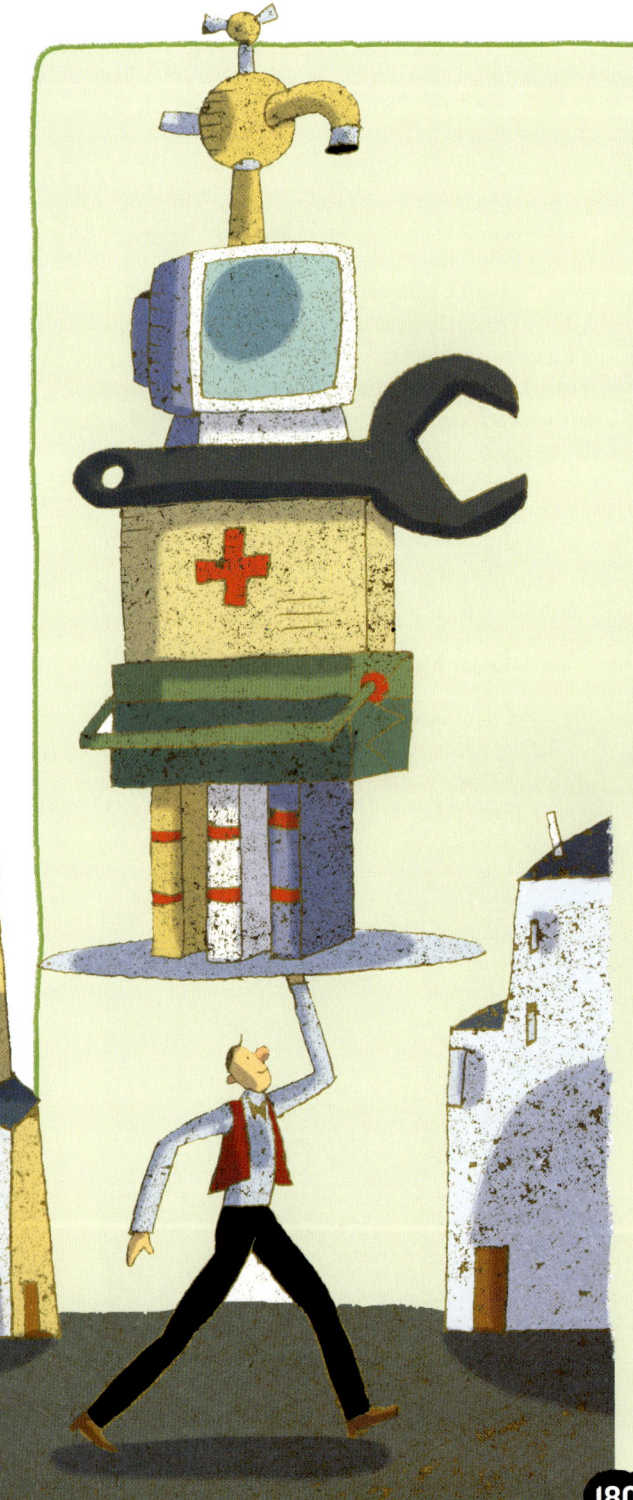

En France comme dans les autres pays développés, la majorité de la population des entreprises travaille dans les services. Ce secteur créera sept emplois sur dix au cours des prochaines années et la demande des consommateurs continuera à s'accélérer.

Le boom des services à la personne

Le marché des **services* à la personne** couvre une palette de prestations très variées : ménage, soutien scolaire, assistance technologique à domicile, garde d'enfants, aide aux personnes âgées et dépendantes. On y associe souvent un marché encore plus vaste, les **services à l'habitat,** qui comprennent le bricolage, le jardinage, la plomberie, l'électricité... Depuis le début du XXIe siècle, la demande pour ce type de prestations ne cesse de croître.

180

Taille du marché
des services à la personne
(en milliards d'euros)
(France - source : Les Échos, experts)

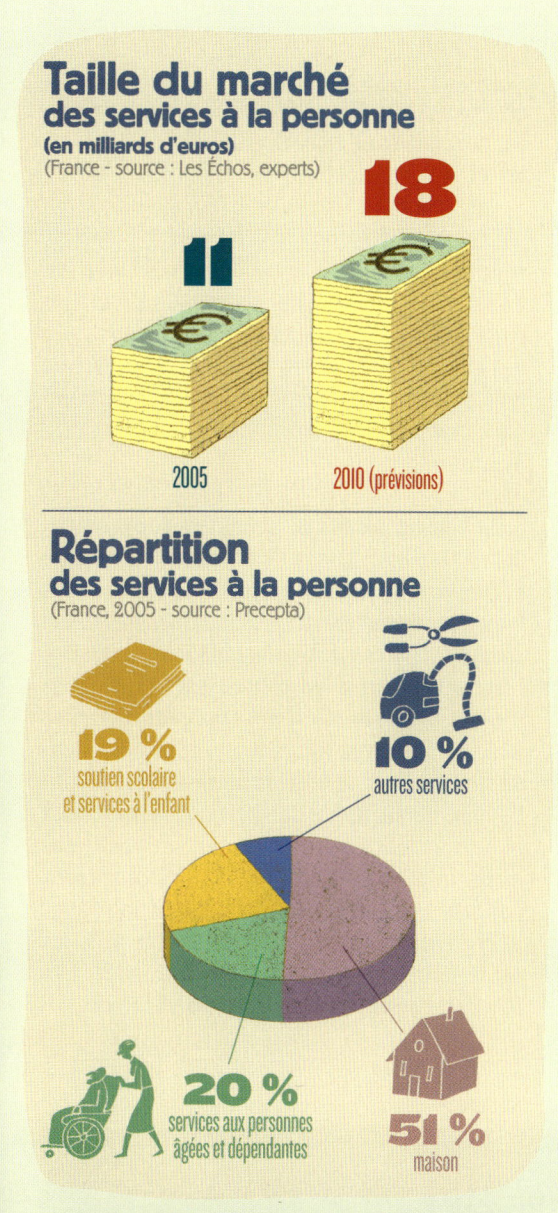

- 2005 : **11**
- 2010 (prévisions) : **18**

Répartition
des services à la personne
(France, 2005 - source : Precepta)

- **19 %** soutien scolaire et services à l'enfant
- **10 %** autres services
- **20 %** services aux personnes âgées et dépendantes
- **51 %** maison

Ce sont d'abord les changements de société qui expliquent ce succès. Les Français passent plus de deux heures par jour en tâches domestiques. Ces heures s'ajoutent à leur temps de travail, de transport, de sommeil, de repas et de loisirs. Elles contribuent à l'accélération du rythme de vie, à l'augmentation du stress et du sentiment de fatigue. Dans leur très grande majorité, les Français recherchent un allégement des contraintes du quotidien. Les populations les plus dépendantes sont en rapide augmentation : les familles monoparentales, les personnes vivant seules et surtout les personnes âgées. **Pour rester juste et humaine, notre société doit s'adapter à ces évolutions démographiques sans précédent.**

Des acteurs variés

Les entreprises* les plus diverses se mobilisent pour répondre aux besoins : des grands acteurs du service (Accor, Sodexo, Veolia...), des opérateurs de courrier (La Poste), des fournisseurs d'énergie (EDF, GDF), des grandes chaînes de distribution* (Carrefour, Castorama, Darty...), des banques et des compagnies d'assurance (Axa, Gan...), des fournisseurs d'équipements de plomberie, d'électricité ou de climatisation (Legrand, Schneider...) et des acteurs spécialisés du monde de la santé.

Certaines de ces grandes entreprises se limitent à mettre en contact les consommateurs avec le bon interlocuteur, quelle que soit sa demande. D'autres profitent de leur proximité avec des dizaines de milliers de consommateurs pour proposer des prestations additionnelles proches de leur offre de base : par exemple, une assistance technique en plus de la livraison d'un matériel informatique, ou des travaux de rénovation de logement en plus d'un prêt immobilier.

À ces sociétés* établies s'ajoutent de nombreuses jeunes entreprises. Même si la plupart n'emploient que quelques personnes, certaines se sont déjà étendues sur tout le territoire en ouvrant des agences ou en passant des accords de franchise* avec des entrepreneurs* indépendants. **En France, ce secteur reste néanmoins très fragmenté. Le seul domaine des services à l'habitat compte 200 000 micro-entreprises, dont 27 000 plombiers.**

L'enjeu des « seniors »

L'aide aux personnes âgées et physiquement dépendantes est devenue un enjeu prioritaire. L'espérance de vie augmente d'un trimestre par an et **les Français qui naissent aujourd'hui ont une chance sur deux de vivre centenaires.** Dans la première moitié du XXIe siècle, la proportion de Français de plus de 60 ans passera du cinquième au tiers de l'ensemble de la population. Bien sûr, beaucoup de « seniors » demeurent en parfaite santé bien au-delà de 60 ans. Pourtant, la dépendance finit par frapper. Le nombre de personnes de plus de 85 ans, qui était resté stable entre 1995 et 2005, va doubler entre 2005 et 2015 pour atteindre 1,9 million !

À VOTRE SERVICE !

Or la moitié de ces personnes sont considérées comme dépendantes.

Dans leur immense majorité, les personnes âgées veulent rester chez elles et continuer à vivre le plus normalement possible. **Jusqu'à 85 ans, neuf personnes sur dix vivent encore dans leur maison ou leur appartement.** Ce sont avant tout les familles et les proches qui apportent le soutien nécessaire. Toutefois, ce n'est pas toujours possible ou suffisant, notamment dans les situations de grande dépendance liée à la maladie ou à l'invalidité. La progression des maladies neuro-dégénératives (Alzheimer et Parkinson) est particulièrement préoccupante. 12 % des personnes de plus de 70 ans en sont atteintes et 225 000 cas sont décelés tous les ans.

Face à ces gigantesques défis, l'offre s'organise peu à peu. **Il faut distinguer entre les services non médicaux et médicaux.**

Les soins non médicaux couvrent une large gamme de prestations : repas, ménage, lecture, soutien moral, aide à la mobilité, assistance administrative et juridique, esthétique... Pendant longtemps, ils étaient entièrement assurés par des associations. Mais la demande est devenue telle que de nombreuses entreprises se créent pour compléter leur travail (Âge d'or Services, Viadom...).

Les soins médicaux recouvrent également des situations variées : l'hospitalisation à domicile, principalement prise en charge par les hôpitaux, la manipulation d'appareils médicaux spécialisés, tels que des machines d'assistance respiratoire, prise en charge par les fournisseurs d'équipements. Enfin et surtout, les soins infirmiers chez les personnes âgées ou dépendantes (toilette au lit, pose de sondes, rééducation fonctionnelle...). Certaines des entreprises présentes sur ce marché viennent du monde des maisons de retraite et veulent offrir une continuité de soins entre l'établissement spécialisé et la maison. D'autres se spécialisent dans les prestations à domicile et veulent proposer à la fois des soins médicaux et non médicaux.

Évolution de la population de plus de 60 ans
(France - source : Insee, observation des seniors)

	2002	2010	2020	2030
% de la population	21 %	23 %	27 %	32 %
millions de personnes	12	14	17	20

Une auxiliaire de vie du Service de soins infirmiers à domicile.

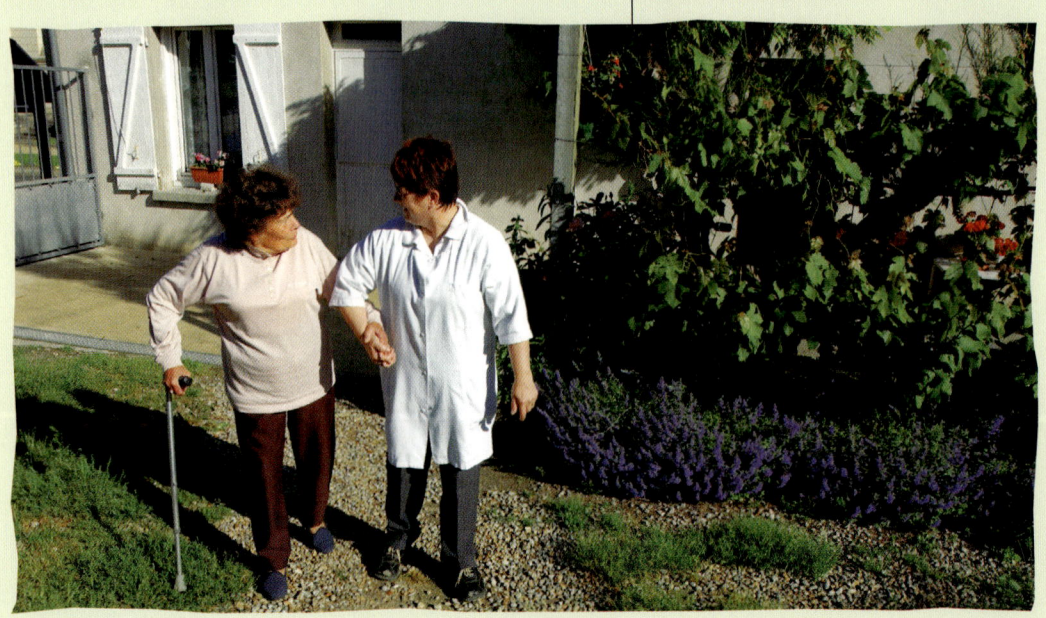

Le rôle des pouvoirs publics

En France, les pouvoirs publics soutiennent activement les services à la personne. Ils y voient un dispositif social efficace et une large opportunité de création d'emplois. En 2006, ce secteur employait 1,5 million de personnes (dont une partie à temps partiel), soit l'équivalent de 500 000 emplois à temps plein. **Adoptée en 2005, la loi Borloo vise la création de 500 000 emplois supplémentaires en trois ans.** Elle offre aux entreprises agréées « service à la personne » des réductions de charges. Elle permet aux personnes qui emploient des salariés à domicile de déduire 50 % des dépenses de leurs impôts. Elle crée un mode de paiement simple et pratique, le CESU (Chèque emploi service universel), pour régler ce type de prestations.

Avec ces incitations, le gouvernement souhaite amener le public à faire davantage appel aux services à la personne. Il veut favoriser la création d'entreprises et l'amélioration des prestations offertes. Il désire enfin doter ce secteur d'un cadre légal clair. Pendant longtemps, ces prestations étaient réalisées au noir et constituaient une économie parallèle sans garantie de qualité pour les consommateurs et sans protection sociale pour les salariés. Les critiques de la loi Borloo déplorent toutefois qu'elle n'avantage que les personnes qui payent des impôts alors que celles qui sont non imposables ont autant besoin de ces services.

Un ascenseur social

Les services à la personne représentent une vaste opportunité pour les prochaines générations. La création d'entreprise y est plus simple que dans d'autres secteurs car elle exige moins de capitaux ou de compétences techniques. **C'est un des domaines de l'économie où l'offre reste très inférieure à la demande et où la pénurie risque de s'accentuer sans le renfort de nouvelles entreprises.** Le potentiel d'innovation y est énorme pour des entrepreneurs créatifs.

Pendant longtemps, ces prestations sont souvent restées sommaires, artisanales et peu organisées. Le consommateur attend beaucoup mieux. On devrait voir émerger dans les prochaines années des entreprises de plus grande taille, plus professionnelles et mieux structurées, telles qu'il en existe déjà aux États-Unis. Les services à la personne jouent enfin un rôle social précieux en permettant l'insertion professionnelle de centaines de milliers de travailleurs sans qualification.

À VOTRE SERVICE !

Marion Wade, maître des services

Cet Américain a créé une société unique pour ses exigences éthiques. Aujourd'hui, plus de 10 millions de clients font confiance à Service Master pour entretenir leur maison ou leur jardin !

Marion Wade en 8 dates

1898
Naît dans l'Arkansas

1918
Joueur professionnel de base-ball

1926
Vend des casseroles en porte-à-porte

1930 :
Vend des traitements antimites pour la maison

1947
Crée Service Master avec deux associés

1950 :
Ouvre les premières franchises

1973
Meurt à 75 ans

2006
70 000 professionnels réalisent 45 millions d'interventions

Principales prestations :
jardinage, lutte antiparasites, plomberie, chauffage, climatisation, bricolage, ménage, nettoyage…

Autodidacte. Marion Wade naît en 1898 aux États-Unis dans un milieu modeste. D'abord joueur de base-ball professionnel dans une petite équipe, il décide de rechercher un emploi plus stable après son mariage. Il devient vendeur d'assurances, mais n'accepte pas les pratiques commerciales douteuses alors en vigueur dans la profession. Le voici ensuite vendeur de casseroles en porte-à-porte. Après des débuts difficiles, ses talents de négociateur lui permettent de gravir les échelons. Pourtant, il démissionne à nouveau, en désaccord avec la décision de son employeur de distribuer des produits de mauvaise qualité. Il vend alors des services* de traitements antimites chez les particuliers. Il croit aussitôt au potentiel de ce métier peu prestigieux et s'établit à son compte.

Humaniste. Après la Seconde Guerre mondiale, il profite de l'expansion de l'économie américaine pour créer Service Master, une entreprise* de traitements antiparasites et de nettoyage de moquettes. Marion Wade s'appuie sur ses convictions religieuses pour définir les principes de la société*. Il décourage la compétition effrénée au sein du personnel et proclame que chaque collaborateur mérite le même respect, de l'agent de nettoyage au président. Ces valeurs permettent aux employés d'exprimer leur potentiel et de résoudre leurs désaccords. Elles sont essentielles dans une entreprise de « petits métiers ». Pour Marion Wade, la finalité de l'entreprise est le développement des individus. Il accorde une importance considérable à la formation et la promotion interne. Il recrute ses collaborateurs en fonction de leur caractère et leur laisse une grande liberté d'action sur le terrain.

Source d'inspiration. En 1962, Service Master devient le pionnier des services de nettoyage et d'entretien dans le secteur de la santé. L'entreprise s'étend en signant des accords de franchise* avec des entrepreneurs* indépendants. Lorsque Marion Wade meurt en 1973, il laisse derrière lui un remarquable réseau de franchisés entièrement acquis à ses valeurs.

184

CHAPITRE 10

PLUS WEB, LA VIE !

En 1969, des hommes marchent pour la première fois sur la Lune. La même année, des chercheurs américains établissent la première liaison internet entre les universités californiennes de Stanford et de UCLA. Ils sont, dit-on, aussi émus que leurs compatriotes astronautes. Savent-ils pourtant dans quel univers ils viennent de basculer ? Quarante ans plus tard, l'internet a transformé la manière dont nous travaillons et nous divertissons. Il a modifié en profondeur le fonctionnement du commerce et des entreprises. Après un démarrage chaotique au début des années 2000, l'économie du web semble repartie de plus belle et pour très longtemps.

Où tu découvres six modèles d'entreprises sur internet

Jacques-Antoine Granjon vend des articles de marque à prix cassés

À 22 ans, à la sortie de la European Business School, il crée sa première société de discount. Seize ans plus tard, **il lance vente-privee.com et perfectionne la vente d'articles soldés grâce au web.**

Ce matin-là, ils sont 50 000 internautes à s'être connectés au site vente-privee.com dès 7 h 30 pour profiter d'une vente de sacs Lancel déstockés avec des rabais de 20 % à 40 %. Chaque seconde, le site enregistre plus de 30 000 requêtes. C'est la règle du « premier arrivé, premier servi ». Même si la vente est ouverte pour deux jours, certains articles partiront en moins d'une heure.

Créé en 2001, vente-privee.com est le leader français des ventes de déstockage, avec plus de 2,5 millions de membres. Système de ventes exceptionnelles au rabais, le déstockage permet aux grandes marques de vêtements et de mode d'écouler les produits invendus de leurs anciennes collections. Grâce au web, les clients* accèdent immédiatement à l'information et prennent leurs décisions dans le confort de leur salon. Ils éprouvent un fort sentiment de privilège car ils n'ont pu être admis sur le site qu'avec le parrainage d'un autre membre.

Alors qu'il faudrait environ un an pour vendre 25 000 paires de chaussures dans un magasin d'usine, l'internet permet d'en écouler 50 000 en deux jours.

Pour marcher, un site de déstockage doit d'abord convaincre les fournisseurs* de lui confier leurs stocks*. Les commerciaux du site approchent les grandes marques et passent parfois plusieurs mois en négociation. Il faut ensuite organiser la vente. Le site emploie des photographes, des mannequins et des designers pour mettre en valeur la marque sur ses boutiques virtuelles. Il apporte un soin particulier aux invitations des clients par mail, souvent accompagnées de bandes musicales ou de vidéos. Il n'achète le stock au fournisseur que lorsque la vente en ligne est terminée. Il envoie alors les articles aux clients à partir de son entrepôt : vente-privee.com exploite un hangar de 40 000 mètres carrés et expédie chaque jour 25 000 colis dans toute la France.

Marc Simoncini lance Meetic

Après avoir fondé une société de services informatiques durant ses études à Sup Info et récidivé treize ans plus tard en lançant l'un des premiers sites communautaires sur internet, **Marc Simoncini crée à 39 ans sa troisième entreprise : le site de rencontres sur internet Meetic.**

Marc Simoncini crée Meetic en 2002 à partir d'une intuition simple et puissante : **si le web sait mettre en relation des acheteurs et des vendeurs, il peut tout aussi bien faciliter les rencontres romantiques.** Cinq ans plus tard, **le site est l'un des leaders mondiaux des rencontres en ligne.** Le moment est particulièrement bien choisi. Les Français passent de plus en plus de temps sur internet et le nombre de célibataires – environ 14 millions, selon les estimations – est en constante augmentation. S'ils rêvent de la rencontre idéale, les célibataires ont des critères précis et sont souvent pressés. Le web arrive à point nommé pour les aider. Construit sur un jeu de mots, le nom du site traduit ce double état d'esprit : le côté pratique (*meet* signifie « rencontrer » en anglais) et le rêve (« mythique »).

Meetic vit principalement des cotisations de ses membres. Le paradoxe d'un site de rencontres, c'est que les clients* satisfaits ont tendance à s'en aller ! Environ 15 % partent chaque mois, huit fois sur dix parce qu'ils ont fait une rencontre. Heureusement, les clients convaincus parlent à leurs amis et certains se réinscrivent pour d'autres aventures. Et Meetic consacre près de la moitié de son chiffre d'affaires* à la publicité pour toucher sans cesse de nouveaux membres. À l'arrivée, la croissance est impressionnante : les revenus ont quadruplé entre 2004 et 2006.

Face à cet énorme brassage d'abonnés, Meetic doit se montrer irréprochable sur la sécurité. Près de 80 « modérateurs » surveillent les échanges pour éviter tout dérapage. L'entreprise* mise également sur l'international et a récemment acquis des sociétés* au Brésil, en Chine, aux Pays-Bas et en Angleterre. Le site est accessible en 12 langues, dans 18 pays, parmi les plus peuplés de la planète. Un tiers de ses 300 employés travaillent hors de France !

Janus Friis et Niklas Zennström osent la télé sur internet

Il faut un incroyable talent pour produire trois innovations majeures en 6 ans… et les transformer en entreprises florissantes. C'est ce que sont en train de réussir ces deux Scandinaves, considérés parmi les personnalités les plus brillantes de l'internet.

En 2001, ils inventent Kazaa, l'un des premiers sites de partage de fichiers musicaux en ligne, et participent à la révolution de l'industrie musicale. En 2003, ils créent Skype, le premier grand service* de téléphone sur le web, et bouleversent les télécommunications. Les voici désormais embarqués dans un pari encore plus fou avec leur récent site Joost : **placer une fois pour toutes la télévision sur l'internet.**

La vidéo en ligne représente un énorme potentiel. À peine plus de deux ans après sa création, le site YouTube attire plus de 40 millions de visiteurs par mois. Or il n'offre que des séquences de quelques secondes, généralement filmées par des amateurs. **Sur simple téléchargement d'un logiciel, Joost propose l'accès à des centaines de chaînes de télévision avec des menus très simples et une qualité d'image proche du DVD.** Les images proviennent de grands distributeurs de chaînes avec lesquels Joost a conclu des accords commerciaux. Les internautes peuvent échanger leurs impressions pendant une émission ou exprimer leur choix, comme dans les émissions de téléréalité. Pour éviter tout piratage, les programmes sont encryptés. Le site est gratuit et tire ses revenus de messages publicitaires ciblés en fonction des programmes choisis par chaque téléspectateur. Les recettes publicitaires sont partagées entre Joost et les chaînes de télévision.

Pour concevoir leur nouveau site, Friis et Zennström ont dû relever d'importants défis techniques. Et d'abord résoudre le problème de l'archivage et de la distribution simultanée de vidéos de haute qualité à des millions d'utilisateurs. Pour ce faire, les fondateurs ont assemblé une équipe de 60 ingénieurs, parmi les plus chevronnés du web. Ils ont mis au point une solution consistant à s'appuyer sur les ordinateurs des téléspectateurs eux-mêmes pour stocker et échanger les images. Ils ont également inventé des techniques d'encodage perfectionnées afin de protéger les chaînes de télévision contre le piratage. Le système est assez puissant et fiable pour offrir des milliers de chaînes aux abonnés !

Tariq Krim
personnalise les pages d'accueil

Dans la Silicon Valley, haut lieu de la technologie situé au sud de San Francisco, une quinzaine d'entrepreneurs incarnent le meilleur du web. **Deux ans après la création de son site Netvibes, Tariq Krim fait partie de ce groupe très sélect.**

Ce Parisien d'origine algérienne se passionne pour l'informatique dès la cinquième et devient un spécialiste de la musique en ligne bien avant la fin de ses études à l'université de Jussieu et à l'École nationale supérieure des télécoms (ENST). Mais c'est comme pionnier des pages d'accueil personnalisées sur internet qu'il devient célèbre.

Son site Netvibes permet de concevoir très simplement des pages d'accueil sur mesure avec un choix d'options inégalé et sans encarts publicitaires. Plus besoin de passer par le portail de MSN, de Yahoo! ou d'Orange au démarrage du navigateur. L'utilisateur peut définir sa mise en page et choisir ses sources d'informations (journaux en ligne, blogs, forums, podcasts), ses moteurs de recherche (textes, photos, musique…), ses modules pratiques (météo, calcul d'itinéraires, Pages jaunes…), ses boutiques en ligne et ses applications préférées (calcul de taux de change, traduction…).

Netvibes est gratuit pour les internautes. Il se finance en passant des accords commerciaux avec les multiples partenaires qui souhaitent faire figurer leur « univers », c'est-à-dire leurs pages internet, parmi les options de personnalisation. Il propose plus de 500 « univers » de tous les continents et de toutes les origines.

Ses contributeurs viennent d'horizons divers : médias, entreprises* commerciales, associations, groupes d'opinion ou artistes. Tous voient en Netvibes un moyen privilégié d'entrer en contact avec leur public.

Netvibes a connu un succès retentissant dès le jour de son ouverture et compte déjà plus de 10 millions d'utilisateurs dans 150 pays, dont la moitié aux États-Unis. Son fondateur passe son temps entre ses bureaux parisiens et la Californie. Et ses quelque 30 collaborateurs s'ingénient sans relâche à offrir aux internautes une boîte à outils toujours plus vaste pour construire « leur » web.

Tariq Krim, fondateur et PDG de Netvibes.

Chris DeWolfe et Tom Anderson bâtissent une communauté mondiale

En 2004, ces deux Californiens lancent MySpace pour permettre aux jeunes de Los Angeles de partager leurs plans de sorties et de concerts. C'est aujourd'hui le site de réseau communautaire le plus visité au monde !

Près de 150 millions de personnes – soit plus de deux fois la population française – **utilisent MySpace pour partager leurs goûts, leurs idées et leurs créations.** Véritable tour de Babel de l'internet, ce site étend désormais son influence bien au-delà de son public traditionnel d'adolescents et attire les populations les plus diverses : des personnes âgées passionnées de voyages, des supporters de l'Olympique lyonnais, des patients atteints de la même maladie, des inconditionnels de Shakespeare ou des Simpsons, des militants de toutes tendances... Il est aussi devenu un outil de travail privilégié pour près de 4 millions d'artistes.

Chaque membre dispose d'un espace pour s'exprimer, mettre de la musique en ligne, afficher ses photos ou ses vidéos et publier son blog. Il peut ajouter à son réseau de contacts des personnes qu'il croise au gré de sa navigation sur le site ou s'inscrire comme ami sur leur propre espace. Certains adhérents passent plusieurs heures par jour sur MySpace, s'y font des centaines d'amis et deviennent des experts d'HTML, le langage de programmation du web. Grâce au site, des groupes musicaux se font remarquer par le public et les producteurs sans dépenser un euro en publicité ; des cinéastes trouvent des acteurs ou des scénaristes ; des entreprises* rencontrent des clients*, des fournisseurs* et des distributeurs.

Avec un public très large dont il connaît parfaitement les goûts, **MySpace attire les publicitaires comme un aimant.** Ses revenus viennent des bannières publicitaires et des liens vers d'autres sites commerciaux. Les responsables du site souhaitent toutefois éviter le matraquage qui ferait fuir les adhérents. Moyennant finance, les marques sont donc invitées à créer leur propre espace avec les mêmes outils que les autres membres. Pour protéger sa communauté, MySpace doit enfin mener une veille sans relâche contre le piratage et les membres malveillants.

La jeune chanteuse anglaise Lilly Allen s'est fait connaître grâce à MySpace.

Olivier Bernasson
ferre les pêcheurs à la ligne

Un jeune pêcheur à la mouche utilise le web pour rassembler tous ceux qui partagent sa passion. En quelques années, son site devient l'un des leaders européens de la vente d'articles de plein air.

Nul besoin d'être un gourou ou de drainer des millions d'abonnés pour prospérer sur le web. Il suffit d'avoir une passion et d'attirer vers soi tous ceux qui la partagent. **En éliminant les distances, l'internet permet aux entrepreneurs* de cibler des marchés très spécialisés, souvent délaissés ou mal servis par les fournisseurs traditionnels.**

Tel est le cas de pêcheur.com, le numéro un français des articles de pêche et de chasse sur le web, situé à Gannat, dans l'Allier, bien loin de la Silicon Valley. L'un de ses fondateurs, Olivier Bernasson, est un jeune chef d'entreprise* passionné de pêche à la mouche. **En 2000, il crée le site avec quelques amis pour mettre des informations et des conseils en ligne – sans jeu de mots ! – à l'attention de ses amis pêcheurs.** Surnommé le « Yahoo! de la pêche », le site devient très vite une ressource incontournable pour tous ceux qui taquinent le goujon. Prenant conscience de son potentiel commercial, ses fondateurs le transforment alors en boutique sur internet. Tu cherches un paquet de mouches, un support d'épuisette ou un détecteur de touches ? Avec ses 44 000 références, pêcheur.com a sûrement ce qu'il te faut. Parce qu'il attire des pêcheurs de la France entière, le site est en mesure de proposer les catalogues complets des principaux fabricants d'articles spécialisés.

L'entreprise étend bientôt son offre vers d'autres univers : le nautisme, le camping, la chasse, le chien. Entre 2004 et 2006, elle passe de 3 à 12 employés et multiplie son chiffre d'affaires* par quatre pour atteindre 1,6 million d'euros. Ce n'est pourtant qu'un début. Grâce à des investissements* additionnels, le site espère réaliser 10 millions d'euros de chiffre d'affaires et employer 30 personnes en 2009. Un formidable défi pour ses équipes de logistique*, de conseil client* ou de service après-vente. Engagés à fond dans l'aventure, ses fondateurs n'ont plus une minute pour aller à la pêche !

PLUS WEB, LA VIE !

Où tu comprends l'impact grandissant de l'internet sur le monde de l'entreprise

Stimulé par de fulgurants progrès technologiques, l'internet produit sans cesse de nouveaux modèles d'entreprises et révolutionne le fonctionnement des sociétés existantes. Dix ans après ses premiers pas, la troisième génération de sites se profile à l'horizon.

Les chiffres du web défient l'imagination : **le nombre d'internautes dans le monde est passé de 50 millions en 1995 à plus d'un milliard aujourd'hui et s'élèvera sans doute à deux milliards en 2015.** Il y a dix ans, le débit était inférieur à 100 000 bits par seconde sur le réseau téléphonique. Il atteint déjà 20 millions de bits par seconde pour les lignes ADSL les plus rapides... et dépassera bientôt 100 millions de bits par seconde grâce aux réseaux de fibres optiques. L'internet est désormais accessible sans fil grâce au Wifi ou sur un simple téléphone portable. Sa croissance vertigineuse est dopée par les progrès continus des ordinateurs dont la puissance, les capacités de stockage et les possibilités graphiques ne cessent d'augmenter à des prix toujours plus abordables. Un tel séisme technologique a forcément des répercussions énormes sur le fonctionnement des entreprises*. Pour en comprendre la portée, il faut remonter à l'époque de la fameuse « bulle internet ».

L'âge des pionniers

De 1995 à 2001, les premières années du commerce électronique ressemblent à une véritable ruée vers l'or. Alors que des investisseurs enthousiastes risquent des millions, les entrepreneurs* se lancent dans les projets les plus hasardeux avec souvent peu de connaissances techniques et aucune expérience du management*. Après l'ivresse collective, le réveil est douloureux et seuls les entrepreneurs les plus déterminés restent dans la course. De cette époque, on retient **les premiers modèles d'entreprise sur internet, désormais baptisés « web 1.0 »** : des sites de consultation d'informations relativement peu interactifs ou bien des sites de commerce électronique comme Amazon, l'un des pionniers du genre, très proche d'une entreprise de vente par correspondance. L'écran d'ordinateur remplace le catalogue en papier et les paiements se font en ligne. Cependant, Amazon doit supporter des coûts de stockage de marchandises au même titre qu'une entreprise de distribution* traditionnelle.

Malgré ces débuts chaotiques, on découvre bientôt la capacité formidable du web à mettre directement en relation les clients* et les fournisseurs*. Beaucoup d'intermédiaires comme les agences de voyages disparaissent ou doivent redéfinir leur métier. L'un des premiers grands succès de l'internet est eBay, un site d'enchères d'articles d'occasion qui facilite les échanges entre acheteurs et vendeurs sans intervenir dans la livraison physique des objets.

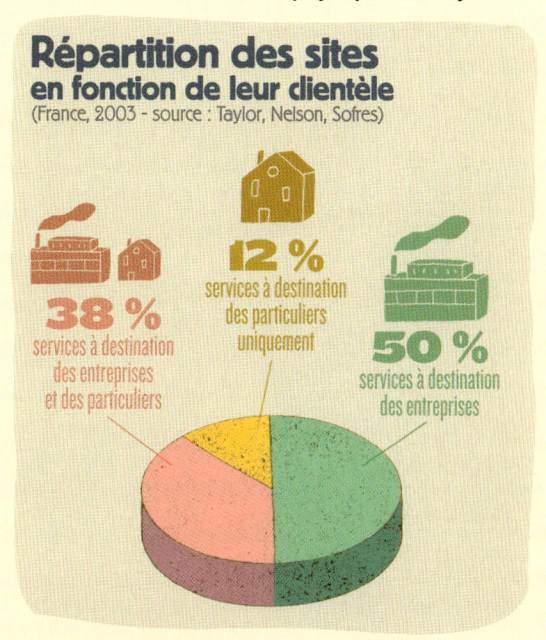

Répartition des sites en fonction de leur clientèle
(France, 2003 - source : Taylor, Nelson, Sofres)

- 38 % services à destination des entreprises et des particuliers
- 12 % services à destination des particuliers uniquement
- 50 % services à destination des entreprises

L'importance du modèle économique

Ce qui fait souvent défaut dans la première génération d'entreprises sur internet, c'est un modèle économique* fiable, autrement dit une formule solide pour gagner de l'argent. Petit à petit, les entreprises du web découvrent qu'elles n'échappent pas aux lois de l'économie. Comme les autres, elles doivent atteindre un chiffre d'affaires* suffisant pour couvrir leurs frais fixes et dégager un profit*. Elles doivent appliquer la même rigueur dans le contrôle des dépenses et la fixation des prix.

Le web permet d'imaginer une multitude de modèles économiques : on peut acheter des marchandises pour les revendre (Amazon), mettre en contact des vendeurs et des acheteurs et percevoir une **commission** sur leurs échanges (eBay), faire payer l'accès au contenu du site moyennant un **abonnement** (Meetic), offrir l'accès gratuit au site et vendre des **droits publicitaires** (MySpace, Google) et imaginer bien d'autres variantes encore. Avec une discipline de gestion suffisante, toutes ces formules peuvent se révéler très rentables.

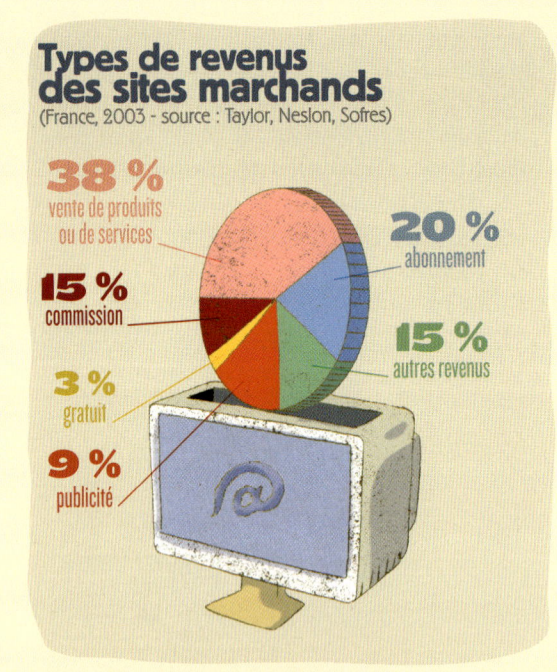

Types de revenus des sites marchands
(France, 2003 - source : Taylor, Neslon, Sofres)

- 38 % vente de produits ou de services
- 20 % abonnement
- 15 % commission
- 15 % autres revenus
- 9 % publicité
- 3 % gratuit

La transformation des entreprises traditionnelles

Alors même que de nombreuses sociétés* se créent sur le web, c'est au sein des grandes entreprises traditionnelles que la révolution de l'internet est la plus profonde. Ces dernières ne renoncent pas à leurs usines, leurs boutiques ou leurs entrepôts, mais elles intègrent le web dans leur mode de fonctionnement pour augmenter leur efficacité ou leur performance commerciale. Désormais, la plupart des grandes chaînes de distribution proposent un site de commerce en ligne à côté de leur réseau de magasins. Les compagnies aériennes encouragent l'achat et l'impression des billets en ligne pour désengorger leurs guichets. Les banques invitent leurs clients à traiter sur le web leurs opérations les plus simples (virement, consultation de comptes) et à ne visiter leurs agences que pour des opérations complexes (négociation d'un emprunt). Les constructeurs automobiles utilisent les possibilités graphiques du web pour mieux mettre en valeur leurs véhicules. Les éditeurs de logiciels ou de musique distribuent leurs produits en ligne par téléchargement.

Ces entreprises n'utilisent pas uniquement l'internet pour faire du commerce plus efficacement. Elles créent des sites de recrutement pour les candidats à l'embauche, des sites d'achat pour leurs fournisseurs et des sites internes (intranet) pour leurs employés. **Même si l'on pense d'abord aux relations entre entreprises et consommateurs, c'est à l'intérieur des entreprises et entre les entreprises que l'internet joue le rôle le plus important !**

Le second souffle : le web 2.0

À partir de 2005, les entrepreneurs de l'internet lancent une deuxième révolution. **Voici l'âge du web 2.0 : des sites communautaires invitent les utilisateurs à partager leurs connaissances, leurs photos, leurs goûts ou leurs idées.** Ils coûtent beaucoup moins cher à développer que les sites de la génération précédente car l'essentiel du contenu est apporté par le public. Pour se faire connaître, ils ne dépensent pratiquement rien en marketing*. Ils se contentent de l'effet d'amplification des blogs et du bouche-à-oreille. Cependant, ils parviennent à attirer des millions de visiteurs et deviennent des plates-formes de communication incontournables pour les annonceurs qui leur versent de copieuses recettes publicitaires. Les sites les plus connus (MySpace, YouTube, Digg ou Facebook) atteignent des valeurs considérables et sont imités dans le monde entier. En France, ils inspirent le lancement de Dailymotion, Scoopeo ou Copains d'Avant.

Types de publicité sur internet
(États-Unis, 2006 - source : Jupiter research)

- 42 % moteurs de recherche (liens commerciaux)
- 37 % bannières, logos, animations
- 21 % annonces classées

Certains sites communautaires, comme Wikipédia, aboutissent à la création d'**une véritable intelligence collective.** Créée exclusivement à partir de textes rédigés par le public, cette encyclopédie comprend 6 millions d'articles en 200 langues. Elle est quarante fois plus volumineuse que la célèbre Encyclopedia Britannica et reçoit 7 milliards de consultations par mois !

Quelques années après l'explosion de la bulle internet, des idées continuent à naître chaque jour sur le web. Pour simplifier, on peut désormais regrouper la plupart des entreprises du web en quatre catégories : **les sites communautaires, les sites de mise en contact de professionnels ou de particuliers, les sites de vente d'objets ou de services à prix réduit, et les sites de commerce de niche.** Dans le langage du marketing, une niche est un marché hyperspécialisé constitué de personnes qui partagent les mêmes caractéristiques ou la même passion. Exemple typique de niche, le site suédois Stardoll, consacré aux vêtements de poupée, attire 9 millions de passionnés du monde entier !

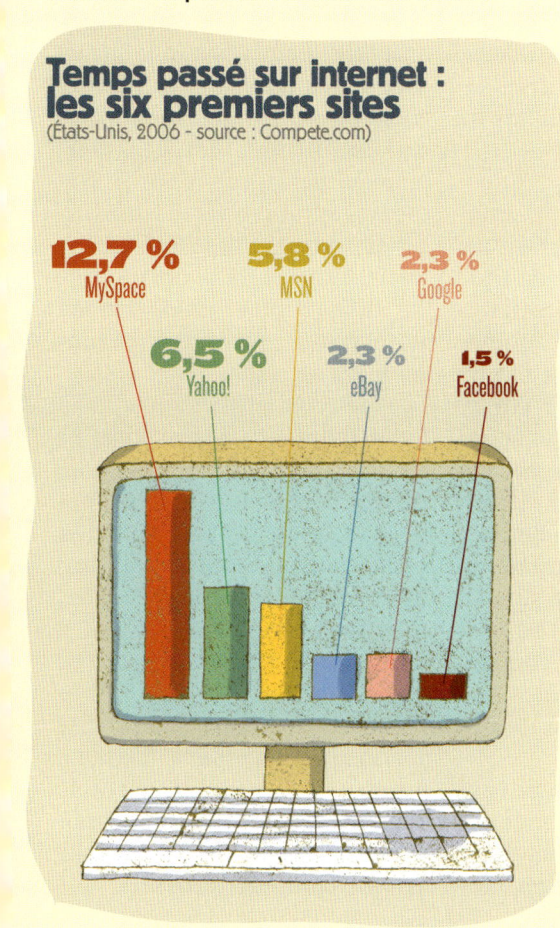

Temps passé sur internet : les six premiers sites
(États-Unis, 2006 - source : Compete.com)

- 12,7 % MySpace
- 6,5 % Yahoo!
- 5,8 % MSN
- 2,3 % eBay
- 2,3 % Google
- 1,5 % Facebook

Stardoll, un site de vêtements de mode pour poupées.

La bataille des moteurs de recherche

L'avenir du web passe par l'amélioration continue de l'accès aux informations. À ce jour, Google domine largement le marché des moteurs de recherche. C'est à lui que la majorité des internautes font confiance pour rechercher des informations ou identifier des sites marchands. Certains s'inquiètent de voir l'accès à la connaissance si fortement concentré entre les mains d'un seul acteur. La course est lancée pour un moteur de recherche plus performant qui permettrait à chacun de formuler sa question dans le langage de tous les jours et d'obtenir des réponses parfaitement adaptées à ses besoins. Les cerveaux les plus brillants planchent sur le problème. Plusieurs entreprises, comme la société* française Exalead, développent des méthodes très innovantes d'indexation et de classement des informations. D'autres se concentrent sur la recherche de contenus particuliers : par exemple, des vidéos (Blinkx) ou des blogs (Technorati). D'autres encore pensent que le meilleur moteur de recherche ne peut être alimenté que par les utilisateurs eux-mêmes. L'histoire du web n'en est qu'à ses débuts !

PLUS WEB, LA VIE !

rencontre

Pierre Kosciusko-Morizet, pionnier du commerce en ligne

Ce passionné de peinture, de musique, de maths et d'avions crée à 23 ans le site PriceMinister et le hisse en quelques années parmi les premiers sites français.

Pierre Kosciusko-Morizet en 7 dates

1977 Naît à Orléans

1998 Crée sa première entreprise, Visualis

1999 Diplômé d'HEC, travaille aux États-Unis

2000 Fonde PriceMinister

2004 Prix du jeune dirigeant de l'industrie high-tech

2007 S'implante en Espagne

2006 Lève 7 millions d'euros auprès de fonds d'investissement

Révélation. À sa sortie d'HEC, PKM travaille pour une banque en Virginie. Passionné de pilotage, il achète un jour un livre d'aviation sur un site américain, half.com. L'expérience le fascine tellement qu'il démissionne sur-le-champ et rentre en France pour lancer son propre site. Il convainc quelques amis de le rejoindre, contacte des investisseurs et rassemble 5 millions de francs.

La culture à la portée de tous. Au départ, PriceMinister est un site d'achat et de vente de produits culturels. On y trouve des livres, des CDs ou des équipements high-tech pour la moitié de leur prix d'origine. L'entreprise* met en contact l'acheteur et le vendeur et perçoit une commission sur la valeur du bien échangé. Elle garantit la qualité* du produit et le paiement du prix. Contrairement aux sites de vente par correspondance, elle ne gère aucun stock* et contrairement aux sites d'enchères, elle pratique des prix fixes.

Un énorme succès. Malgré l'explosion de la bulle internet, les ventes doublent tous les trois mois pendant les deux premières années. Le site élargit peu à peu son offre vers d'autres catégories de produits : l'électroménager, les articles pour enfants, les vêtements, le vin, les voitures… En 2007, il propose 35 millions de produits, réalise 200 000 ventes par jour et compte 5,5 millions de membres, soit un internaute sur cinq. Pour assurer la croissance du site, PKM recrute des informaticiens, des spécialistes du marketing*, des commerciaux et des agents pour le service client*. Les effectifs quadruplent en trois ans. PKM estime avoir contribué à la création de 10 000 emplois en aidant de nombreuses entreprises à écouler leurs produits.

Futur chanteur ? Les proches de PKM soulignent son charisme discret, son ouverture d'esprit et sa capacité à trancher. Malgré sa réussite, il continue à vivre simplement. Il croit en la famille, joue de plusieurs instruments et compose des textes inspirés de Brel et de Ferré. Un jour, il voudrait être chanteur. D'ici là, il ne manque pas de projets. Il entend améliorer la navigation sur le site, lancer une rubrique immobilière, prendre pied en en Italie et s'introduire en Bourse* !

CHAPITRE 11

DU VERT DANS L'ÉCONOMIE !

Il faut regarder les choses en face : les entreprises portent une part de responsabilité importante dans la dégradation de l'environnement, qu'il s'agisse de l'épuisement des ressources naturelles, de la disparition de certaines espèces ou du réchauffement climatique. Pourtant, une vaste prise de conscience est en cours. De grandes firmes industrielles souhaitent inverser le cours des choses en modifiant leur comportement. De plus en plus d'entrepreneurs inventent des technologies au service de l'environnement. L'essor de l'« économie verte » pourrait profondément marquer l'histoire du XXIe siècle. C'est notre intérêt à tous.

11 — DU VERT DANS L'ÉCONOMIE !

Où tu découvres des entreprises qui innovent pour préserver la planète

Lafarge s'engage pour la construction durable

Dans les cimenteries, les carrières et les laboratoires de recherche, les ingénieurs et techniciens du groupe Lafarge se mobilisent pour limiter l'impact de leur activité sur l'environnement.

Que peut faire une entreprise* industrielle lorsqu'elle opère dans une industrie polluante, mais nécessaire au progrès économique ? Chercher inlassablement à améliorer son impact sur l'environnement et se comporter en modèle du développement durable. C'est la voie qu'a choisie le groupe* Lafarge, une grande entreprise internationale de matériaux de construction. Ses produits – le ciment, les granulats, le béton et le plâtre – sont indispensables à la croissance économique, particulièrement dans les pays émergents comme la Chine ou l'Inde. Or leur fabrication est fortement consommatrice de ressources naturelles et pollue l'air et modifie les paysages.

Prenons l'exemple du ciment. Cette fine poudre grise provient de la cuisson à 1 500 °C d'un mélange de calcaire et d'argile, puis du broyage du matériau obtenu. Sa préparation exige beaucoup d'énergie et produit de grandes quantités de CO_2 : pas moins de 700 kg pour une tonne de ciment. Réduire ce chiffre est une véritable obsession du groupe Lafarge. Sur la période 1990-2010, il s'est fixé pour objectif de diminuer de 20 % les émissions de CO_2 par tonne de ciment ; un objectif beaucoup plus ambitieux que la réduction de 5,2 % demandée par les accords de Kyoto. Pour y parvenir, **Lafarge modernise systématiquement ses usines et perfectionne sans cesse ses procédés de fabrication.** Il réduit sa consommation d'énergies fossiles, comme le charbon ou le pétrole, en utilisant des **combustibles alternatifs** partout où il le peut : des coques de noix de palmier en Malaisie, des balles de riz aux Philippines, des cosses de café en Ouganda ou des farines animales en France. Il inclut des **matières de récupération** dans la composition de ses ciments : des cendres ou des laitiers (résidus de fabrication de l'acier).

Les 900 carrières du groupe sont exploitées avec les mêmes préoccupations écologiques. Ouvrir une carrière exige des autorisations administratives difficiles à obtenir et l'accord – au moins tacite – de l'opinion publique locale. L'enjeu est de préserver les sites naturels et les espèces animales et végétales qu'ils abritent. **Lafarge consacre énormément d'attention à la sélection de ses sites. L'entreprise mène des études d'impact environnemental avec les riverains, les associations naturalistes locales et des experts indépendants**. Les caractéristiques physiques du terrain sont relevées et les espèces présentes recensées. Les résultats de ces études conditionnent l'implantation de la carrière. Elles peuvent conduire à déplacer des espèces menacées et parfois à renoncer purement et simplement au site.

Plus de 80 % des carrières possèdent un plan de réhabilitation pour la période qui suit leur fermeture définitive. L'entreprise s'engage à limiter, voire à effacer les traces laissées par l'exploitation. Elle va souvent au-delà des exigences de réaménagement du terrain et finance la transformation du site en réserve naturelle, en zone économique aménagée ou en espace de loisir. C'est ainsi que l'ancienne carrière de Bambouni au Kenya est devenue un parc naturel, que celle de Dinmore au Pays de Galles accueille une entreprise de pisciculture et que celle de la Flèche en France a été transformée en plan d'eau dédié aux sports nautiques, à la pêche et à la baignade.

Pourtant, ce ne sont pas les matériaux de construction qui menacent le plus l'environnement ! On a ainsi calculé qu'un bâtiment consomme dix fois plus d'énergie au cours de son existence que durant sa construction. En France, les bâtiments absorbent plus de 40 % de l'énergie consommée et produisent le quart des gaz à effet de serre. **Lafarge s'intéresse donc à la « construction durable ». Ses chercheurs inventent des matériaux plus faciles à utiliser et plus isolants.** L'entreprise a récemment participé au projet Hypergreen, un concept de bâtiments autonomes à 70 % au niveau énergétique, imaginé par l'architecte français Jacques Ferrier. Cette tour serait faite d'une résille en béton ultra-résistant, le ductal, qui permettrait une meilleure circulation de l'air et supporterait des panneaux solaires.

Haller Park, une ancienne carrière Lafarge réhabilitée et transformée en réserve naturelle.

DU VERT DANS L'ÉCONOMIE !

Philips développe des ampoules « vertes »

Pour le groupe Philips, le remplacement systématique des ampoules à incandescence par des ampoules fluo-compactes représente une belle opportunité commerciale. Pour l'environnement, c'est un des enjeux les plus importants des prochaines années.

Basées sur une technologie vieille de 125 ans, les ampoules à incandescence sont une aberration écologique. Seulement 5 % de l'énergie qu'elles consomment sert à l'éclairage ; le reste se disperse sous forme de chaleur. En remplaçant toutes ces ampoules par les nouvelles technologies d'éclairage, les pays de l'Union européenne réduiraient leurs émissions de CO_2 de 28 millions de tonnes par an. Ils économiseraient chaque année 30 millions de barils de pétrole, soit l'équivalent d'un milliard d'arbres.

Les avantages économiques sont aussi spectaculaires. **Plus chères à l'achat, ces ampoules durent en revanche plus longtemps** (6 000 à 8 000 heures contre 1 000 heures en moyenne pour une ampoule traditionnelle). Deux heures d'éclairage avec une ampoule à incandescence de 60 watt coûtent 10 centimes d'euro contre seulement 1,5 centime avec son équivalent fluo-compact. À l'échelle de l'Union européenne, on parle d'une économie de 4,3 milliards d'euros par an. Autant d'argent libéré pour créer des emplois, financer des investissements* et alléger les charges publiques.

Mais la bataille n'est pas gagnée ! En France, il continue de se vendre 152 millions d'ampoules classiques par an contre 9 millions d'ampoules économiques et moins d'un quart des bureaux sont équipés d'éclairages « verts ». Pour accélérer le changement, il faut le soutien des législateurs. Le gouvernement australien a décidé d'interdire les ampoules à incandescence au cours des trois prochaines années et l'État de Californie souhaite les supprimer en 2012.

Les entreprises* préparent activement cette révolution verte. Philips investit des centaines de millions d'euros dans les technologies d'éclairage et multiplie les efforts de communication vers les responsables politiques. Des distributeurs* d'ampoules vertes apparaissent tous les jours sur internet. Et des filières de recyclage se mettent en place pour récupérer le mercure contenu dans ces éclairages.

Les ampoules fluo-compactes sont nettement plus efficaces que les ampoules à incandescence.

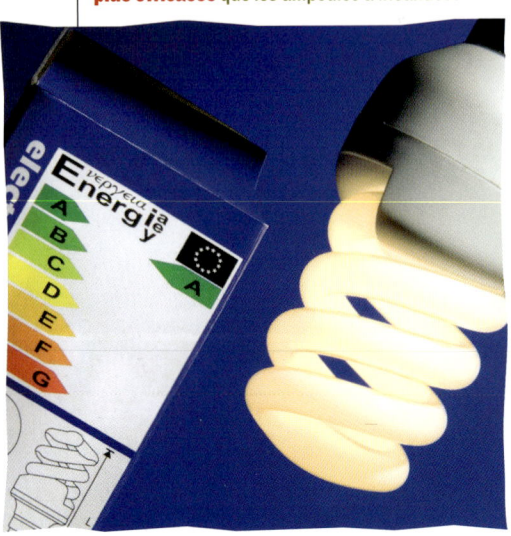

Veolia
purifie l'eau des villes chinoises

Depuis 2002, le groupe français Veolia a signé plus de vingt contrats avec des grandes villes chinoises pour exploiter leurs installations de traitement et de distribution d'eau. **Son savoir-faire permet à ces centres urbains de s'étendre dans des conditions sanitaires satisfaisantes.**

En cinquante ans, la population chinoise est passée de moins de 600 millions d'habitants à 1,3 milliard et le pays a quitté le groupe des nations émergentes pour devenir l'une des cinq premières puissances mondiales. Face à ces changements, l'un des problèmes les plus urgents est l'approvisionnement des centres urbains en eau potable. Les villes chinoises regroupent près de la moitié de la population du pays et plus de cent cinquante d'entre elles dépassent le million d'habitants. **L'eau est indispensable pour répondre à l'afflux constant des paysans vers les zones urbaines, à l'industrialisation galopante, aux besoins croissants d'irrigation des cultures et à l'avènement du tourisme.** Sans une eau de qualité, les risques d'épidémie sont considérables et l'essor économique est compromis.

Pour combler son retard, la Chine a prévu d'investir plus de 40 milliards de dollars dans des infrastructures modernes d'ici 2012 et fait appel aux meilleurs spécialistes étrangers. C'est ainsi que Veolia a passé contrat avec les villes de Shanghai, Shenzhen ou Kunming.

Dans chacune de ces villes, le groupe* français devient actionnaire* de la société municipale de gestion de l'eau et reçoit la responsabilité du traitement et de la distribution* sur une très longue période (40 ou 50 ans). Une fois en place, Veolia s'efforce d'améliorer la qualité de l'eau, d'augmenter le débit et de diminuer les fuites. Pour y parvenir, le groupe déploie ses méthodes et ses outils : des programmes de modélisation hydraulique, des systèmes informatiques de contrôle de réseau, des équipements de filtration et des traitements chimiques et biologiques. Il investit régulièrement pour étendre les canalisations et moderniser les installations. Surtout, il s'engage à former le personnel chinois à la technique, au service client* et au management*. Pour les ingénieurs de Veolia, le principal défi est de transmettre leur savoir-faire tout en préservant la culture locale.

Centre de contrôle des eaux du quartier de Pudong (Shanghai, Chine).

11 — DU VERT DANS L'ÉCONOMIE !

Martin Roscheisen
domestique l'énergie solaire

Après des études d'ingénieur à Munich, ce jeune Autrichien s'installe en Californie pour participer à l'aventure de l'internet. Il fonde trois entreprises sur le web puis devient l'un des premiers entrepreneurs « verts » avec sa société de cellules solaires Nanosolar.

Lorsque, en 2001, Martin Roscheisen décide de vendre sa société* de messagerie électronique à Yahoo! pour fonder Nanosolar, il est l'un des premiers à entrevoir le potentiel de l'économie verte. Face au réchauffement climatique et à l'épuisement progressif des réserves d'hydrocarbures, les énergies renouvelables commencent à susciter l'engouement des entrepreneurs* et des chercheurs. Cinq ans plus tard, **le marché mondial de l'énergie solaire croît à un rythme annuel de 80 %** et Nanosolar est en train de construire la plus grande usine de panneaux solaires au monde à San José, en Californie. Elle produira chaque année assez de cellules solaires pour fournir une puissance électrique de 430 mégawatts, soit quatre fois plus que les usines existantes aux États-Unis !

Pour comprendre l'ascension de Nanosolar, il faut la replacer dans son contexte économique et technologique. Le secteur de l'énergie solaire est stimulé par les aides des gouvernements, mais aussi par la demande pressante de nombreuses entreprises* à la recherche d'économies. Aux États-Unis, les sociétés Google et Microsoft alimentent par exemple leur siège social grâce à l'énergie solaire. En France, le distributeur Super U a équipé son supermarché de Thouars, dans les Deux-Sèvres, de 2 000 m^2 de capteurs photovoltaïques.

Jusqu'à l'arrivée d'entreprises comme Nanosolar, la production d'énergie solaire s'est appuyée sur des panneaux photovoltaïques installés sur des bâtiments ou dressés en plein champ. **Même si la ressource solaire est gratuite et illimitée, l'essor de cette énergie a été longtemps ralenti par le coût élevé de fabrication des panneaux et par leur faible rendement.** Certains refusaient même de regarder le solaire comme une énergie renouvelable tant la fabrication des panneaux à base de verre restait gourmande en énergie.

Pour résoudre ces problèmes techniques, les fabricants de panneaux solaires traditionnels ont cherché à diminuer leur consommation de silicium en produisant des plaques de plus en plus fines et en réduisant les pertes. Un panneau solaire compense désormais en moins de trois ans le coût de l'énergie qui a servi à le fabriquer. Et il ne coûte pas plus cher au mètre carré qu'un parement en marbre sur une façade. L'impact d'une installation sur l'environnement est donc très positif puisque sa durée de vie moyenne varie entre 20 et 30 ans.

Avec Nanosolar, Martin Roscheisen souhaite aller beaucoup plus loin. Il propose de diviser le coût d'une installation solaire par cinq en remplaçant le panneau photovoltaïque classique par un film à base de métaux rares déposé sur un support très fin. **Grâce aux nanotechnologies, cette société a mis au point un procédé de fabrication révolutionnaire permettant d'imprimer les cellules solaires à l'aide de rotatives, comme on produit un journal !** Elle prétend pouvoir fabriquer des cellules « 100 fois plus fines, 100 fois plus vite ». Nanosolar a reçu le soutien financier de grands fonds de capital-risque* et d'investisseurs prestigieux comme Larry Page et Sergey Brin, les fondateurs de Google. Pour fabriquer ses cellules, la société a recruté l'un des meilleurs experts industriels du groupe IBM. En 2006, elle a levé près de 100 millions de dollars pour construire des usines en Californie et en Allemagne.

Mais Nanosolar n'est pas seule à vouloir fabriquer des cellules solaires économiques. Une autre entreprise californienne, Miasolé, a mis au point une technique concurrente permettant de déposer une fine couche de métal par pulvérisation sous vide sur un support en caoutchouc flexible. La compétition est donc lancée ! **Le plus grand obstacle au développement de l'énergie solaire reste aujourd'hui le manque de distributeurs, d'installateurs ou de réparateurs spécialisés.** Il existe dans ces domaines de nouveaux métiers à inventer et de gros marchés à prendre.

Fabrication en série des cellules photovoltaïques par Nanosolar.

comprendre

⑪ DU VERT DANS L'ÉCONOMIE !

Où tu comprends comment l'économie « verte » transforme les entreprises

Face au réveil de l'opinion publique et à l'action des gouvernements, les entreprises changent de comportement sur les questions d'environnement et les technologies « vertes » sont en plein essor.

L'humanité semble enfin réaliser qu'elle épuise les ressources naturelles et met en péril le bien-être des générations futures. Il est plus que temps ! Nous produisons aujourd'hui deux fois plus de carbone que nos forêts ne parviennent à en absorber et notre planète pourrait se réchauffer de plusieurs degrés d'ici 2050. Sur la même période, la population mondiale passera de 6 à 9 milliards d'habitants... et nos réserves de pétrole finiront de s'épuiser !

Certes, les entreprises* contribuent au problème. Mais elles peuvent aussi **apporter des réponses essentielles en modifiant leur consommation des ressources, en changeant la composition et le mode de fabrication de leurs produits et en inventant des technologies plus respectueuses de l'environnement.** Elles doivent désormais travailler avec les citoyens et les États pour construire une économie plus durable.

Les chiffres du CO$_2$ dans le monde (en milliards de tonnes)
(2005 - source : Les Échos)

7,2 production mondiale de carbone

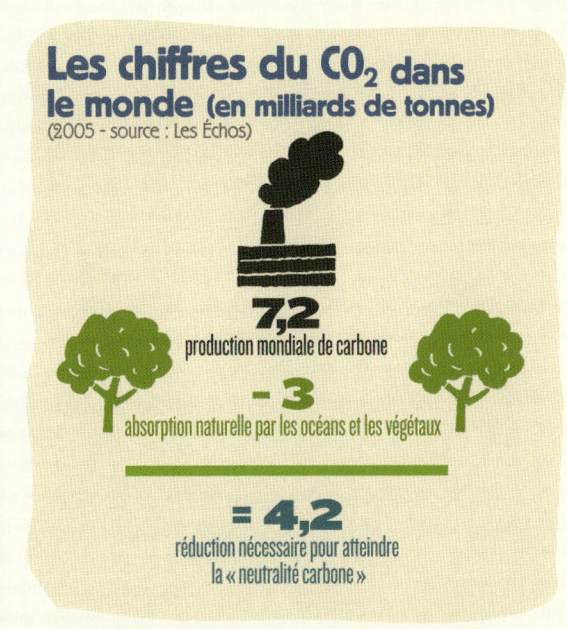

− 3 absorption naturelle par les océans et les végétaux

= 4,2 réduction nécessaire pour atteindre la « neutralité carbone »

Le rôle des pouvoirs publics

Progressivement, les gouvernements incitent les entreprises à prendre en compte les contraintes environnementales. Par les accords de Kyoto, plus de 150 pays s'engagent à revenir d'ici 2012 à un niveau d'émission de CO$_2$ inférieur de 5,2 % à celui de 1990. L'Union européenne va plus loin et vise une réduction des émissions de 20 % d'ici 2020. Pour encourager les économies, elle instaure un « marché » du carbone où les entreprises peuvent acheter et vendre des droits d'émission de CO$_2$ suivant leurs besoins. Des règlements communautaires limitent ou interdisent l'utilisation de substances dangereuses ou polluantes et contrôlent la chasse ou la pêche d'espèces menacées. Toutefois, ces règles ne sont efficaces que si tous les pays y adhèrent. Les gouvernements les plus avancés menacent désormais de taxer ou de bloquer les importations en provenance des pays qui ne jouent pas le jeu.

Les pouvoirs publics ont aussi un rôle d'entraînement utile. De nombreux États, comme la France, l'Allemagne et certains États américains, subventionnent les énergies renouvelables et octroient des aides à la création d'entreprises « vertes ». De Lille à San Francisco, des municipalités se dotent, pour les transports urbains, de véhicules électriques ou alimentés aux biocarburants. Et des administrations montrent l'exemple en équipant leurs bâtiments de panneaux solaires ou d'ampoules économiques.

Des producteurs responsables

Dans les entreprises industrielles, des comportements écologiques commencent à apparaître le long des chaînes de production. De grands groupes* prennent désormais en compte les contraintes environnementales dès la conception de leurs usines. C'est le cas des constructeurs automobiles Kia ou Subaru dont les récentes usines, en Slovaquie et dans l'Indiana, aux États-Unis, prévoient des filières de recyclage pour tous les déchets (métaux, plastiques, peintures, huiles) et éliminent tout rejet de gaz dans l'atmosphère.

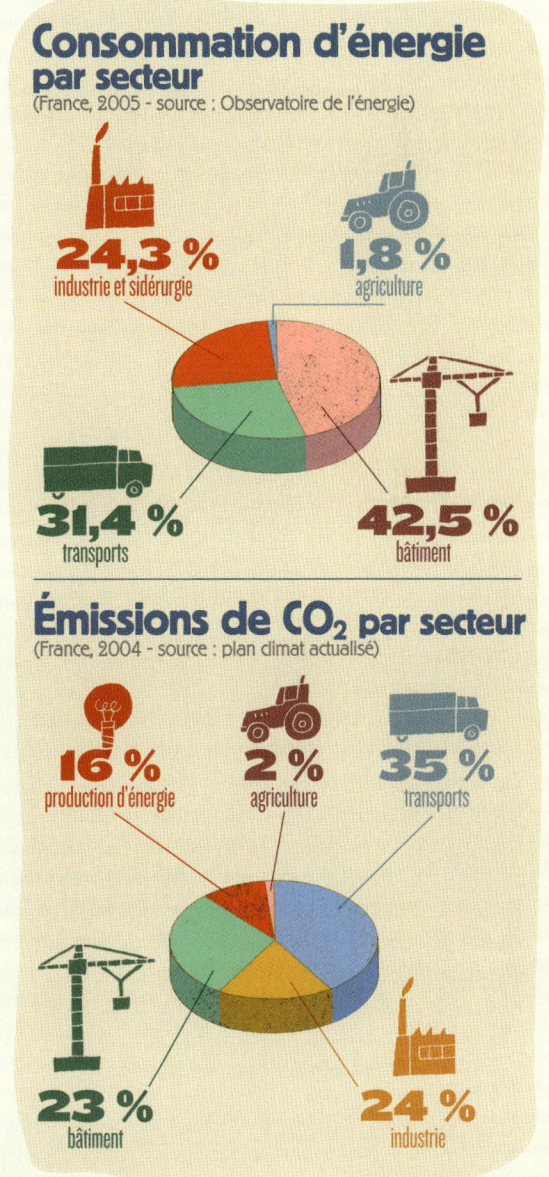

Consommation d'énergie par secteur
(France, 2005 - source : Observatoire de l'énergie)

- **24,3 %** industrie et sidérurgie
- **1,8 %** agriculture
- **31,4 %** transports
- **42,5 %** bâtiment

Émissions de CO$_2$ par secteur
(France, 2004 - source : plan climat actualisé)

- **16 %** production d'énergie
- **2 %** agriculture
- **35 %** transports
- **23 %** bâtiment
- **24 %** industrie

DU VERT DANS L'ÉCONOMIE !

De plus en plus d'entreprises modifient la composition et l'emballage de leurs produits pour réduire leur impact sur l'environnement. Un grand groupe agroalimentaire, Cargyl, renonce ainsi à acheter du soja en provenance de la forêt amazonienne où la culture de cette plante s'est faite aux dépens des arbres. Le fabricant de vêtements Levi's propose une ligne de jean à base de coton biologique, beaucoup moins gourmand en pesticides que le coton classique. D'autres entreprises textiles préfèrent le chanvre, le lin ou le bambou dont la culture consomme moins d'eau. La plupart des fabricants de détergents ménagers remplacent peu à peu les agents chimiques traditionnels par des substances biodégradables dans la composition de leurs produits. Des entreprises de boissons optent pour des emballages moins consommateurs d'énergie, par exemple des bouteilles en carton recyclé plutôt qu'en PVC. Des fournisseurs de shampooing ou de savon liquide proposent des recharges pour permettre la réutilisation des flacons.

Ces changements d'attitude ne se limitent pas aux entreprises industrielles. Dans la distribution*, la chaîne de supermarchés anglaise Tesco appose l'image d'un avion sur les produits qui ont voyagé par air pour sensibiliser les consommateurs aux impacts du transport aérien sur l'environnement. Dans les services* financiers, des grandes banques contrôlent minutieusement leur consommation d'énergie et de papier et lancent des programmes de plantation d'arbres pour compenser leur production de carbone.

Bien sûr, certaines de ces initiatives restent limitées et servent surtout à projeter une image favorable de l'entreprise dans le public. Face à la pression du consommateur, le risque augmente de voir des entreprises faire des déclarations fallacieuses ou exagérées sur leurs efforts écologiques. **Pourtant, un réel changement d'attitude est en cours.** Après la conférence de Rio sur l'environnement et le développement en 1992, on a vu un nombre croissant de grands groupes adhérer à la charte sur le développement durable et multiplier les initiatives sectorielles.

L'éclosion des technologies vertes

Au-delà des changements de comportements, un vaste secteur économique est en train de naître. **Dans le monde, le marché des technologies « vertes », aussi appelées « écotechnologies », représenterait un potentiel de 400 milliards d'euros.** Il couvre des domaines aussi divers que les énergies renouvelables, les moyens de transport propres, les matériaux de construction isolants, la chimie verte, l'agriculture durable, le traitement de l'eau ou la gestion de déchets. Les investissements* consacrés à ces technologies ont doublé entre 2005 et 2006 et continuent à croître de plus de 20 % par an. Les fonds de capital-risque* apportent des sommes toujours plus importantes aux entrepreneurs* de l'environnement. De jeunes éco-entreprises s'introduisent en Bourse à des cours très élevés. En 2007, le groupe Suez a acheté pour 331 millions d'euros la moitié du capital* d'une entreprise française spécialisée dans l'énergie éolienne... dont le chiffre d'affaires* ne dépassait pas 11 millions d'euros ! En Californie, la Silicon Valley, berceau des hautes technologies et de l'internet, s'enthousiasme pour les technologies vertes et se rebaptise déjà « Solar Valley ».

Investissements des fonds dans les énergies renouvelables (en millions de dollars)
(monde, 2006 - source : New energy Finance)

biocarburants	804
solaire	746
éolien	664
économies d'énergie	308
distribution d'électricité	163
stockage d'électricité	134
divers	131
piles à combustible	105
biomasse et déchets	93
hydrogène	35
énergie marine	31

La plus grande part des sommes investies revient directement ou indirectement au secteur de l'énergie. Des entreprises mettent au point des biocarburants à base de déchets végétaux (les premiers biocarburants utilisaient des céréales et concurrençaient l'alimentation). Des fournisseurs d'éoliennes conçoivent des modèles toujours plus puissants et installent des champs d'hélices dans le monde entier, sur terre comme sur mer. Des fabricants de panneaux solaires améliorent la performance des capteurs photovoltaïques et inventent des technologies à film mince, beaucoup plus économiques. Des entrepreneurs travaillent sur des procédés pour capter et stocker le CO_2 des centrales électriques à charbon. Des entreprises imaginent des piles plus puissantes, plus durables et moins chères à fabriquer. Des constructeurs automobiles dessinent des prototypes de véhicules hybrides ou entièrement électriques.

Contrairement aux débuts de l'internet, il y a peu de risques de voir brutalement retomber l'élan de cette économie verte. La demande est très forte et les marchés sont gigantesques. Les technologies sont mieux maîtrisées et les entrepreneurs plus aguerris qu'à l'époque de la « bulle internet ». Certaines innovations sont le fait de très grandes entreprises qui misent massivement sur l'environnement pour leur croissance future, comme le groupe General Electric avec son programme « Eco-imagination ».

Des spécialités françaises

Parmi les multiples technologies au service de l'environnement, les entreprises françaises se distinguent dans plusieurs spécialités. Les groupes Saint-Gobain et Lafarge sont à la pointe de l'innovation sur les matériaux de construction durables et isolants. Saint-Gobain propose par exemple des laines minérales ou des double-vitrages à isolation thermique renforcée qui permettent d'importantes économies d'énergie. Plusieurs constructeurs de maison (Geoxia, Ossabois...) sont très avancés dans la conception et la réalisation de bâtiments faiblement consommateurs d'énergie. Les groupes Veolia et Suez Environnement sont mondialement reconnus dans le domaine de l'eau et des déchets. Ils interviennent à toutes les étapes du cycle de l'eau (fourniture d'eau potable, distribution, assainissement...) et gèrent des filières de collecte, de traitement et de valorisation des déchets ménagers et industriels. Les groupes Alstom, Areva, EDF et GDF ont acquis une expérience considérable dans les domaines de la production, de la transmission et de la distribution d'énergie.

« La bonne maison », un concept de maison individuelle faiblement consommatrice d'énergie conçu par Geoxia.

Bertrand Collomb, industriel et écologiste

Rares sont les leaders économiques qui, comme Bertrand Collomb, ancien président de Lafarge, ont consacré leur vie au développement durable.

Conquérant. Ce diplômé de Polytechnique et de l'École des Mines rejoint le groupe* de matériaux de construction Lafarge en 1989 (voir p 198-199). Pendant ses 18 ans de présidence, l'entreprise* multiplie son chiffre d'affaires* par cinq et sa valeur boursière par sept. Grâce en particulier à deux grosses acquisitions*, il s'internationalise rapidement. Seuls 11 % de ses 71 000 employés sont aujourd'hui français et 40 % travaillent dans des pays émergents.

Lucide. Bertrand Collomb prend vite conscience de l'impact de son entreprise sur la planète. La fabrication du ciment consomme de l'énergie et produit du CO_2. L'exploitation des carrières modifie les écosystèmes. Sa participation au sommet de la Terre à Rio en 1992 le pousse à redoubler ses efforts en faveur de l'environnement. Le groupe conclut des accords avec plusieurs organisations non gouvernementales, dont un partenariat mondial avec le WWF (fonds mondial pour la protection de la vie sauvage). Il inscrit le développement durable dans les plans de performance de chacun de ses sites de production.

Activiste. Persuadé que les entreprises doivent agir de concert en faveur de l'environnement, il participe à la création du WBCSD (conseil mondial des affaires sur le développement durable), aujourd'hui constitué de 170 groupes internationaux. Il y pilote des travaux importants sur le climat et l'industrie cimentière et en devient président en 2004. Il s'implique très fortement dans le Pacte mondial, une initiative lancée par les Nations unies pour inciter les entreprises à adopter des bonnes pratiques dans le domaine des droits de l'homme, des conditions de travail, de l'éthique et de l'environnement. Il mobilise enfin son groupe dans la lutte contre le fléau du Sida.

Humaniste. Bertrand Collomb est convaincu que la croissance économique et le progrès social sont indissociables. Au moment où il passe le flambeau à son successeur, il laisse l'image d'un grand patron humaniste et demeure l'une des voix les plus respectées des gouvernants sur le rôle de l'entreprise dans la société.

Bertrand Collomb en 7 dates

1942
Naît à Lyon

1989
PDG du groupe Lafarge

1995
Participe à la conférence de Rio sur l'environnement et le développement

2000
Signe un partenariat avec le WWF

2003
Rejoint le Pacte mondial des Nations unies

2004
Président du WBCSD

2007
Cède sa place de président de Lafarge

CHAPITRE 12

BIO, NANO... FOUS DE TECHNO !

En 1953, les biologistes James Watson et Francis Crick mettent en évidence la structure de la molécule d'ADN, matériau de base des cellules vivantes. En 1981, deux physiciens de la société IBM, Gerd Binnig et Heinrich Rohrer, inventent un microscope capable d'observer des éléments dont la taille avoisine le milliardième de mètre. Ces découvertes ouvrent la voie à deux domaines technologiques très prometteurs : les biotechnologies et les nanotechnologies. Certains prédisent déjà une quatrième révolution industrielle, après les époques de la mécanique, de l'électricité et de l'électronique. En attendant, des milliers d'entreprises partent à la conquête de ces nouveaux espaces.

BIO, NANO... FOUS DE TECHNO !

Où tu découvres
des applications pratiques des bio- et nanotechnologies

Nanobiotix part à l'assaut du cancer

Mettre l'infiniment petit au service de la lutte contre le cancer, tel est le projet de Nanobiotix, une jeune société française créée en 2003 au carrefour des biotechnologies et des nanotechnologies.

Nanobiotix est l'une des quatre sociétés* au monde spécialisées dans les « nanoparticules activables ». **Elle fabrique des billes métalliques de taille inférieure à 100 nanomètres** (soit 100 milliardièmes de mètre) **capables de repérer et de détruire de manière sélective des cellules cancéreuses.** Ces particules se fixent massivement sur le tissu malade. Elles sont ensuite mises en mouvement par une source externe : laser, rayons X, ultrasons, résonance magnétique nucléaire. Leur activation provoque la destruction physique des tumeurs. **Actuellement en phase de tests, cette technique suscite beaucoup d'espoir : elle pourrait être plus efficace que les traitements classiques et diminuer les effets secondaires indésirables.**

Le chercheur Laurent Lévy crée Nanobiotix en 2003 pour poursuivre des travaux entamés lors de ses études post-doctorales à l'université américaine de Buffalo. Conscient du besoin de s'entourer des meilleurs experts, il monte des programmes de recherche avec différents établissements scientifiques et universitaires français comme l'Inserm (Institut national de la santé et de la recherche médicale) et le Cancéropôle Lyon-Auvergne-Rhône-Alpes. Lors de son lancement, la société reçoit l'aide de fonds publics et privés spécialisés dans l'« amorçage » de projets technologiques.

Fin 2006, elle fait de nouveau appel à des investisseurs pour financer les tests cliniques de ses produits sur les trois années suivantes.

Un tel projet demande en effet beaucoup de patience. Après avoir démontré la validité de son procédé sur des animaux, **la société doit maintenant en prouver les bienfaits sur l'homme au cours d'une seconde phase de tests qui durera plusieurs années. L'une des questions concerne le risque de toxicité des nanoparticules.** Pour y répondre, elle a engagé très tôt le dialogue avec les agences de sûreté sanitaire compétentes. En attendant, Nanobiotix doit protéger ses recherches de la concurrence en acquérant des brevets*.

Recherche sur des nanoparticules de diamant pour transporter des molécules thérapeutiques dans les cellules.

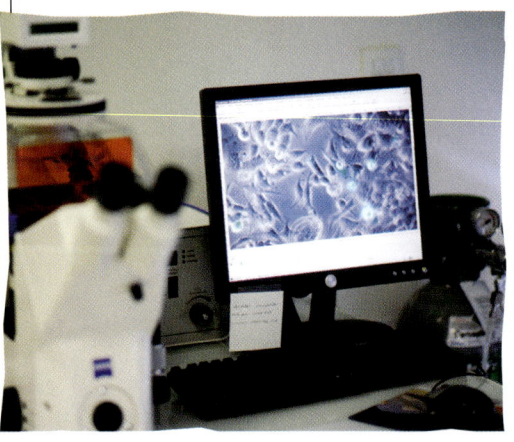

210

Intel produit des transistors nanométriques

Depuis trente ans, la puissance des microprocesseurs double tous les douze ou dix-huit mois à prix égal. On appelle ce miracle la « loi de Moore ». La société Intel et ses concurrents poursuivent désormais la bataille pour la miniaturisation à l'échelle nanométrique.

Avec des transistors de taille inférieure à 100 nanomètres, les grandes entreprises* cherchent de nouvelles technologies pour repousser encore plus loin les limites de la miniaturisation. Mais les avancées vers l'infiniment petit sont toujours plus complexes. **En dessous de 100 nanomètres, les transistors, en chauffant, perdent leur fiabilité, et le processus de fabrication devient très difficile à maîtriser.**

Pour résoudre ces problèmes, le géant de l'électronique Intel propose d'améliorer le design de ses transistors et de remplacer le silicium, matériau de base des semi-conducteurs, par des alliages (mélanges de matériaux) beaucoup plus denses, comme l'hafnium. **Une fois les technologies maîtrisées en laboratoire, le principal défi devient leur production en série.** Les premiers transistors de 45 nanomètres sortent déjà des usines. Les transistors de 32 nanomètres arriveront en 2009 et l'on espère atteindre les 22 nanomètres vers 2011.

En réponse à Intel, la société* IBM a annoncé la mise au point de transistors nanométriques également composés d'hafnium pour équiper ses « superordinateurs ». Les chercheurs de la société Hewlett-Packard ont quant à eux décidé de contourner l'obstacle. Au lieu d'essayer de réduire les transistors, ils ont mis au point un procédé permettant d'augmenter le nombre de transistors sur une puce en diminuant la taille des connexions qui les relient : les connexions physiques traditionnelles sont remplacées par une double couche de quelques nanomètres d'épaisseur composée de nanoparticules conductrices.

Au-delà de ces frontières, les chercheurs devront faire appel à d'autres technologies. Certains fondent beaucoup d'espoir sur les « nanotubes de carbone », des structures de taille nanométrique incroyablement rigides et légères, composées d'atomes de carbone. D'autres misent sur de nouveaux domaines de la physique : l'électronique moléculaire ou les nano-aimants. La loi de Moore n'a pas fini de faire parler d'elle !

Un technicien d'Intel observe au microscope la galette sur laquelle sont gravés les processeurs.

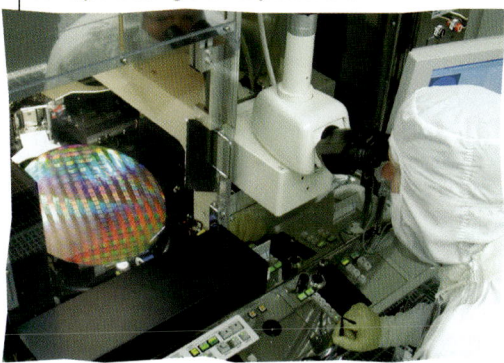

BIO, NANO... FOUS DE TECHNO !

Sanofi Pasteur MSD lance un vaccin révolutionnaire

Le cancer du col de l'utérus est la deuxième forme de cancer la plus fréquente chez la femme. En France, il provoque environ 1 000 décès par an. Grâce aux biotechnologies, Sanofi Pasteur MSD a mis au point un vaccin qui protégera des millions de femmes de ce fléau à travers le monde.

En 1994, deux groupes* pharmaceutiques géants, le français Sanofi-Avantis et l'américain Merck, unissent leurs efforts de recherche dans le domaine des vaccins au sein d'une « co-entreprise » baptisée « Sanofi Pasteur MSD ». De cette collaboration naît le Gardasil. **Ce vaccin protège les femmes contre quatre formes de virus, les « papillomavirus », responsables de 70 % des cancers de l'utérus.** Pour le mettre au point, les chercheurs ont fait appel aux connaissances sur le génome (cartographie des gènes) et aux techniques de manipulation génétique. Le principe consiste à fabriquer des protéines de même structure que les virus responsables du cancer, mais sans pouvoir de reproduction. Ces « pseudo-virus » déclenchent chez la femme vaccinée une réaction immunitaire forte, mais ne comportent pas de risques car ils ne se multiplient pas.

Le Gardasil est l'aboutissement de plus de dix années de recherche et de tests. Il a prouvé son efficacité lors d'essais cliniques effectués sur plus de 20 000 femmes dans 33 pays. Il est désormais approuvé par 70 États dont les membres de l'Union européenne et les États-Unis. Ses bienfaits sont particulièrement attendus dans les pays en voie de développement où le cancer du col de l'utérus fait des ravages. En France, depuis juillet 2007, le vaccin est remboursé par la sécurité sociale.

Le Gardasil est considéré comme un « blockbuster », c'est-à-dire un produit pharmaceutique avec un potentiel de vente supérieur à un milliard d'euros. Ces recettes permettront de financer de nouvelles recherches, de nouvelles découvertes. Avec une telle innovation, c'est le marché mondial des vaccins qui se trouve dynamisé. Des concurrents* promettent déjà des produits plus performants et une entreprise* française de biotechnologies, Transgene, travaille sur un vaccin « curatif » pour les femmes déjà atteintes du cancer.

Novozymes baisse le coût des biocarburants

Que mettrons-nous dans les réservoirs de nos véhicules lorsque les réserves de pétrole seront épuisées ? Peut-être des biocarburants, mais leur production pose encore beaucoup de problèmes techniques et économiques. **Novozymes, un leader européen des biotechnologies, tient peut-être la solution.**

Avec 4 000 employés et 700 produits, la société* danoise Novozymes est l'un des premiers spécialistes mondiaux **des enzymes** (des protéines qui facilitent et accélèrent les réactions biochimiques). Une grande partie de ses innovations sert à protéger l'environnement. Pour apprécier la portée de ses travaux sur les biocarburants, il faut comprendre les problèmes liés à ces combustibles.

Fabriqué à partir du maïs, de la canne à sucre ou de la betterave, l'éthanol est le biocarburant le plus répandu. Il produit moins de gaz à effet de serre que les carburants standards, mais suscite plusieurs critiques : la culture du maïs à des fins énergétiques consomme beaucoup d'eau et d'énergie ; elle exige d'importantes quantités d'engrais, épuise les sols et concurrence les cultures alimentaires. C'est pourquoi les chercheurs s'orientent vers les déchets agricoles de toutes sortes (broussailles, copeaux de bois...), appelés « biomasse cellulosique », pour remplacer les cultures dans la production d'éthanol. **Ces déchets sont disponibles en abondance, mais personne n'est encore parvenu à produire de l'éthanol cellulosique à grande échelle de manière économique.**

L'un des obstacles est la complexité des procédés chimiques nécessaires pour extraire l'éthanol de la cellulose. L'étape la plus délicate consiste à « casser » les molécules de cellulose et en retirer les sucres grâce à des enzymes appelés « cellulase ». Jusqu'en 2005, le coût des enzymes nécessaires à cette réaction était totalement prohibitif : plus d'un euro par litre d'éthanol ! Grâce à diverses manipulations génétiques, Novozymes et l'une de ses concurrentes, Genencore, sont parvenues à abaisser le coût de production de la cellulase à seulement quelques centimes par litre d'éthanol.

Cette innovation majeure relance l'intérêt de l'éthanol comme futur carburant. Le défi consiste désormais à mettre en place des filières de collecte de déchets végétaux pour produire le précieux alcool en quantités suffisantes.

Medicen bâtit un pôle mondial de biotechnologies

Dans le secteur des biotechnologies, les créateurs d'entreprise gagnent à collaborer avec des universités, des laboratoires de recherche et des grandes sociétés. Depuis 2005, le pôle de compétitivité Medicen soutient les entrepreneurs et les chercheurs d'Île-de-France pour faire de cette région un centre mondial des sciences du vivant.

C'est en 2005 que l'État français lance les « pôles de compétitivité » pour accélérer l'expansion de secteurs économiques jugés prioritaires sur le territoire. **Il existe aujourd'hui en France près de 70 pôles, dont une quinzaine de taille ou de vocation mondiales** qui couvrent des domaines aussi divers que l'aérospatiale, l'agroalimentaire, la parfumerie, les nanotechnologies, les sciences du vivant, les textiles techniques, l'informatique ou le multimédia. Ces pôles sont des associations d'entreprises*, de centres de recherche et d'organismes de formation autour de projets communs dans les technologies de pointe. Ils sélectionnent des programmes de collaboration et font bénéficier leurs participants de subventions, d'économies d'impôts et d'allégements de charges. Dans la région Aquitaine-Midi-Pyrénées, le pôle « Aerospace Valley » orchestre par exemple les efforts dans les domaines de l'aéronautique, de l'espace et des systèmes embarqués.

Le pôle « Medicen » souhaite faire de la région Île-de-France l'un des hauts lieux internationaux des biotechnologies. La réussite de ce secteur dépend de programmes d'études longs et complexes et exige une collaboration scientifique de qualité entre les meilleurs experts. La région parisienne présente des atouts certains puisqu'elle compte déjà sur son sol plus de la moitié des entreprises médicales françaises, dont plusieurs géants mondiaux de la pharmacie. Elle bénéficie de la présence de très grandes institutions scientifiques comme l'Inserm, le CNRS, l'Institut Curie et le Génopôle d'Évry, berceau de la recherche française en biotechnologies.

Pour obtenir le soutien de Medicen, les projets doivent d'abord recevoir le « label » du pôle en démontrant leur potentiel et leur caractère collaboratif.
Le pôle leur donne alors accès à des aides financières, des locaux, du personnel qualifié en gestion et tout son réseau de contacts. Medicen se spécialise dans les maladies du système nerveux et de la vision, les maladies infectieuses, la cancérologie et l'imagerie biomédicale. Beaucoup de ses projets se situent au carrefour de l'informatique et des sciences du vivant. L'une des premières sociétés* à avoir reçu le label de Medicen est Sibio, un éditeur de logiciels spécialisé dans l'informatisation des laboratoires de recherche en biotechnologie. Parmi les réalisations les plus spectaculaires, figure aussi la création de l'Institut de la vision sur le site de l'hôpital des Quinze-Vingt, à Paris. Celui-ci comprend notamment une « pépinière » capable d'accueillir une dizaine de laboratoires de jeunes entreprises.

Le concept de pôle de compétitivité n'est pas nouveau dans les pays occidentaux. L'un des plus célèbres est le Research Triangle Park (RTP) de Caroline-du-Nord aux États-Unis. Ce parc regroupe 160 entreprises de toutes tailles, 130 laboratoires de recherche et trois universités de renommée mondiale. Créé en 1959 par des acteurs publics et privés pour revitaliser l'économie locale, il a attiré plusieurs milliards de dollars de financement. L'une des premières entreprises pharmaceutiques mondiales, GlaxoSmithKline, y a installé son plus grand centre de recherche. Lorsqu'au début des années 1990, plusieurs grands groupes* pharmaceutiques ont fusionné, entraînant de nombreux licenciements, le parc a aidé des centaines de chercheurs sans emploi à fonder leur entreprise de biotechnologies.

En Europe, Medicen doit faire face à la concurrence de pôles biotechnologiques plus larges et plus anciens comme le pôle Londres-Oxford-Cambridge en Angleterre ou la Medicon Valley au Danemark. Pour trouver sa place, le pôle parisien devra encourager l'émergence d'entreprises de biotechnologies de bonne taille (1 000 à 2 000 employés), capables d'épauler les plus jeunes entrepreneurs*.

Dans ce laboratoire du Research Triangle Park, la société IBM teste sa nouvelle gamme de terminaux de paiement.

Où tu comprends le potentiel des technologies de la matière et du vivant

Avec les biotechnologies et les nanotechnologies, nous touchons aux fondations du vivant et de la matière. Toutes deux traitent de l'observation et de la manipulation de structures extrêmement petites. Toutes deux permettent des applications multiples et mobilisent les entreprises sur des programmes de recherche de plusieurs années. Toutes deux, enfin, présentent des risques qu'il faudra comprendre et maîtriser.

L'entreprise aux racines du vivant

Les biotechnologies se situent au carrefour de nombreuses disciplines scientifiques et technologiques : la biologie, la microbiologie, la biophysique, la biochimie, la génétique et l'informatique. Elles couvrent essentiellement deux domaines : la cartographie du matériel génétique qui compose les organismes vivants (le génome) et la manipulation de ce matériel pour créer des produits ou des services*. Elles reposent sur la capacité à observer des structures biologiques extrêmement petites (les gènes et les molécules qui les constituent) et à analyser les énormes quantités d'informations ainsi collectées. Elles proposent des techniques permettant d'isoler et de transférer des gènes d'un organisme à un autre. Ces techniques trouvent de multiples applications pratiques dans les domaines de la santé, de l'agriculture et des sciences de l'environnement.

Dans la santé, la mise au point des médicaments fait de plus en plus appel aux biotechnologies. Elles sont déjà à l'origine de 15 % des innovations pharmaceutiques, et ce chiffre devrait atteindre 40 % d'ici 2010. La connaissance du génome rend les travaux de recherche sur les médicaments plus précis et moins aléatoires. Elle débouche sur des formules mieux adaptées aux caractéristiques biologiques de chaque patient. Les biotechnologies facilitent le traitement de certaines maladies en acheminant des gènes ou des substances curatives vers les organes ou les tissus déficients. Elles ouvrent ainsi des voies prometteuses dans la lutte contre le cancer, le diabète ou la maladie d'Alzheimer. Elles jouent enfin un rôle important dans la prévention des maladies. Les chercheurs sont par exemple capables d'insérer des vaccins dans des cultures alimentaires : une manière moins coûteuse d'augmenter le taux de vaccination dans les pays les plus pauvres.

Dans le domaine de l'alimentation, il est désormais possible de produire, grâce aux biotechnologies, des cultures plus résistantes aux insectes et aux parasites, et donc moins gourmandes en engrais et en pesticides. Ce sont les fameux OGM dont on ne maîtrise pas encore tous les risques. Les chercheurs consacrent beaucoup de travaux au riz, la première source de nutrition des pays du tiers monde : ils développent des variétés plus riches en minéraux et en vitamines essentielles.

Dans le domaine de la protection de l'environnement, les biotechnologies permettent la fabrication de biocarburants à des coûts abordables à partir des déchets agricoles, mais aussi la mise au point de matériaux biodégradables et de capteurs biochimiques capables de mesurer le niveau de pollution.

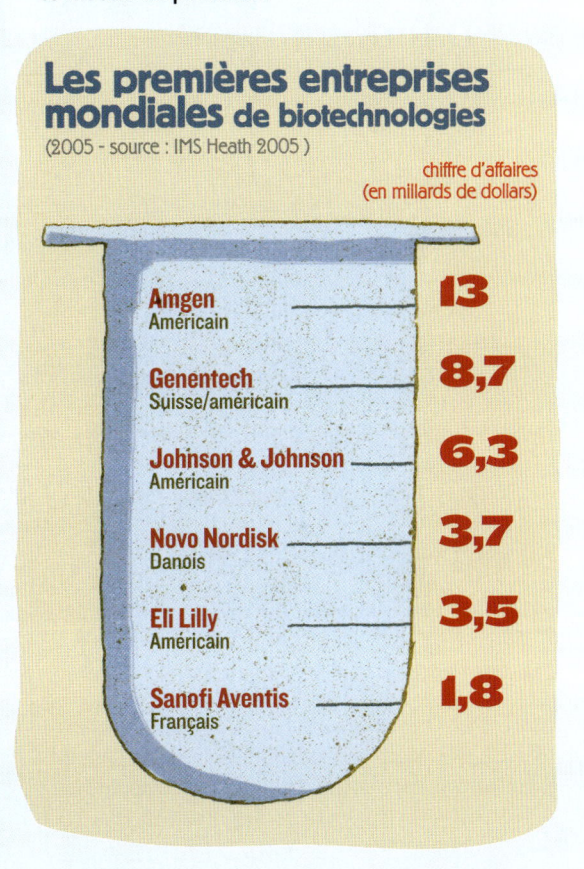

Les premières entreprises mondiales de biotechnologies
(2005 - source : IMS Heath 2005)

chiffre d'affaires (en millards de dollars)

Entreprise	Origine	CA
Amgen	Américain	13
Genentech	Suisse/américain	8,7
Johnson & Johnson	Américain	6,3
Novo Nordisk	Danois	3,7
Eli Lilly	Américain	3,5
Sanofi Aventis	Français	1,8

Quelle que soit l'application, les entreprises* de biotechnologies doivent mener des programmes de recherche sur plusieurs années avant de lancer leurs produits. **Le plus souvent, ces entreprises s'appuient sur des travaux scientifiques initiés dans des laboratoires universitaires.** Des chercheurs montent des sociétés* pour transformer leurs découvertes scientifiques en innovations pratiques. De grands groupes pharmaceutiques concluent des alliances avec ces jeunes entreprises et rachètent au bout de quelques années les plus prometteuses. **Pour réussir, une jeune entreprise a donc besoin de fi-**

nancements importants et de l'appui des meilleurs centres de recherche et des sociétés les plus établies. Les États-Unis ont été les premiers à réunir ces différents acteurs au sein de parcs industriels spécialisés (« clusters »). Sept des dix premières sociétés de biotechnologies sont aujourd'hui américaines. L'Europe a démarré plus tard mais progresse rapidement. Elle compte près de 2 000 sociétés de biotechnologies et plusieurs régions très actives (Île-de-France, Londres-Oxford-Cambridge, Copenhague...).

Les biotechnologies européennes en 2005
(source : Ernst & Young)

plus de **1 600** sociétés
70 000 salariés
12 milliards d'euros de chiffre d'affaires
5,5 milliards d'euros de dépenses de recherche

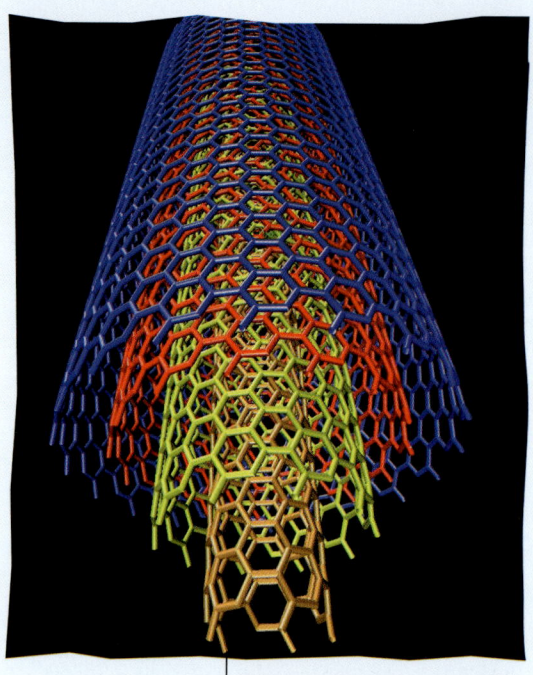

Nanotubes de carbone imbriqués.

L'entreprise au milliardième de mètre

Les nanotechnologies sont à la matière inanimée ce que les biotechnologies sont au vivant. Elles portent sur l'observation et la manipulation de la matière à l'échelle du nanomètre, soit un milliardième de mètre – 30 000 fois moins que l'épaisseur d'un cheveu ! À cette taille, les matériaux sont un simple agencement d'atomes et de molécules et présentent des propriétés physiques très spécifiques (rigidité, résistance à la chaleur, conductivité...). Les nanotechnologies sont nées grâce à la mise au point de microscopes extrêmement puissants capables de révéler la matière à l'échelle atomique. Elles permettent de poursuivre la course à la miniaturisation des objets, un enjeu capital dans l'électronique. **Elles rendent possible l'invention de matériaux très performants grâce à l'assemblage des briques de base de la matière.**

Les nanotechnologies ouvrent ainsi la voie à des innovations majeures dans pratiquement tous les domaines de l'industrie : du textile à l'automobile, de l'électronique à la pharmacie, de la cosmétique aux équipements de sport. **On recense déjà sur le marché plus de 500 produits fabriqués à partir de nanomatériaux !** Les nanotubes de carbone sont les nanomatériaux les plus répandus. Il s'agit de tubes cristallins dont le diamètre ne dépasse pas 10 nanomètres. Ils sont dix fois plus résistants et six fois plus légers que l'acier. On les trouve déjà dans les téléphones portables, les raquettes de tennis, les balles de golf ou bien certaines pièces pour l'industrie automobile.

L'industrie textile a recours aux nanotechnologies pour élaborer des fibres plus isolantes. Les fabricants de **colorants**, de **peintures** ou d'**encres** introduisent des pigments nanométriques dans leurs produits pour leur donner des propriétés originales : par exemple, une meilleure adhérence ou la possibilité de changer de couleur dans certaines conditions. Les fabricants de **produits cosmétiques** utilisent des nanoparticules pour améliorer la tenue des rouges à lèvres ou des vernis à ongles, ou augmenter les propriétés pénétrantes ou filtrantes des crèmes et des maquillages. En **électronique**, les nanotechnologies permettent de diminuer la taille des transistors ou de leurs connexions. En **médecine**, elles aident à cibler les organes malades, puis à les détruire ou à leur apporter des substances soignantes.

Les chercheurs imaginent sans cesse des nano-éléments qui peuvent s'incruster dans des objets quotidiens ou des organismes vivants pour remplir les fonctions les plus variées : écrans, émetteurs, récepteurs...

Avec un tel éventail d'applications, le marché potentiel des nanotechnologies est énorme. Il pourrait atteindre 1 000 milliards de dollars en 2010. Plus de 1 000 créations d'entreprise ont déjà eu lieu dans ce secteur, dont la moitié aux États-Unis. Mais les nanotechnologies restent principalement l'affaire des grandes entreprises car elles exigent des investissements* très lourds tant pour la recherche que la production des nanomatériaux. Parmi les entreprises les plus actives, on retrouve des géants de la pharmacie et de la cosmétique comme L'Oréal ou Biomérieux, des fabricants de matériaux, comme Lafarge, Michelin ou Saint-Gobain, des entreprises chimiques comme Dupont, Bayer ou Arkema et des grands groupes* électroniques comme Motorola, Intel, Sony ou Philips. Souvent, ces entreprises concluent des alliances pour partager leurs investissements et définir des normes communes.

Anticiper les risques

Les biotechnologies et les nanotechnologies rapprochent petit à petit les mondes du vivant et de la matière inanimée. Aussi fascinantes soient-elles, elles soulèvent de nombreuses questions. En manipulant la matière, nous prenons le risque de concevoir des objets ou des formes vivantes dont les propriétés, le comportement ou la toxicité nous échappent. Par exemple, nous ne connaissons pas encore bien l'effet des nanoparticules. Causent-elles des problèmes respiratoires ? Sont-elles cancérigènes ? Dans ce domaine, les ravages causés par l'amiante incitent à la prudence. Nous ne maîtrisons pas non plus l'impact des cultures de céréales génétiquement modifiées sur la santé. Les biotechnologies posent en outre d'importantes questions éthiques comme le clonage d'organismes à des fins thérapeutiques. Pour mettre ces technologies au service du progrès, **les entreprises doivent collaborer très en amont avec les organismes publics de sûreté et d'éthique** et participer activement à la définition des règles.

Elle est très facétieuse !

VACHE À LAIT

BIO, NANO... FOUS DE TECHNO !

Kiran Mazumdar-Shaw, biotechnologue au fond du garage

En 1978, une jeune Indienne de 25 ans ouvre un atelier de fabrication d'enzymes à Bangalore. Trente ans plus tard, Kiran Mazumdar-Shaw dirige l'une des premières firmes mondiales de biotechnologies.

Débuts modestes. Comme son père, elle se destine à l'industrie de la bière et obtient un diplôme de maître-brasseur en Australie. Mais dès la fin de ses études, un homme d'affaires irlandais lui propose de monter la filiale indienne de Biocon, une petite entreprise* d'enzymes (ces molécules, qui accélèrent les réactions biochimiques, rentrent dans la composition de nombreux médicaments et produits alimentaires). Kiran démarre dans son garage avec 10 000 roupies (180 euros) en poche. En cette fin des années 1970, les biotechnologies en sont encore à leurs débuts et l'Inde n'a pas amorcé son décollage économique. Jeune femme travaillant dans un secteur encore méconnu, elle se heurte d'abord à un mur de scepticisme. Elle passe l'obstacle grâce à une incroyable obstination et un don naturel pour attirer les talents. Après de nombreux refus, elle obtient un prêt bancaire de 5 millions de roupies (9 000 euros) et recrute plusieurs jeunes ingénieurs, parmi les meilleurs esprits scientifiques du pays.

Changement de cap. Biocon se développe rapidement en extrayant des enzymes de la papaye et des ailerons de poisson. Ses produits rentrent dans la composition des jus de fruits industriels. Mais en 1994, Kiran décide d'orienter sa société* vers la recherche. Elle sait qu'avec son énorme vivier de scientifiques et ses coûts de main-d'œuvre très bas, l'Inde a de vrais atouts pour réussir dans les biotechnologies. C'est l'époque où émergent les premières sociétés indiennes de sous-traitance informatique. Pourquoi ne pas copier leur modèle et se lancer dans la sous-traitance… de recherche pharmaceutique ? Kiran crée une filiale, Syngene, spécialisée dans l'élaboration de médicaments. Elle convainc plusieurs laboratoires occidentaux de lui confier la mise au point de leurs molécules et mène des projets de recherche toujours plus ambitieux pour le compte de grandes firmes pharmaceutiques. Quelques années plus tard, elle rachète l'ensemble des parts de la société Biocon et en prend le contrôle. En 2000, elle ouvre une seconde filiale, Clinigène, spécialisée dans la sous-traitance de tests cliniques (l'étude des effets des médicaments).

Intuition. Kiran sait repérer très tôt les vagues porteuses. Dès le début des années 1990, elle comprend le potentiel du marché des statines, des médicaments qui réduisent les risques de maladies cardio-vasculaires en abaissant le taux de cholestérol. Elle s'impose sur ce marché en fournissant des statines beaucoup moins chères que ses concurrents*. Quelques années plus tard, elle récidive en lançant une formule d'insuline orale destinée au traitement du diabète. Son produit est parfaitement adapté aux besoins de l'Inde, le pays qui compte le plus de diabétiques au monde !

Consécration. Lorsqu'en 2004, elle introduit sa société en Bourse*, l'offre rencontre un succès phénoménal. L'opération fait de Kiran la femme la plus riche d'Inde et transforme un grand nombre de ses cadres* en millionnaires. Biocon emploie aujourd'hui 3 000 personnes et réalise 180 millions d'euros de chiffre d'affaires*. Elle propose une trentaine de produits, dont des traitements très innovants contre le diabète et certains cancers de la tête. Kiran Mazumdar n'oublie pas pour autant les défis de son pays. Au-delà de son rôle d'entrepreneur*, elle milite activement pour l'accès des plus pauvres aux médicaments et prend régulièrement position sur les questions sociales. Elle est l'une des conseillères les plus écoutées du gouvernement indien sur les questions de commerce international.

Lancement d'un médicament anticancer de la tête en présence d'un acteur de Bollywood.

Kiran Mazumdar-Shaw en 5 dates

1953
Naît à Bangalore (Inde)

1978
Crée la filiale indienne d'un fabricant d'enzymes, Biocon

1994
Se lance dans la sous-traitance de programmes de recherche

2004
Introduit Biocon en Bourse

2006
La valeur boursière de Biocon dépasse le milliard d'euros

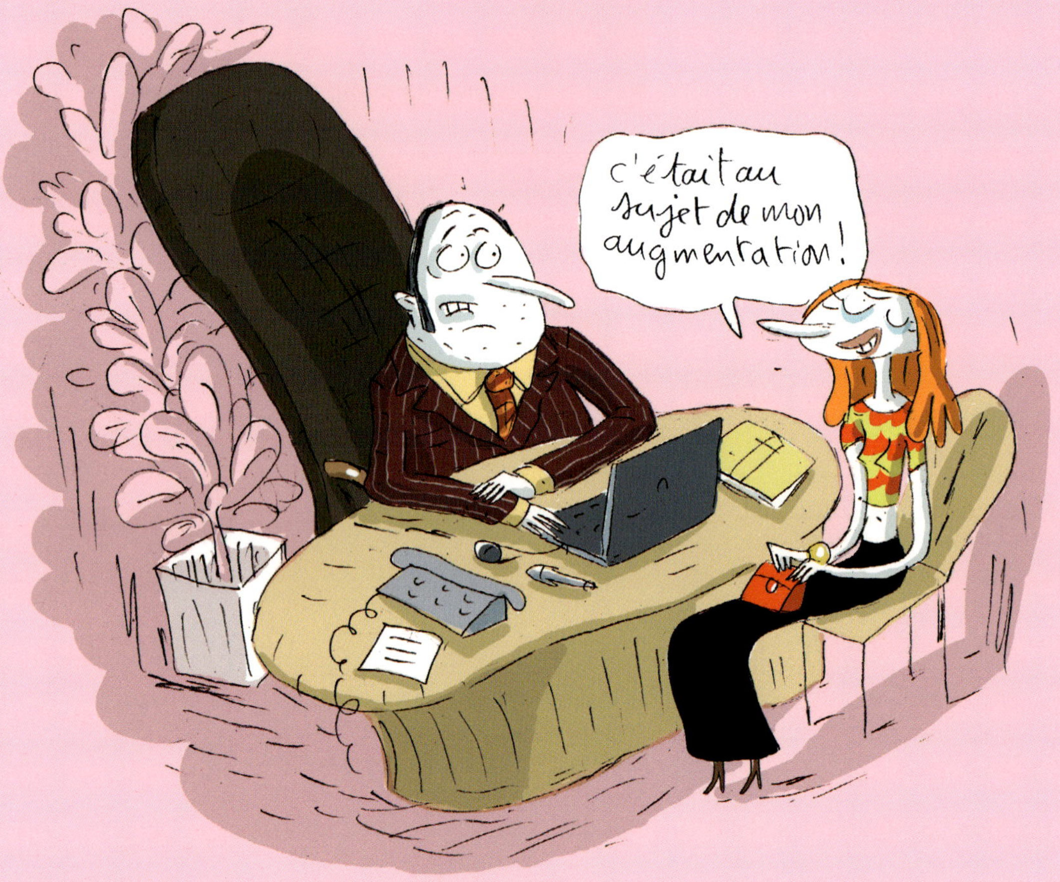
c'était au sujet de mon augmentation !

PARTIE 3
L'ENTREPRISE AU CŒUR DES DÉBATS

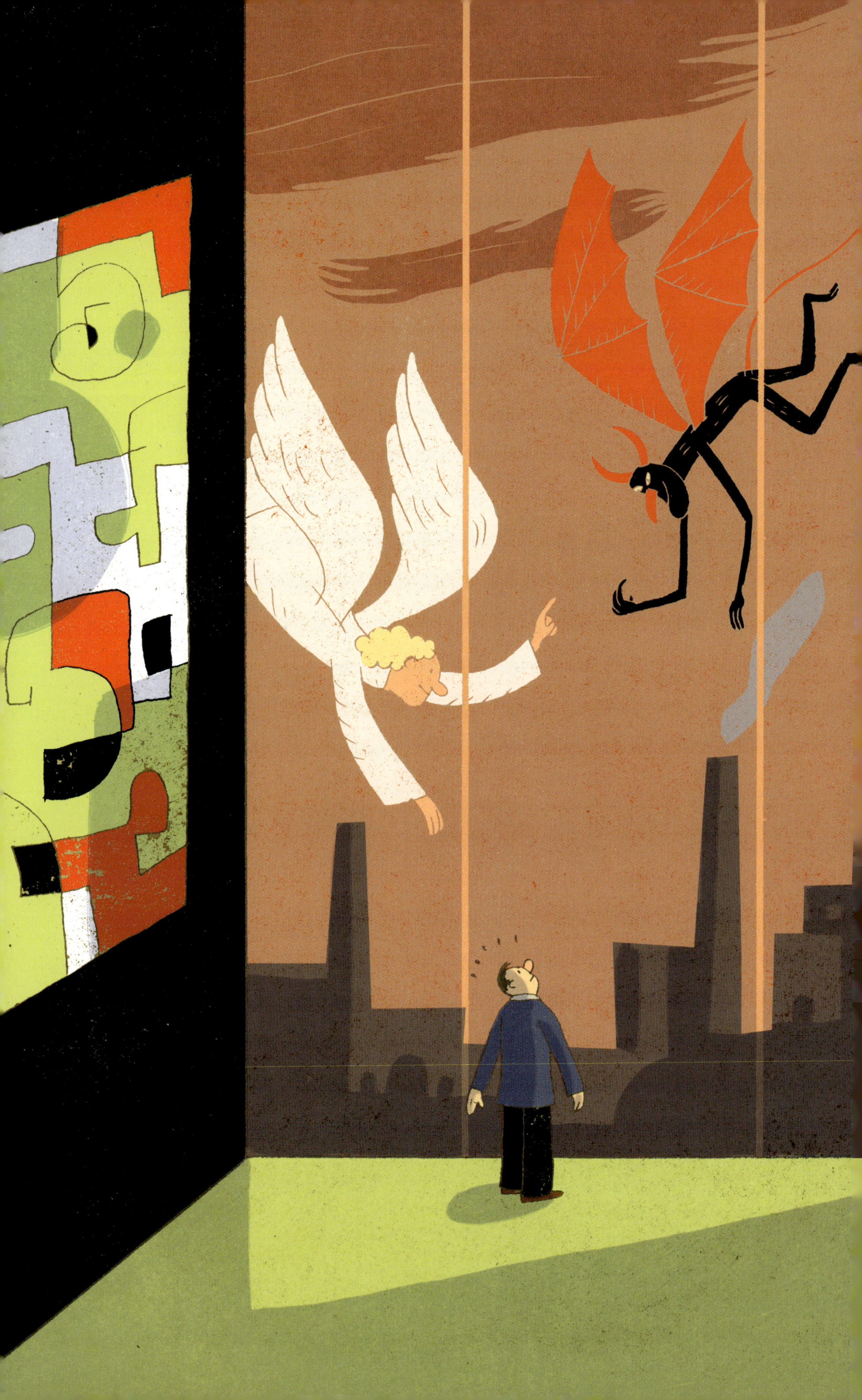

CHAPITRE 13

LE BON, LA BRUTE ET LE TRUAND

Les entreprises ont-elles une âme ? La question est loin d'être théorique ! Chaque jour, des PDG et de modestes employés sont confrontés à une multitude de questions éthiques : transparence contre dissimulation, respect contre abus, droiture contre manipulation… L'importance des sommes en jeu, les pouvoirs considérables entre les mains des décideurs et la pression des résultats mettent les entreprises devant des choix difficiles. Quelques grands scandales nous montrent les excès les plus flagrants mais la frontière entre le bien et le mal n'est pas toujours nette. Chacun doit réaliser que la performance économique est renforcée – et non entravée – par de fortes exigences morales.

13 — LE BON, LA BRUTE ET LE TRUAND

Où tu découvres
le pire et le meilleur du monde des affaires

Enron trompe son monde !

Avec un chiffre d'affaires affiché de 139 milliards de dollars, Enron était en 2001 la cinquième entreprise américaine. En quelques mois, ce groupe s'effondra dans un scandale financier.

Jusqu'en 2001, cette entreprise* du Texas était admirée dans le monde de l'énergie pour l'étendue et la diversité de ses activités. Elle avait convaincu le gouvernement américain d'assouplir les règles des marchés de l'énergie et s'était taillé une place dominante dans le négoce de gaz et d'électricité. **Au sommet de sa gloire, elle employait 21 000 personnes dans 40 pays et gérait un gigantesque réseau de gazoducs.**

Derrière sa façade respectable, Enron avait établi un réseau de plusieurs milliers de petites sociétés* implantées dans des îles exotiques et contrôlées par ses dirigeants. Ces filiales multipliaient les opérations fictives (sans justification économique) avec le groupe*. Elles permettaient de gonfler artificiellement son chiffre d'affaires* et ses profits* et de dissimuler ses dettes*. Grâce à ces manipulations, le cours de l'action* ne cessait de monter.

Au lendemain du 11 septembre 2001, les investisseurs commencèrent à poser des questions sur la comptabilité* complexe et enchevêtrée du groupe. La confiance s'évanouit brutalement. Les actionnaires* prirent peur et vendirent leurs titres. Les banques exigèrent le paiement immédiat de leurs créances. Les clients mirent fin à leurs contrats. **Le cours de l'action chuta de 90 dollars à quelques centimes. Au même moment, plusieurs dirigeants cédèrent illégalement d'énormes quantités d'actions avant qu'elles ne vaillent plus rien.**

Lorsque Enron fut mis en faillite*, 5 600 employés perdirent leur emploi du jour au lendemain. Des dizaines de milliers de personnes qui avaient investi l'argent de leur retraite dans les actions du groupe furent ruinées. Enron entraîna dans sa chute d'autres groupes aux pratiques similaires ainsi que le cabinet comptable qui avait certifié ses comptes. Près de 20 dirigeants furent condamnés dont certains à de lourdes peines de prison. En 2006, le président d'Enron mourut d'une crise cardiaque six semaines après l'annonce du verdict.

Ébranlés par l'affaire Enron, les États-Unis décidèrent d'adopter des lois très strictes sur la transparence comptable des entreprises et leurs règles de décision.

La Grameen Bank aide les exclus

Certaines entreprises se mettent au service d'une cause humanitaire et se comportent comme des ONG. C'est le cas de la Grameen Bank, créée en 1976 par l'économiste Mohammad Yunnus pour aider les paysans bangladais à sortir de la misère.

Lorsqu'il revient enseigner l'économie dans son Bangladesh natal après sept ans passés aux États-Unis, Mohammad Yunnus trouve un pays rongé par la famine. Les villageois sont condamnés à la pauvreté car ils n'ont pas accès aux crédits bancaires qui leur permettraient de financer une modeste activité économique. Pour acheter une poule ou un stock de fruits, ils doivent emprunter au jour le jour à des notables locaux qui leur extorquent presque tous leurs revenus. Impossible dans ces conditions d'investir et d'économiser. **Mohammad propose de leur apporter un petit capital*, remboursable à un taux raisonnable sur une période échelonnée.** Pour tester son idée, il prête la somme de 24 euros à un groupe de paysannes : de quoi acheter le bambou nécessaire à la confection d'un lot de tabourets. **Le microcrédit est né !**

Mohammad Yunnus quitte son poste d'enseignant et fonde la Grameen Bank, la « banque des pauvres ». La grande majorité de ses clients* sont des femmes motivées et soucieuses d'honorer la confiance qui leur est faite. Elles remboursent mieux que les clients d'une banque traditionnelle ! **Trente ans après sa création, la Grameen Bank emploie 12 000 personnes et a déjà prêté plus de 4 milliards d'euros à 6 millions de Bangladais.**

Surtout, **le microcrédit est devenu un phénomène planétaire.** La Banque mondiale a recensé en 2005 plus de 10 000 institutions prêteuses dans 85 pays, notamment en Afrique, en Asie et en Amérique du Sud. Le cap des 100 millions de familles bénéficiaires a été franchi.

L'initiative du professeur Yunnus a même trouvé un écho dans les pays développés. En France, par exemple, l'ADIE (Association pour le droit à l'initiative économique) aide les exclus du marché du travail (chômeurs, RMIstes) à créer leur propre emploi grâce à des prêts de quelques milliers d'euros. Depuis qu'elle a vu le jour en 1989, cette association a permis la création de plus de 40 000 entreprises*. Pourtant, les besoins restent énormes. Lauréat du prix Nobel de la paix en 2006, Mohammad Yunnus ne manque jamais de rappeler que 4 milliards d'humains n'ont toujours pas accès aux banques.

Cette Bangladaise a pu se lancer dans l'élevage de volailles grâce à l'argent qu'elle a emprunté à la Grameen Bank.

13
LE BON, LA BRUTE ET LE TRUAND

Johnson & Johnson
montre l'exemple

En 1982, le groupe Johnson & Johnson traversa une lourde épreuve morale lorsque plusieurs consommateurs furent empoisonnés par l'un de ses médicaments. Vingt-cinq ans plus tard, sa réaction remarquable reste un exemple pour des milliers d'entreprises.

Au début des années 1980, le Tylenol était le médicament antidouleur le plus utilisé aux États-Unis. Grâce à ce produit phare, Johnson & Johnson jouissait d'une solide santé financière. Un jour, un individu malveillant introduisit du cyanure à dose mortelle dans plusieurs flacons et sept personnes de la région de Chicago décédèrent. Partout dans le pays, une psychose s'empara de la population.

Même si sa responsabilité n'était pas en cause, **Johnson & Johnson savait que ses décisions face à la crise pèseraient lourd sur son avenir.** Le groupe* s'inspira de son « credo », un ensemble de valeurs rédigées par son fondateur en 1943 et partagées par tout le personnel. Parmi celles-ci : « Nous croyons que nous sommes d'abord responsables vis-à-vis des médecins, des infirmières, des patients, des mères et des pères et de tous ceux qui utilisent nos produits et nos services. »

Mettant de côté ses intérêts financiers, J&J alerta immédiatement les médias et la population sur le danger de son produit. Il rappela 31 millions de flacons dans tous les États-Unis pour un coût total de 100 millions de dollars, une initiative sans précédent à cette époque. Il alla jusqu'à interrompre la production du médicament tant qu'il n'aurait pas trouvé une manière plus sûre de l'apporter au public. En quelques semaines, la part de marché du Tylenol passa de 37 % à 7 % et la valeur boursière du groupe baissa de plus d'un milliard de dollars.

Par son comportement, J & J avait pourtant démontré l'importance qu'il accordait à la sécurité du consommateur et à la qualité du produit. Cette victoire morale lui permit de remonter la pente. Il réintroduisit le produit quelques mois plus tard avec un flacon renforcé pour éviter les actes criminels. Il proposa des coupons de réduction dans la presse et lança une vaste campagne de communication pour regagner la confiance du public. Un an après le début de la crise, il avait retrouvé sa part de marché et sa réputation atteignait des sommets.

Quand les entreprises versent des pots-de-vin

La pratique des pots-de-vin est ancienne et pollue le monde des affaires. Elle consiste à influencer avec de l'argent ou des cadeaux une personne en position de pouvoir (un cadre d'entreprise, un fonctionnaire...) pour obtenir une faveur.

Le risque de corruption est particulièrement élevé lorsqu'une entreprise* est en compétition pour obtenir une commande importante ou signer un contrat dont dépendra son avenir sur plusieurs années. Dans les années 1970, le constructeur d'avions américain Lockheed voulut ainsi renverser la décision de la compagnie aérienne japonaise ANA d'acheter les appareils de son concurrent* McDonnell Douglas plutôt que ses modèles. Il y parvint en s'adjoignant les services d'un roi de la pègre et en versant par son intermédiaire des milliards de yens au cabinet du Premier ministre japonais.

Pendant longtemps, il n'était pas inhabituel en France de voir des entreprises offrir des pots-de-vin pour obtenir des marchés publics de services*, de travaux ou de fournitures auprès de municipalités. La pratique consistait à verser de l'argent à des cabinets d'études sans activité réelle. Ceux-ci émettaient des « fausses factures », encaissaient les sommes et les transféraient à divers partis politiques. Plusieurs affaires célèbres (Urba, SORMAE-SAE...) ont ainsi secoué les milieux politiques régionaux et locaux ces vingt-cinq dernières années.

Ces opérations illégales coûtent cher à la société – plus de 1 000 milliards de dollars par an dans le monde d'après la Banque mondiale. Elles demeurent très répandues et largement acceptées dans certains pays, perturbant gravement le commerce international. Les premières victimes sont souvent les petites entreprises qui doivent se plier au chantage.

Le combat contre les pots-de-vin s'est fortement intensifié au début du XXIe siècle. La Banque mondiale publie une liste des entreprises corrompues. Une ONG, Transparence International, alerte régulièrement l'opinion publique. Les pays de l'OCDE et de l'ONU ont signé des conventions anti-corruption et la France a voté en 2000 une loi punissant de lourdes peines de prison tous ceux qui proposent ou acceptent des pots-de-vin. De plus en plus d'entreprises préfèrent désormais renoncer au moindre cadeau dans leurs échanges commerciaux.

comprendre

13
LE BON, LA BRUTE ET LE TRUAND

Où tu comprends l'importance des questions éthiques dans l'entreprise

Dans les affaires, tout est question de confiance. Impossible de prospérer sans la confiance des salariés, des clients, des investisseurs et du public. Pourtant, cette confiance est sans cesse mise à l'épreuve. C'est pourquoi les entreprises ont besoin d'un cadre moral pour guider leurs actions.

Des dilemmes quotidiens

Les problèmes éthiques dans l'entreprise*, tu en as surtout entendu parler à l'occasion de grands « scandales » : l'affaire Enron, l'affaire Elf, l'affaire Testut... Des dirigeants sont appréhendés par la justice et parfois mis en prison pour avoir corrompu des clients*, détourné de l'argent, dissimulé des informations ou trompé le public. Toutefois, les questions éthiques vont au-delà du seul respect de la loi. Considérons un cadre* qui dénigre systématiquement un collègue rival afin d'empêcher sa carrière de progresser. Ou un employé qui se fait passer pour un client afin de soutirer des informations à une entreprise concurrente. Même si ces pratiques ne sont pas interdites, elles sont moralement inacceptables. **Les entreprises les plus éthiques s'imposent des règles de comportement plus exigeantes que la loi.**

Peut-on pour autant ériger des principes moraux applicables en toutes circonstances ? Certains pays considèrent les cadeaux entre clients et fournisseurs* comme une manière acceptable et respectable de faire des affaires. D'autres y voient une forme de corruption punissable par la loi. Certaines cultures ont une vision très hiérarchique des organisations. D'autres préfèrent des relations très égalitaires. Des conditions de travail difficiles sont perçues comme tolérables, voire normales dans des pays à peine sortis de la misère... et inhumaines dans des pays développés. **Pour que le commerce international se développe sur des bases équitables, il est indispensable que les entreprises adoptent des principes communs et se comportent de la même manière partout où elles opèrent.**

Classement des pays
par niveau de probité
(2007 - source : Transparence Internationale)

1 Danemark
Finlande 2
3 Nouvelle-Zélande
Singapour 4
19 France
États-Unis 20
72 Chine
Russie 143
177 Haïti
Irak 178
179 Myanmar
Somalie 180

Les problèmes éthiques les plus fréquents sont des petits dilemmes auxquels sont confrontés des employés de tous niveaux dans l'anonymat de la vie quotidienne. La difficulté consiste le plus souvent à arbitrer entre l'intérêt du court terme et celui du long terme, entre les arguments légitimes et opposés de deux employés ou de deux clients. Lorsqu'un salarié s'écarte des principes éthiques, c'est le plus souvent sous la pression. Que penser de ce commercial menacé de licenciement qui prend une commande dans des conditions douteuses pour remplir ses objectifs de vente ? Ou bien du PDG qui s'abstient de partager certaines informations avec son banquier pour faire financer un projet dont dépend la survie de son entreprise ? Le dilemme est parfois si complexe qu'il est difficile de trouver une solution satisfaisante d'un point de vue moral. C'est le problème du cabinet d'avocats qui conseille deux sociétés* depuis de nombreuses années et doit choisir son camp le jour où l'une décide d'acquérir l'autre contre sa volonté.

Dans aucune de ces situations, il n'existe de réponse toute faite. Chaque cas est unique et mérite réflexion. **Élever les standards moraux d'une entreprise est un travail de longue haleine. Il s'agit de donner à chacun, du patron à l'apprenti, l'état d'esprit et les repères qui lui permettront de faire lui-même les arbitrages délicats.**

Une responsabilité aux multiples facettes

L'entreprise éthique veut accroître ses ventes et ses profits* tout en contribuant au bien-être et au progrès de la société. Elle se sent responsable vis-à-vis de ses clients, de ses employés, de ses actionnaires* et de la société tout entière.

Vis-à-vis des clients, il s'agit de présenter honnêtement la valeur du produit ou du service* proposé. Dans ce domaine, une simple entorse à la morale peut ruiner des années d'efforts commerciaux. Les principales questions concernent la **publicité mensongère** ou la **vente de produits défectueux**. Le comportement d'une entreprise face à un problème de qualité* sur un produit est souvent révélateur de son niveau d'éthique*. Certaines placent la sécurité du client au-dessus de tout et rappellent immédiatement le produit dangereux. C'est ce qu'a fait Dell après avoir découvert que les batteries de certains ordinateurs prenaient feu. D'autres adoptent tardivement des mesures insuffisantes et semblent plus préoccupées par leurs intérêts que par la santé du consommateur. Ce fut le cas du fabricant de pneu Firestone en 2000 face aux accidents causés par l'un de ses modèles. Pour les prestataires de services professionnels (avocats, comptables, cabinets de conseil), les principes éthiques sont souvent mis à l'épreuve lorsqu'il faut présenter au client des conclusions douloureuses ou impopulaires.

Vis-à-vis des actionnaires, il s'agit de fournir des informations financières qui reflètent fidèlement la valeur de la société et permettent de prendre les bonnes décisions. C'est toute la question de la transparence et de la **régularité des pratiques comptables,** sujet de plusieurs énormes scandales aux États-Unis au début des années 2000 (Enron, Worldcom…). Les **délits d'initiés** constituent une autre source d'abus puni par la loi. La pratique consiste, pour un employé, sa famille ou ses amis, à utiliser des informations inaccessibles au public pour manipuler le cours de l'action* (par exemple, acheter des actions lorsqu'on dispose d'un « tuyau » confidentiel sur une acquisition* prochaine qui va augmenter la valeur du titre).

Vis-à-vis des employés, se pose la question fondamentale de la responsabilité sociale* des entreprises (voir chapitres 14 et 15). Les employés souhaitent être traités avec respect. Cela devrait se traduire par une rémunération équitable, un emploi stable et un environnement de travail physiquement et moralement satisfaisant. Ils souhaitent également être récompensés et promus en fonction de leurs mérites. **L'un des enjeux les plus délicats est la lutte contre les discriminations de toute nature au moment de l'embauche, et en cours de carrière.** Lorsque le respect ou la reconnaissance ne sont pas au rendez-vous, les employés changent d'attitude vis-à-vis de l'entreprise : l'absentéisme et les démissions augmentent, la productivité et la qualité baissent.

Le succès des codes éthiques

Aujourd'hui, plus des trois quarts des sociétés cotées en Bourse* se sont dotés de codes éthiques. Certains de ces codes tiennent en une page et se contentent d'énoncer des principes généraux. D'autres recommandent ou interdisent des comportements très spécifiques (par exemple, ne pas demander l'âge du candidat lors d'un recrutement). Certains visent uniquement à prévenir et empêcher des pratiques illégales (la discrimination, la corruption…). D'autres cherchent à définir un idéal de comportement individuel et collectif (le respect, la solidarité…).

Dans tous les cas, l'efficacité de ces codes dépend des mêmes conditions. **D'abord, les dirigeants de l'entreprise doivent s'impliquer, rappeler fréquemment les règles et les appliquer eux-mêmes en toutes circonstances.** C'est

Un juriste transporte des documents relatifs à l'affaire Worldcom. Les malversations de cette entreprise de télécommunication ont abouti en 2002 à la plus grande faillite de l'histoire.

en effet sur leurs dirigeants que les employés modèlent leur comportement. Ensuite, **la diffusion du code doit s'accompagner d'importants efforts de formation.** Les employés sont invités à réfléchir ensemble sur des cas difficiles qui se présentent régulièrement dans l'exercice de leur métier. **Enfin, le non-respect des règles doit avoir des conséquences claires et connues de tous.** Les entreprises se montrent de moins en moins indulgentes face à des collaborateurs reconnus coupables de harcèlement, de tricherie sur leurs dépenses professionnelles ou bien encore de faveurs excessives à l'égard de leurs clients. Certaines sociétés mettent en place des numéros d'appel où les employés sont invités à discuter en toute confidentialité des problèmes éthiques auxquels ils sont confrontés. Mais ces méthodes peuvent être perçues comme une invitation au « rapportage ».

De l'éthique à la philanthropie

Les entreprises engagent désormais leur réputation sur de nouveaux terrains : l'action sociale, l'humanitaire. Microsoft initie les chômeurs à l'informatique, McDonald's aide les parents des enfants hospitalisés, Sodexo combat la faim dans le monde. C'est une manière de renforcer la confiance du public. Qu'il s'agisse de choisir un employeur, d'acheter un produit ou d'investir dans une action, nous faisons de plus en plus attention à l'image citoyenne des entreprises. **Cette nouvelle philanthropie est parfois jugée superficielle et uniquement destinée à gagner les faveurs du marché. Quelles qu'en soient les motivations, elle contribue au progrès social. C'est donc un pas dans la bonne direction.**

… Et voici les boissons.

LE BON, LA BRUTE ET LE TRUAND

Tristan Lecomte, commerçant équitable

Ce jeune diplômé d'HEC est parvenu à introduire le commerce équitable dans les supermarchés de France. Il mène une croisade sans relâche pour des relations économiques plus justes.

Tristan Lecomte en 6 dates

1973 Naît à Reims

1996 Est diplômé d'HEC

1998 Ouvre sa première boutique Alter-Eco

2002 Signe un accord avec Monoprix

2005 Crée une filiale aux États-Unis

2006 Crée une filiale au Japon

Quelques produits d'Alter-Eco :
la confiture d'unbu, le jus de longanier, le riz violet de Thaïlande, les noix de cajou du Mozambique, le gel douche au karité du Burkina-Faso…

Une vocation. Il démarre sa carrière en tant que cadre* financier pour un groupe* international, mais s'ennuie rapidement et décide de changer de vie. Il a lu par hasard, dans un journal distribué par les sans-abri, un article sur le commerce équitable. L'idée est de commercialiser des denrées achetées à des producteurs des pays pauvres dans des conditions qui protègent leurs intérêts économiques et favorisent le progrès social. Séduit par le concept, il ouvre d'abord une boutique de produits équitables comme d'autres ont lancé avant lui des commerces « bio ». Ses premières ventes ne lui permettent pas de gagner de l'argent et de procurer des revenus stables à ses fournisseurs*.

La conquête des supermarchés. S'il veut atteindre des volumes importants, il doit intéresser les grandes chaînes de distribution* qui représentent l'essentiel du commerce alimentaire. En 2002, il crée Alter-Eco, la première marque de commerce équitable, et convainc les magasins Monoprix de distribuer ses produits : du café, du thé, du chocolat ou des jus de fruit. Les négociations sont parfois rugueuses avec ces grands distributeurs soucieux de préserver leurs marges*, mais sa passion finit par l'emporter. En quatre ans, il passe des accords avec la plupart des enseignes françaises de supermarchés et d'hypermarchés.

Un modèle équilibré. Tristan élargit la gamme des produits offerts (près de 150 à ce jour). Il parcourt les pays émergents à la recherche de nouveaux fournisseurs. Il passe avec eux des contrats sur plusieurs années à des prix d'achat nettement supérieurs aux cours des marchés locaux. Il choisit des produits de qualité lui permettant de dégager un bénéfice*. En contrepartie, les producteurs doivent agir honnêtement, garantir des conditions de travail décentes à leurs employés et respecter l'environnement. Une part des gains finance le développement social de leur communauté. La croisade n'en est qu'à ses débuts. Le commerce équitable ne représente que 0,1 % du commerce européen. Lorsqu'il ne négocie pas aux quatre coins du monde, Tristan milite pour une économie plus juste. Il a déjà écrit trois livres sur le sujet.

CHAPITRE 14

ADIEU UNIFORMITÉ, BONJOUR DIVERSITÉ !

Parce que les entreprises regroupent la majorité de la population active, elles sont dans une position unique pour promouvoir l'égalité des chances et l'intégration des « minorités ». Pourtant, des discriminations directes et indirectes touchent encore trop souvent certaines populations au moment du recrutement et en cours de carrière : femmes, minorités ethniques, handicapés… Heureusement, de plus en plus d'employeurs se mobilisent contre ces inégalités. Ils comprennent que la diversité leur apporte un riche éventail d'expériences, d'idées et de talents.

ADIEU UNIFORMITÉ, BONJOUR DIVERSITÉ !

Où tu découvres des initiatives en faveur de la diversité dans l'entreprise

Yazid Chir aide les jeunes diplômés des banlieues

Un entrepreneur issu de l'immigration fait tomber les barrières entre le monde de l'entreprise et les jeunes diplômés des quartiers.

Pas facile de trouver sa place dans l'entreprise* lorsqu'on vient des banlieues défavorisées ! **Une adresse dans un quartier difficile ou un nom à consonance étrangère continuent à pénaliser les jeunes diplômés dès l'envoi de leur lettre de candidature.** Et lorsque le premier entretien d'embauche arrive, ces candidats, mal préparés, ont peu de chances d'être retenus.

Ces problèmes, Yazid Chir a dû les surmonter lui-même. Lorsque ses parents quittent l'Algérie et s'installent en France en 1963, ils savent à peine lire et écrire le français. Son père, chauffeur de taxi, et sa mère, garde d'enfants, le poussent à étudier pour se construire un meilleur avenir. Armé d'un BTS de micromécanique, il commence sa carrière dans l'industrie automobile, puis occupe divers postes à la Snecma, un constructeur de moteurs d'aviation. En 1998, il fonde une société* d'informatique en Seine-Saint-Denis. Après huit ans, il réalise un chiffre d'affaires* de 20 millions d'euros et emploie 120 personnes.

C'est en tant que président local du MEDEF (la principale fédération française de chefs d'entreprise) qu'il décide de s'attaquer à la discrimination. « Nos quartiers ont du talent », le mouvement qu'il lance en 2005 avec le député socialiste Bruno Leroux, a pour but de **favoriser les rencontres entre les recruteurs et les jeunes de Seine-Saint-Denis.** Les diplômés bac + 4 et bac + 5 de moins de 26 ans sont invités à soumettre leur curriculum vitae. Les entreprises participantes s'engagent à examiner tous les dossiers et à rencontrer les candidats dont les diplômes correspondent aux postes à pourvoir. **Pour préparer leurs entretiens, les étudiants peuvent suivre des séances de formation et bénéficier des conseils de cadres* expérimentés.**

Avec le soutien du MEDEF et de l'ANPE, l'opération rencontre un rapide succès. Lors de la première édition, plus de 200 jeunes de Seine-Saint-Denis intègrent le dispositif et 80 sont embauchés. En 2007, l'initiative prend une dimension régionale : 1 700 candidatures sont retenues et 600 candidats décrochent un emploi. C'est la preuve, selon Yaziz Chir, que les entreprises y trouvent leur compte !

Kenton Clarke
pousse les entreprises à diversifier leurs fournisseurs

En 1999, l'entrepreneur afro-américain Kenton Clarke crée Div2000.com. Ce site apporte aux entreprises dirigées par des minorités **les informations, les ressources et les contacts dont elles ont besoin pour s'intégrer dans la vie économique américaine.**

Le site internet de Kenton Clarke, rebaptisé diversitybusiness.com en 2004, met en relation les sociétés* dirigées par des femmes ou des minorités et les acheteurs de grands groupes*. **L'idée est de faire sortir les entreprises* de leurs réseaux de contacts traditionnels et de les pousser à diversifier leurs fournisseurs*.** Chaque année, le site demande à ses 50 000 abonnés d'élire les 50 entreprises qui soutiennent le mieux la diversité dans leurs pratiques d'achat. Celles-ci sont directement notées par un large échantillon de femmes d'affaires et d'entrepreneurs* afro-américains, asiatiques, hispaniques, amérindiens... Les résultats sont publiés dans les plus grands journaux.

C'est le groupe de télécommunications AT & T qui est ressorti premier de la cuvée 2006. Cette société achète pour plus de 5 milliards de dollars, soit 17 % de ses achats, à des entreprises dirigées par des minorités et s'est donné pour objectif de dépasser le cap des 20 %. Cette performance prend tout son sens lorsqu'on sait que moins de 10 % des entreprises américaines sont entre les mains de minorités. Dans le cadre de son programme de diversité, AT & T offre à ses fournisseurs des formations sur les démarches de certification qualité* et leur consacre un stand à l'occasion du TelecomNext, le plus grand salon professionnel du secteur des télécommunications.

General Motors, Dell et General Electric figurent aussi parmi les acheteurs les plus avancés dans la promotion de la diversité. Ces grandes entreprises n'agissent pas uniquement par solidarité sociale. **Elles demeurent des partenaires exigeants et voient dans ces programmes le moyen d'enrichir leur base de fournisseurs et d'acheter dans de meilleures conditions de prix, de qualité et de performance.** Aux États-Unis, une récente étude a d'ailleurs montré que les entreprises pionnières dans ce domaine étaient aussi les plus performantes dans leurs achats.

Bain & Company féminise ses effectifs

Les sociétés de conseil en stratégie ont besoin de tous les talents. Or, trop de consultantes jettent encore l'éponge en cours de carrière. **Bain & Company multiplie les initiatives pour remédier à cette situation.**

Le métier de conseil en stratégie* est passionnant et exigeant. Il s'agit d'aider des entreprises* à faire des choix complexes : par exemple, lancer un produit ou acquérir une société*. Les firmes de conseil sont un excellent tremplin professionnel pour les jeunes diplômés, mais la charge de travail y est parfois lourde. **Les jeunes femmes représentent une part de plus en plus importante des recrues. Malheureusement, trop peu atteignent le sommet de la pyramide.**

La principale raison de ce décrochage est la difficulté à concilier la vie personnelle et la pression des missions. C'est autour de 30 ans que se jouent les étapes décisives d'une carrière dans le conseil. C'est aussi l'âge où beaucoup de jeunes femmes souhaitent fonder une famille. Au milieu d'une majorité d'hommes, les consultantes se sentent parfois obligées d'adopter les codes de comportement de l'autre sexe sous peine de rester à l'écart. Autour d'elles, il n'y a pas assez de femmes expérimentées qui puissent les inspirer et leur indiquer la voie.

Les firmes de conseil ne peuvent plus accepter cette situation. La qualité de leur travail dépend de leur capacité à recruter, former et retenir les meilleurs talents — hommes et femmes. **Pour réagir, Bain & Company, l'un des leaders mondiaux du secteur, propose des formules de carrière assouplies :** les consultants peuvent ralentir le rythme pendant quelques années en prenant des responsabilités internes, puis accélérer de nouveau lorsque leur situation personnelle le permet. L'entreprise leur donne la possibilité de travailler à mi-temps ou de prendre des congés sans solde pendant plusieurs mois.

Chacun peut moduler ses horaires et travailler à domicile. L'entreprise propose un service de dépannage pour la recherche de baby-sitters et d'aides ménagères. Les jeunes femmes se rencontrent régulièrement pour partager leur expérience, échanger des conseils et s'entraider. Quant aux hommes, ils profitent tout autant de ces mesures qui les aident à mieux équilibrer leur vie professionnelle et personnelle.

L'Oréal encourage les femmes à choisir des carrières scientifiques

Encore trop peu de femmes s'orientent vers les métiers scientifiques de l'entreprise. L'Oréal leur ouvre grand les portes de ses laboratoires et reconnaît leur contribution à la recherche.

En trente ans, le nombre de femmes ingénieurs en France a régulièrement progressé. Parmi les ingénieurs nés en 1952, moins de 5 % sont des femmes ; cette proportion atteint 25 % chez les moins de 30 ans. Mais ce chiffre plafonne et **les femmes restent minoritaires dans les métiers scientifiques de l'entreprise*, notamment les activités de recherche.**

Pourquoi cette faible représentation ? Même s'il est démenti par toutes les études, le préjugé selon lequel les maths seraient une matière peu féminine a du mal à disparaître. Les jeunes femmes s'orientent moins fréquemment vers des études scientifiques. Elles éprouvent des difficultés à s'intégrer dans cet univers très masculin. Pourtant, **les entreprises les plus tournées vers la recherche soulignent l'impact très positif de la mixité sur l'innovation. Les femmes apportent un regard différent sur la technologie.** Elles la voient moins comme une fin en soi que comme un moyen et sont plus sensibles au caractère pratique des applications. Leurs projets mettent souvent la technologie au service de questions concrètes dans la santé, l'environnement, l'éducation ou la communication.

Le groupe* de cosmétique L'Oréal accorde une grande importance à la recherche. Il emploie près de 3 000 personnes dans ses 14 centres de recherche, en Asie, en Europe et aux États-Unis. **Plus de 55 % de ses équipes de recherche sont constituées de femmes, un chiffre très élevé dans le monde de l'entreprise.** Suite à une étude sur les travaux de ses laboratoires, L'Oréal a conclu que les plus créatifs venaient le plus souvent d'équipes mixtes, capables de combiner plusieurs regards sur une même question.

Pour encourager les femmes à poursuivre des carrières scientifiques, L'Oréal et l'Unesco ont lancé en 1998 le programme « Pour les femmes et la science ». Celui-ci attribue quinze bourses internationales et une soixantaine de bourses nationales à des chercheuses du monde entier qui se sont illustrées par des projets prometteurs. Une chercheuse de Thaïlande a ainsi reçu le soutien du programme pour ses travaux de biotechnologie contre la malaria, une maladie tropicale dévastatrice.

Cérémonie de remise des bourses L'Oréal « Pour les femmes et la science » aux étudiantes scientifiques (2007).

ADIEU UNIFORMITÉ, BONJOUR DIVERSITÉ !

Où tu comprends l'importance de la diversité et les défis à relever

Plus qu'une question de justice sociale, la diversité est une condition indispensable à la réussite de l'entreprise. Certaines discriminations contre les femmes ou les minorités sont directes et punies par la loi. Mais d'autres sont plus difficiles à déceler et à corriger.

La guerre des talents

Lorsqu'un employé rencontre un obstacle à l'embauche ou dans sa carrière à cause de son sexe, de son origine sociale ou ethnique, de son âge ou d'un handicap, on pense d'abord à l'aspect moral ou légal du problème. Mais pour l'entreprise, **la discrimination est d'abord un frein à la performance.** Afin d'inventer des produits et des services supérieurs à ceux de la concurrence, l'entreprise* a besoin des meilleurs talents. La compétition pour attirer et retenir des employés de valeur est si rude que certains parlent de « guerre des talents ». Comment dans ces conditions se passer d'une quelconque partie du réservoir de compétences disponibles ?

Les entreprises les plus performantes ont remarqué l'intérêt d'assembler des équipes très diverses. C'est l'occasion de confronter la rigueur et la fantaisie, le raisonnement théorique et l'intelligence pratique. **Mettre à contribution des personnes élevées dans des cultures différentes permet de porter un regard frais et original sur les problèmes.** Cette diversité peut s'avérer très précieuse lorsqu'il s'agit par exemple d'imaginer le style d'un nouveau vêtement, d'améliorer le service d'un hôtel ou de créer une publicité. Si tout le monde pense de la même manière, l'équipe risque de se contenter de réponses trop conventionnelles.

L'entreprise évolue dans une société mixte, multiraciale et multiculturelle. La diversité des employés doit donc refléter celle des clients*. En 1999, au Japon, le constructeur automobile Nissan comptait moins de 10 % de femmes parmi ses commerciaux alors que les consommatrices intervenaient dans 60 % des décisions d'achat de véhicules et souhaitaient en grande majorité être servies par d'autres femmes ! Le rééquilibrage hommes-femmes a permis d'améliorer spectaculairement les ventes.

Dans le même esprit, les banques réalisent aujourd'hui l'importance accrue des femmes et des seniors dans leur clientèle. Les premières sont de plus en plus autonomes sur le plan financier, les seconds sont toujours plus nombreux et disposent d'une épargne importante. Comment bien répondre aux attentes de ces marchés sans des chargés de clientèle qui connaissent parfaitement leurs modes de vie et leurs besoins ?

Le délit de discrimination

Les comportements ou insultes discriminatoires constituent un délit puni par la loi. Le droit français en donne d'ailleurs une définition très large et considère avec une sévérité particulière les agressions tournées contre les minorités ethniques et les homosexuels. De plus en plus d'entreprises doivent répondre devant la justice et payer des réparations importantes pour des discriminations commises à l'encontre de leurs employés. Les tribunaux se contentent de plus en plus d'indices pour établir l'existence d'une discrimination. Par exemple, une question dé-

Présentation de la campagne d'information de la HALDE (2006).

placée dans un entretien d'embauche, une offre d'emploi formulée de manière restrictive ou bien une évaluation individuelle contenant certains commentaires sur l'employé. Aux yeux des juges, des statistiques montrant un taux plus faible de promotion chez des minorités renforcent également la probabilité de discrimination.

Encore faut-il que les victimes déclarent les agressions dont elles ont été victimes. **En 2004, la France a institué la HALDE (Haute autorité de lutte contre les discriminations et pour l'égalité) pour encourager la transparence.** Présidé par Louis Schweitzer, l'ancien président de Renault, cet organisme reçoit et traite les plaintes des employés. Il peut saisir directement la justice ou proposer un accord avec l'employé assorti de sanctions financières pour l'entreprise. Le nombre de réclamations reçues par la HALDE s'accroît chaque année, même si l'organisme se sent surtout investi d'une mission de sensibilisation.

Pour anticiper les risques, un nombre croissant d'entreprises éduquent leurs employés sur les comportements discriminatoires et leur indiquent la marche à suivre s'ils s'estiment victimes de telles pratiques. Le constructeur automobile PSA distribue par exemple des milliers de plaquettes à ses collaborateurs pour expliquer les recours possibles et met une adresse e-mail à leur disposition pour signaler les problèmes.

Les difficultés des « minorités visibles »

Les questions les plus urgentes semblent concerner les minorités visibles, celles dont la différence est décelable dans le regard des autres. Les handicapés, les personnes appartenant à des minorités ethniques continuent à se heurter à des difficultés d'accès à l'embauche. Les statistiques montrent que leurs lettres de candidature sont moins souvent retenues. En ce qui concerne les origines du candidat, le problème est d'autant plus sérieux qu'il frappe particulièrement les jeunes diplômés à la recherche d'un emploi qualifié. Il s'est accéléré au cours des dix dernières années avec la disparition de nombreux emplois industriels dans les banlieues. Il en résulte un taux de chômage élevé et un fort sentiment d'injustice parmi les jeunes des « quartiers ». Le problème ne s'arrête malheureusement pas à l'embauche et les employés issus de minorités restent plus rares dans les échelons élevés de la hiérarchie et les états-majors.

Probabilité d'obtenir un entretien
(France, 2006 - source : Baromètre Adia)

- Candidat de référence **100**
  (homme blanc français, 30 ans)
- Femme **63**
  1,5 fois moins de chances d'obtenir un entretien
- Handicapé **54**
  1,8 fois moins de chances
- Minorité ethnique **36**
  2,7 fois moins de chances
- Âge (50 ans +) **32**
  3,1 fois moins de chances

Dans le monde de l'entreprise, c'est l'ancien président de la compagnie d'assurance AXA, Claude Bébéar, qui a le premier tiré la sonnette d'alarme en 2004. Avec l'Institut Montaigne, le cercle de réflexion qu'il anime, ce grand patron a lancé un vibrant appel à l'ouverture dans un rapport intitulé « Des entreprises aux couleurs de la France ». Il a invité les entreprises à signer une « charte de la diversité » pour marquer leur engagement en faveur de l'égalité des chances. Au bout de trois ans, près de 1 500 entreprises françaises ont adopté la charte, dont la plupart des grands groupes* cotés en Bourse*. Mais certains regrettent que ce texte reste au niveau des principes et ne prévoie ni sanction, ni contrôle. Parmi les actions préconisées par Claude Bébéar figure le « CV anonyme », une présentation du candidat sans nom ni photo qui permet à celui-ci d'accéder aux entretiens de recrutement en évitant le barrage des préjugés. Cette méthode est de plus en plus largement pratiquée par les cabinets de recrutement et les agences d'intérim comme Adecco, Adia ou Michael Page.

Plusieurs grandes entreprises se sont fortement mobilisées en faveur de la diversité. Le groupe de distribution* PPR (Pinault Printemps Redoute) a produit un film destiné à ses employés dans lequel il aborde sans complaisance le thème de la discrimination. On y voit son président affirmer : « Si l'entreprise se décale de la société et des réalités quotidiennes liées au métissage, elle va mourir. » Le groupe PSA joue la carte de la transparence en publiant les chiffres de recrutement de minorités à tous les niveaux de qualification. D'autres adoptent des plans d'action formalisés prévoyant des audits, des formations ou des procédures d'alerte. C'est le cas de La Poste, Gaz de France, IBM, Safran, Auchan, Carrefour ou McDonald's. Le bilan de la HALDE note « des progrès réels, mais encore trop parsemés ».

Le plafond de verre

Les femmes ont beau représenter la moitié de la population et une part importante des élèves des meilleures écoles, elles figurent encore en faible nombre au sommet des entreprises. L'écart apparaît dès l'embauche (elles ont 1,5 fois moins de chances de décrocher un entretien que leurs collègues masculins) et se creuse tout au long de la vie professionnelle. Certains parlent de « plafond de verre », d'autres de « labyrinthe ». **Les obstacles à la progression professionnelle des femmes sont de plusieurs natures.** Ce sont elles qui continuent à assumer la plus grande part des responsabilités familiales et décident le plus souvent d'interrompre leur carrière, de prendre des jours de congé supplémentaires ou de travailler à mi-temps pour gérer les tâches domestiques et s'occuper des enfants. Lorsqu'elles continuent à travailler, les responsabilités familiales leur laissent moins de temps que les hommes pour développer leur réseau de relations professionnelles, une condition importante de la réussite des cadres*. Il leur est aussi plus difficile de trouver des centres d'intérêt communs avec leurs collègues masculins. Enfin, **les femmes éprouvent parfois des difficultés à faire reconnaître et accepter leur mode de communication et de leadership* par les hommes.** Trop douces, elles ne sont pas considérées aptes au commandement. Trop dures, elles risquent d'être rejetées pour s'être écartées des comportements attendus.

Les femmes dans les 100 premières entreprises mondiales
(2006 - source : CTPartners)

- Dirigeantes **1 %**
- Membres du comité exécutif **9 %**
- Membres du conseil d'administration **7,6 %**

Pour surmonter ces obstacles, les femmes trouvent dans l'entreprise trop peu de modèles féminins qui puissent guider leurs pas. Lorsqu'elle existe, la discrimination masculine est d'autant plus difficile à surmonter qu'elle est souvent inconsciente et bâtie sur des préjugés culturels solidement enracinés. Les entreprises les plus avancées attaquent ces problèmes sous plusieurs angles. Elles aménagent les durées de travail et les carrières, multiplient les initiatives de formation et de coaching* et redoublent de vigilance sur les décisions de promotion.

Proportion des femmes dirigeantes de petites et moyennes entreprises selon la taille de l'entreprise
(France, 2007 - source : TNS Sofres, APCE)

1 à 6 salariés	**34 %**
7 à 19 salariés	**29 %**
20 à 49 salariés	**18 %**
50 à 99 salariés	**12 %**
100 à 250 salariés et plus	**11 %**

La discrimination positive

Pour rattraper l'écart accumulé dans les entreprises, pourquoi ne pas donner la préférence aux femmes ou aux minorités, à compétence égale ? C'est la question de la discrimination positive. Certains pensent qu'il faudrait fixer des quotas obligatoires de minorités ou de femmes à différents niveaux des entreprises, comme cela se pratique déjà dans la vie politique de nombreux pays. Cette approche est souvent critiquée en France car elle va à l'encontre des principes d'égalité et de réussite au mérite. Mais l'idée de discrimination positive est plus largement admise dans la culture anglo-saxonne. Elle est vue comme la seule manière pratique de faire progresser rapidement les choses (au rythme actuel, il faudrait plus de 500 ans à certaines entreprises pour atteindre la parité homme-femme !). Quelle que soit leur opinion sur les quotas, de plus en plus d'entreprises se fixent des objectifs démographiques pour renforcer la diversité.

ADIEU UNIFORMITÉ, BONJOUR DIVERSITÉ !

Anne Lauvergeon, puissante parmi les puissants

Présidente d'Areva, elle est la seule Française aux commandes d'un groupe multinational. C'est l'une des femmes les plus puissantes du monde !

Une élève brillante. Cette Dijonnaise, fille d'un universitaire et d'une assistante sociale, s'illustre d'abord dans ses études. Admise à l'École normale supérieure, puis à l'agrégation de physique, elle rejoint le corps des Mines, l'un des bataillons les plus fermés de la société française. Dès son premier poste dans la sidérurgie, elle est appréciée pour la clarté de sa communication et de ses analyses. Mais c'est surtout par son énergie et son caractère enthousiaste qu'elle attire l'attention. Chargée de mission à la Présidence de la République, elle impressionne François Mitterrand qui la nomme secrétaire générale adjointe de l'Élysée en charge des sommets internationaux.

Un réseau hors pair. Dès cette époque, elle se constitue un exceptionnel carnet d'adresses dont elle se servira tout au long de sa carrière. Après avoir fréquenté ministres et chefs d'État au service du Président, elle rejoint une banque d'affaires internationale, puis un groupe* d'équipements de télécommunications. Cette période lui apporte son lot de conflits mais la rend plus combative et lui permet de compléter son réseau dans le monde des affaires.

Diplomatie et fermeté. La consécration arrive en 2001 lorsqu'elle regroupe l'industrie nucléaire française en une seule entreprise*, Areva. Présent dans plus de 40 pays, ce groupe extrait de l'uranium, fabrique du combustible nucléaire, construit des réacteurs et offre des services* de stockage et de recyclage de déchets radioactifs. À sa tête, Anne Lauvergeon use de diplomatie pour faire travailler ensemble des cadres* de toutes origines. Elle montre un grand sang-froid et un sens aigu du compromis dans les négociations commerciales avec les gouvernements ou les producteurs d'électricité. Elle fait preuve de détermination pour convaincre l'État français, son principal actionnaire*, du bien-fondé de sa stratégie*.

De la personnalité. « Atomic Anne », comme l'appellent les Américains, a choisi des valeurs et un ton originaux. Elle met en avant l'engagement de son groupe contre le réchauffement climatique et se montre plus ouverte que ses prédécesseurs aux débats sur l'écologie. Mère de deux enfants, elle milite activement pour la diversité et la cause des femmes dans l'entreprise.

Anne Lauvergeon en 5 dates

1959
Naît à Dijon

1983
Chargée d'étude du groupe Usinor

1991
Secrétaire générale adjointe de la Présidence de la République

1995
Associée de la banque Lazard

2001
Présidente du groupe Areva (reconduite en 2006)

CHAPITRE 15

JUSTICE POUR TOUS !

Emploi, chômage, pouvoir d'achat… L'entreprise est au cœur des grands débats sociaux. Certains la voient comme un « ascenseur social » qui permet aux salariés de se réaliser et d'accéder à la prospérité. D'autres l'accusent de prendre le meilleur de ses employés et de s'en séparer lorsqu'elle n'en a plus besoin. Quelle que soit la « mission sociale » de l'entreprise, celle-ci n'est pas facile à remplir. La pression de la concurrence et les rapides changements technologiques bousculent souvent ses meilleures intentions. Dans ce monde turbulent, les bonnes solutions ne peuvent venir que d'un dialogue continu et lucide entre les salariés et les dirigeants.

Où tu découvres des problèmes sociaux... et des solutions

Hewlett-Packard négocie un plan social

Insatisfait de sa performance, un groupe informatique décide de supprimer 1 240 emplois. Voici le contexte, le déroulement et les conséquences de cette restructuration.

En 2005, le constructeur informatique Hewlett Packard (HP) se remet difficilement de sa fusion* avec la société* Compaq. En trois ans, le cours de son action* a été divisé par deux. L'entreprise* perd de l'argent sur son activité d'ordinateurs personnels, un secteur très compétitif où les prix diminuent chaque année de plus de 10 %. Son nouveau président doit redresser la situation. Beaucoup lui conseillent de vendre l'activité d'ordinateurs. Il préfère soumettre le groupe à une sévère cure d'austérité. **En septembre, HP annonce la suppression de 14 500 emplois dans le monde dont 1 240 en France.** Près de 20 % des effectifs de la filiale française sont touchés, principalement en Isère et dans les Alpes-Maritimes.

L'annonce déclenche une levée de boucliers dans les milieux politiques et syndicaux français. Plus que dans d'autres pays touchés par le plan social*, elle devient une affaire nationale. Face à la pression, la direction propose de sauvegarder 383 emplois supplémentaires si le personnel renonce à l'accord sur la durée de travail de 35 heures par semaine. Il devra travailler 216 jours au lieu de 206 jours par an. En novembre, quatre syndicats* majoritaires (CFDT, CFTC, CGC et FO) acceptent cette proposition. Voyant cet arrangement comme un chantage, la CGT refuse de signer.

Le nombre de suppressions de postes est finalement fixé à 857. Les employés peuvent se porter volontaires au départ en échange d'indemnités financières allant de 25 000 à 400 000 euros suivant leur ancienneté et leur qualification. HP propose une aide à la reconversion par l'intermédiaire d'un cabinet de reclassement. En juillet 2006, le groupe* enregistre avec surprise 150 volontaires de plus que prévu. Certains invoquent les conditions de départ avantageuses, d'autres la démotivation du personnel. Au moment de quitter HP, près de 80 % des employés ont identifié un projet. Parmi eux, 44 % ont retrouvé un emploi et 19 % vont créer leur entreprise.

Ces départs supplémentaires et l'amélioration des résultats amènent bientôt HP à réembaucher. **La société recrute plus de 250 personnes dans les deux années qui suivent les départs.** Petit à petit, elle retrouve une « vie normale ».

De la méthode pour préserver l'emploi

Les accords de méthode permettent aux entreprises et aux organisations syndicales d'anticiper ensemble les actions à mener en cas de restructuration.

Aussi difficiles soient-elles à accepter, les restructurations, souvent accompagnées de suppressions d'emplois, font partie de la vie des entreprises*. Elles amènent les dirigeants et les syndicats* à revoir les termes du dialogue social. Il s'agit désormais d'anticiper au plus tôt les turbulences sur le chemin de l'entreprise, d'explorer avec lucidité les alternatives pour préserver l'emploi et d'aider ceux qui devront partir à se reconvertir dans les meilleures conditions.

Dans ce domaine, en France, **les « accords de méthode » entre la direction et les syndicats représentent un progrès notoire.** Prévus par une loi de 2003, ils permettent à la direction d'une entreprise de définir avec les organisations syndicales le processus de concertation et les mesures de reclassement du personnel à appliquer en cas de restructuration. Ils s'avèrent utiles dans les situations de crise, mais aussi dans le quotidien pour prévoir les évolutions nécessaires de l'organisation. Plutôt que de se tourner vers la loi, les partenaires sociaux négocient ensemble la formule la plus acceptable en fonction de la situation économique de l'entreprise, des caractéristiques de son personnel et des réalités locales du marché du travail.

Le but de ces accords est d'aider les partants à retrouver un emploi en proposant des formations, des aides au déménagement ou des services de placement dans d'autres entreprises. Souvent, les entreprises font appel à des cabinets de reclassement. Les accords prévoient comment ces cabinets seront recrutés et fixent les objectifs minimums qu'ils devront atteindre pour être rémunérés (par exemple, retrouver un emploi pour 80 % des employés de plus de 45 ans).

Chaque année, près de 200 entreprises concluent des accords de méthode. Dans le groupe* chimique Rhodia, les accords ont prévu l'implication des syndicats dans la fixation des objectifs et du mode de rémunération des sociétés* de reclassement. Chez Philips France, ils ont permis aux employés d'obtenir des aides à la reconversion dès le début du processus de restructuration. Chez Auchan, ils ont offert au personnel administratif la possibilité d'accéder à des postes de responsables de clientèle dans les magasins.

JUSTICE POUR TOUS !

Les salariés prennent leur formation en main !

En approuvant à l'unanimité un texte de réforme, les syndicats donnent un nouvel élan à la formation professionnelle dans l'entreprise.

Cela n'était pas arrivé depuis 30 ans. Le 20 septembre 2003, après des mois de discussion, tous les grands syndicats* français apposent leur signature sur un accord interprofessionnel national. **Cet accord crée un nouveau droit pour les salariés : le droit individuel à la formation (DIF) tout au long de leur vie.** Quelques mois plus tard, l'Assemblée nationale vote une loi sur les relations sociales dans l'entreprise qui reprend intégralement le contenu de l'accord.

La formation professionnelle représente un enjeu essentiel. Pour rester compétitives, les entreprises* doivent sans cesse s'adapter à de nouvelles technologies ou de nouvelles méthodes de management*. Les nombreux départs à la retraite d'employés expérimentés accentuent les besoins de formation des jeunes générations. Enfin, l'impossibilité des entreprises à garantir des emplois à vie pousse les salariés à actualiser leurs connaissances pour préparer une éventuelle reconversion. **L'accord vise donc à favoriser l'évolution professionnelle des salariés et à leur rendre la maîtrise de leur parcours.**

Le dispositif donne aux employés un droit à 20 heures de formation par mois cumulable sur six années et transférable d'une entreprise à l'autre en cas de changement d'employeur. Avec l'accord de l'entreprise, le salarié peut suivre des formations diverses, liées ou non à son métier. Les formations en dehors des heures de travail donnent lieu à une rémunération égale à la moitié du salaire net.

Une fois la loi adoptée, les entreprises en fixent progressivement les modalités d'application. Les directeurs des ressources humaines* rencontrent les délégués syndicaux et discutent du contenu de la formation et des règles de mise en œuvre. Dans le groupe* d'assurance Axa, l'accord vise à favoriser l'employabilité des seniors et à attirer des nouvelles recrues. Dans les groupes Veolia et Suez, il cherche à préparer les employés aux métiers de l'environnement et à augmenter leur loyauté à l'entreprise. L'opérateur de télécom SFR offre un vaste éventail de modules, de la bureautique aux langues étrangères, afin de faciliter le parcours professionnel de ses chargés de clientèle.

Formation aux outils informatiques de nouveaux collaborateurs de Vedior France.

Les salariés deviennent actionnaires

En devenant propriétaires de leur entreprise, les salariés maîtrisent mieux leur avenir et profitent davantage des fruits de leurs efforts.

Lorsqu'ils sentent leur destin leur échapper, les salariés décident parfois de racheter les parts de leur entreprise* et d'en prendre le contrôle. Ce type d'opération se révèle utile dans plusieurs situations. Par exemple, lorsqu'un entrepreneur vieillissant cherche des successeurs, lorsque l'entreprise fait l'objet de tentatives de rachat de la part d'investisseurs hostiles ou lorsqu'elle traverse de graves difficultés. **Comparés à d'autres propriétaires, les salariés actionnaires* ont l'avantage de bien connaître leur entreprise et d'être particulièrement motivés par sa réussite.** Le rachat est souvent l'occasion de mobiliser le personnel et d'augmenter l'esprit de solidarité. Pour réussir l'opération, les salariés peuvent compléter leur apport par un emprunt bancaire ou persuader un fonds d'investissement* de participer au rachat à leur côté.

En 1989, le groupe de travaux publics Eiffage joue les précurseurs en lançant le plus important rachat d'entreprise jamais réalisé par des salariés français. Aujourd'hui, 90 % du personnel détient 23 % de cette société. La valeur de l'action* a plus que quadruplé depuis la prise de contrôle et les ouvriers touchent certaines années jusqu'à deux mois de salaire supplémentaires grâce à leur participation.

En 2006, le groupe* de formation et de conseil en informatique Cegos est devenu la cible de tentatives de rachat répétées et les salariés décident de faire barrage aux menaces. Plusieurs milliers d'employés et 118 managers prennent le contrôle de leur société*. Ils piochent largement dans leurs économies et investissent collectivement près de 17 millions d'euros. Les apports individuels atteignent parfois plusieurs dizaines de milliers d'euros (environ un an de salaire). Tous les salariés français contribuent au rachat, suivis par leurs collègues d'autres pays européens.

L'actionnariat salarié a le vent en poupe. De plus en plus d'entreprises procèdent à des distributions d'actions gratuites à leurs employés. Ceux-ci peuvent les placer sur des « Plans d'Épargne Entreprise ». Les actions échappent alors à l'impôt et l'entreprise complète l'apport des salariés. France Télécom a ainsi mis en place un plan d'actions gratuites pour ses 100 000 employés français.

JUSTICE POUR TOUS !

Où tu comprends
les enjeux du dialogue social dans l'entreprise

L'entreprise se situe au cœur des débats sociaux les plus importants de la société. Voici quelques-unes des questions d'actualité et des évolutions récentes du dialogue social.

Les acteurs du dialogue

Qu'il s'agisse des salaires, de l'emploi ou des conditions de travail, l'entreprise* ne peut pas prendre de bonnes décisions sans un dialogue social efficace, c'est-à-dire régulier, franc et lucide. Ses employés doivent pouvoir se réunir et exprimer leur voix. D'où l'importance des organisations syndicales. Leur vocation est de défendre les intérêts de leurs adhérents. **On distingue les syndicats* de salariés et les organisations patronales, constituées d'entrepreneurs*.** En France, la loi reconnaît cinq syndicats de salariés représentatifs, dotés de droits et pouvoirs supérieurs aux autres : CFE-CGC, CFDT, CFTC, CGT et FO. Du côté patronal, l'organisation la plus développée est le MEDEF. Il en existe d'autres telles que la CGPME pour les petites entreprises ou le CIDUNATI pour les travailleurs indépendants. Les grands syndicats s'organisent et agissent à plusieurs niveaux : l'établissement (par exemple, une usine), l'entreprise, la branche d'activité, la région ou le pays. **Ils jouent un rôle essentiel dès que les décisions de l'entreprise ont des répercussions sociales importantes :** par exemple, lors des négociations salariales. Ils pèsent aussi sur les grands choix économiques du pays, comme le financement des retraites ou le degré d'intervention de l'État dans l'entreprise.

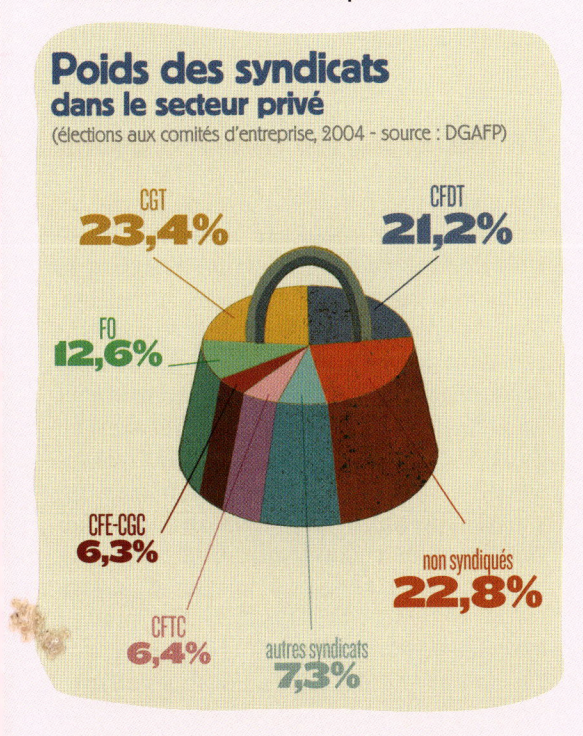

Poids des syndicats
dans le secteur privé
(élections aux comités d'entreprise, 2004 - source : DGAFP)

- CGT **23,4%**
- CFDT **21,2%**
- FO **12,6%**
- CFE-CGC **6,3%**
- CFTC **6,4%**
- autres syndicats **7,3%**
- non syndiqués **22,8%**

En France, les syndicats sont handicapés par le faible nombre de leurs adhérents : environ 2 millions de membres déclarés, soit 10 % des salariés, contre 5 millions au lendemain de la Seconde Guerre mondiale. Par comparaison, ce chiffre atteint 9 millions en Allemagne où les syndicats participent de plus près à la marche de l'entreprise. Le taux de syndicalisation est supérieur à la moyenne dans le secteur public, mais plus faible dans les entreprises privées, et particulièrement bas dans la construction, les commerces et les services*, des secteurs très créateurs d'emplois. Les syndicats restent également peu implantés dans les petites et moyennes entreprises. Cette faible représentation pose la question des ressources des syndicats. L'opinion publique attend aujourd'hui plus de transparence dans leur financement.

Face aux changements rapides du monde économique, le dialogue social est en constante évolution. La loi encourage les dirigeants et les syndicats de chaque entreprise à anticiper ensemble, le plus en amont possible, les évolutions de l'organisation et à s'entendre sur la procédure à suivre lorsqu'une restructuration devient nécessaire. Les règles de vote pour parvenir à un accord social s'assouplissent. Les procédures uniformes cèdent petit à petit la place à la négociation. Les accords nationaux ou par branche d'activité sont nombreux (plus de mille accords de branches en 2005). Beaucoup de questions sont résolues de manière décentralisée, site par site, entreprise par entreprise. De plus en plus souvent, les centrales syndicales se démarquent de toute ligne politique et agissent en fonction des circonstances particulières à chaque dossier.

Le débat sur la flexibilité de l'emploi

Il y a 25 ans, la société IBM affichait encore le principe de l'emploi à vie. Elle a dû y renoncer et ce principe a presque complètement disparu du monde des entreprises. Chaque jour, l'économie française crée et détruit environ 10 000 emplois. Chaque année, environ cinq millions de Français changent d'emploi. Face à la pression des pays à bas coûts, certaines sociétés* doivent réduire leur personnel ou fermer des usines : par exemple, les fabricants de jouets français. D'autres voient leur activité chuter du fait de révolutions technologiques. C'est le cas de fournisseurs de films comme Kodak face à l'avènement de la photo digitale. **Le public a particulièrement de mal à accepter les licenciements**

Manifestation des salariés de Moulinex contre les licenciements à Alençon en 2001.

JUSTICE POUR TOUS !

déclenchés par des entreprises bénéficiaires. Certains paraissent excessifs, mais d'autres posent des questions plus délicates. Que peut faire, par exemple, un fabricant d'outillage français lorsque les grandes chaînes de bricolage remplissent leurs rayons d'outils trois fois moins chers en provenance de Taiwan ? Doit-il se spécialiser dans les outils « haut de gamme » ou délocaliser une partie de sa production en Asie pour rester compétitif ?

Dans ce contexte, la protection de l'emploi évolue. **Il ne s'agit plus forcément de s'arc-bouter contre des changements parfois inévitables. Il s'agit de vérifier que la justification économique des restructurations est bien réelle et que l'entreprise a exploré toutes les pistes de réorganisation interne sans conséquences sur l'emploi** (ce n'est pas toujours le cas !). Ensuite, il faut aider ceux dont le poste disparaît à se reconvertir, si possible avant même leur départ. La formation professionnelle devient essentielle pour rendre le personnel plus employable et l'aider à s'adapter aux évolutions technologiques. Elle permet au salarié de prendre en main son parcours professionnel. Elle sert à orienter la population active vers les secteurs qui recrutent comme l'informatique, la construction, la santé ou la banque.

Pour gagner en flexibilité, faut-il des contrats de travail plus simples permettant d'embaucher et de débaucher plus facilement ? Une part importante des chefs d'entreprise le pense. Ils soulignent que des règles trop rigides ont conduit au fil des années à l'accroissement de l'emploi temporaire et de la précarité. Ils affirment qu'ils hésiteraient moins à embaucher s'ils pouvaient plus facilement adapter leurs effectifs à l'état du marché. Mais le public, inquiet des risques de chômage et de la faible croissance économique, hésite à se rallier à ses arguments. D'après les études de l'OCDE et de l'Union européenne, la France figure parmi les pays dotés des législations les plus strictes en matière du droit du travail, au même titre que l'Allemagne ou les pays scandinaves.

Le débat sur les rémunérations

Les salariés recherchent dans l'entreprise les moyens de leur prospérité matérielle. Beaucoup d'entrepreneurs y voient un tremplin vers la réussite économique et parfois la richesse. Des rémunérations plus élevées ne profitent pas seulement aux salariés. Elles augmentent la consommation et stimulent la demande pour les produits et les services des entreprises. En 2004, le salaire annuel net moyen des salariés des entreprises privées et semi-publiques s'élevait à 21 500 euros. Il atteignait environ 43 000 euros pour les cadres* et 50 000 euros pour les dirigeants d'entreprise salariés. Ce chiffre est environ quatre fois plus élevé que le salaire minimum garanti, le « Smic » (1 005 euros nets par mois au 1er juillet 2007). L'écart paraît relativement faible, mais il ne faut pas oublier que beaucoup de chefs d'entreprise sont des petits patrons qui n'emploient que quelques salariés.

L'un des problèmes de l'entreprise française est la proportion élevée de salariés rémunérés au Smic : 15 % contre moins de 2 % en Angleterre. La progression moyenne des salaires n'a pas suivi les réévaluations du Smic et de plus en plus d'employés se sont retrouvés « au plancher ». Pour que l'entreprise puisse augmenter les salaires, elle doit croître de manière profitable. En l'absence de croissance, la seule possibilité est de changer l'échelle des salaires ou de revoir la répartition entre les salaires, l'investissement* et la rémunération du capital*, des solutions toujours controversées. **Les chefs d'entreprise se plaignent aujourd'hui de l'écart excessif entre le coût total d'un salarié, compte tenu de toutes les charges (cotisations sociales, impôts), et le salaire reçu par celui-ci.** Un allégement du coût du travail leur permettrait, disent-ils, de recruter davantage et de mieux payer leur personnel.

Les rémunérations des « grands patrons » suscitent des débats passionnés. En 2006, la rémunération brute globale des dirigeants des 40 premières entreprises françaises a atteint 2,2 millions d'euros. Ce chiffre cache des écarts importants. La question de savoir s'il est excessif est subjective et renvoie à des notions morales. De plus en plus d'observateurs estiment que la rémunération des dirigeants doit être avant tout fonction des résultats économiques qu'ils parviennent à créer et du risque qu'ils acceptent de prendre. Les chefs des grandes entreprises sont en effet soumis à de fortes pressions et restent de moins en moins longtemps à leur poste.

Le débat sur l'organisation du travail

En France, la loi sur la semaine de 35 heures reste l'une plus controversées des dix dernières années. Elle a constitué un progrès social pour les uns, mais a diminué la compétitivité des entreprises françaises pour les autres. Elle a poussé certaines sociétés à améliorer l'efficacité de leurs activités, mais a rajouté des contraintes d'organisation pour beaucoup de petites et moyennes entreprises. D'après les études, les salariés français travaillent moins que leurs homologues dans la plupart des pays développés, mais affichent une bonne productivité.

L'ouverture des commerces le dimanche est un autre sujet brûlant : elle dégraderait les conditions de vie des salariés pour les uns, mais relancerait la consommation et l'emploi pour les autres. Les vendeurs des grandes chaînes observent que les magasins sont plus fréquentés le week-end, mais certains économistes soulignent que l'extension des heures d'ouverture ne peut pas profiter à l'économie sans une amélioration du pouvoir d'achat.

Durée du travail et productivité
(2005 - source : OCDE)

Pays	durée annuelle du travail par salarié (heures)	produit intérieur brut par heure (dollars)
Italie	1801	38
Japon	1775	34
États-Unis	1713	48
Royaume-Uni	1672	40
Espagne	1669	37
France	1546	49
Allemagne	1437	44

rencontre

JUSTICE POUR TOUS !

Nicole Notat, femme de dialogue

Cette institutrice devenue leader syndical, puis chef d'entreprise a introduit un nouveau ton dans le dialogue social.

Provinciale. Nicole Notat grandit dans une famille d'agriculteurs en Lorraine. Elle passe le concours de l'école Normale et exerce d'abord le métier d'institutrice. L'été, elle encadre des camps d'ados de l'assistance publique. À 22 ans, elle adhère à la CFDT. Deux ans plus tard, la voici responsable locale du SGEN, la branche enseignante du syndicat*. Edmond Maire, le secrétaire national, souhaite féminiser son état-major et décèle chez la jeune femme des qualités de loyauté et d'intelligence. Il lui propose de rejoindre le bureau exécutif à Paris, mais elle doute de ses capacités et hésite à quitter l'enseignement.

Des débuts contestés. À 35 ans, elle devient responsable de la formation professionnelle à la CFDT. Elle cherche ses marques et s'isole souvent dans ses dossiers. La succession d'Edmond Maire est douloureuse. Nicole Notat se retrouve numéro 2 derrière Jean Kaspar, le nouveau secrétaire national, dont elle critique l'incapacité à trancher. En 1992, elle devient présidente d'un syndicat divisé. Tout au long de son premier mandat, elle reste très contestée. Le malaise atteint son comble en 1995 lorsqu'elle soutient la réforme de l'assurance-maladie proposée par le gouvernement conservateur d'Alain Juppé.

Un nouveau ton. Ces événements marquent pourtant une évolution dans le dialogue social. Elle agit indépendamment des partis politiques et part du réel plutôt que de l'idéologie. Une fois sa position arrêtée, elle se montre lucide et déterminée dans les négociations. Selon les sujets, elle s'aligne aussi bien avec les autres syndicats ouvriers qu'avec le MEDEF, la fédération du patronat français. Le public est séduit par cette approche réaliste. Elle est triomphalement réélue en 1998 et la CFDT devient le premier syndicat français avec près d'un million d'adhérents, dont beaucoup parmi les cadres* et le personnel des petites entreprises*.

Chef d'entreprise. En 2002, Nicole Notat quitte la présidence de la CFDT et devient entrepreneur*. Elle fonde Vigeo, une société* de notation sociale, grâce au soutien de plusieurs groupes* français comme Accor ou Danone. L'entreprise évalue la performance de ses clients* en matière de politique sociale, d'environnement, de diversité et de transparence.

Nicole Notat en 5 dates

1947
Naît à Châtrices (Marne)

1969
Adhère à la CFDT

1982
Rejoint la commission exécutive nationale

1992
Secrétaire nationale de la CFDT (réélue en 1995 et 1998)

2002
Fonde la société Vigeo

CHAPITRE 16

SHANGHAI OU MON QUARTIER

Grâce à l'ouverture des frontières et à l'explosion des télécommunications, les entreprises étendent leur champ d'action sur toute la planète. Un constructeur automobile japonais implante une usine dans le nord de la France. Un centre d'appels téléphoniques indien aide les clients d'une compagnie aérienne américaine à retrouver leurs bagages. Une jeune comptable égyptienne suit une formation à Londres et part travailler à Dubaï. Cette « mondialisation » permet à des millions de personnes d'améliorer leur niveau de vie. Elle engendre aussi des déséquilibres. Pour en tirer le meilleur parti, les entreprises doivent adapter leur mode de fonctionnement et rejeter les excès d'un monde interconnecté.

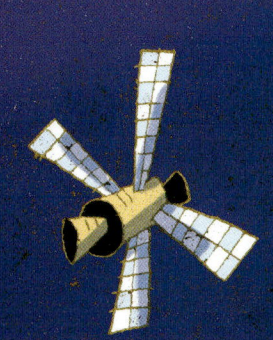

Où tu découvres un monde sans frontières

Pei rejoint le cœur de l'industrie chinoise

Pei est une jeune Chinoise de 21 ans. Elle poursuit ses études à l'école d'ingénieurs du parc industriel de Suzhou, au nord de Shanghai. Ce complexe économique attire les plus grandes entreprises de la planète et connaît une croissance époustouflante.

Il y a 20 ans, la ville de **Suzhou**, située à deux heures de train de Shanghai, était un lieu de villégiature réputé pour ses canaux pittoresques et ses maisons traditionnelles. Aujourd'hui, **elle symbolise la puissance économique de la Chine moderne.** Au début des années 1990, le président chinois Deng Xiao Ping décide de s'inspirer du modèle économique de Singapour pour accélérer le développement de son pays. **Il s'agit de concentrer sur un espace restreint les sites de production et de recherche des meilleures entreprises* de haute technologie et de les aider à exporter leurs produits.** En 1994, la Chine et l'État de Singapour s'allient pour fonder **le Parc Industriel de Suzhou (SIP).**

Treize ans après son inauguration, ce parc couvre une superficie de 300 kilomètres carrés et emploie un demi-million de travailleurs. **Plus de 2 000 entreprises s'y sont implantées, dont 100 des 500 premiers groupes* mondiaux.** Collectivement, elles y ont investi 27 milliards de dollars pour construire des usines et des laboratoires. Les ventes des produits fabriqués dans le parc atteignent près de 15 milliards par an et les trois quarts sont destinés à l'exportation.

La majorité des entreprises présentes sur le parc se spécialisent dans l'électronique ou les logiciels. L'un des premiers arrivants, le groupe coréen Samsung, y a déjà implanté une demi-douzaine de sites industriels pour une valeur totale de plus d'un milliard de dollars. Il y fabrique des semi-conducteurs, des ordinateurs portables, des équipements électroménagers et des écrans plats. Samsung a fait du SIP son centre de production mondial pour ses écrans à cristaux liquides. Capable de fabriquer 5 millions d'écrans par mois, il dessert à partir de Suzhou les marchés américains, européens et asiatiques.

Lorsqu'un ami lui rend visite, Pei ne manque jamais de l'emmener à l'observatoire situé au sommet d'une tour de 40 étages d'où l'on peut apprécier l'étendue du parc. L'espace est organisé en zones parfaitement délimitées : l'une est consacrée à la recherche dans les sciences avancées (électronique, biotechnologies, nanotechnologies...), l'autre à la production électronique, la troisième au développement des logiciels. Afin d'accueillir ce foisonnement d'activités, le SIP s'est doté d'infrastructures modernes : de vastes plates-formes logistiques*, des routes larges, des centres commerciaux, un quartier universitaire, un luxueux centre de loisirs, un lac artificiel et d'énormes zones d'habitation. Les immeubles résidentiels de 20 à 30 étages poussent comme des champignons. Lorsqu'un lotissement est terminé, 20 000 à 30 000 personnes emménagent d'un seul coup. **Le parc souhaite se distinguer par une bonne image écologique.** Il agrandit ses espaces verts de 25 % par an, demande à chaque entreprise candidate de produire une étude environnementale et n'hésite pas à repousser les investisseurs polluants.

L'école de Pei prépare ses élèves à travailler dans les usines et les laboratoires du parc. Les cours de mécanique de précision ou d'électronique industrielle sont adaptés aux besoins des entreprises et plusieurs d'entre elles ont fait don à l'école de machines ultramodernes pour faciliter l'apprentissage des étudiants. Originaire d'un village voisin, Pei a dû se soumettre à une sélection rigoureuse et emprunter les 1 000 euros de frais de scolarités annuels. **Mais elle sait qu'elle peut compter sur un emploi dès sa sortie de l'école. La recherche des talents est le principal défi du parc de Suzhou.** Chaque année, il lui manque 2 000 ingénieurs qualifiés et 30 000 ouvriers pour satisfaire la demande des entreprises. Tous les matins, le bureau de recrutement du parc accueille plus de mille candidats venus de toute la Chine !

La vie de Pei n'est pas toujours facile. Les heures d'études sont longues et les loisirs limités. Mais la jeune fille est fière de participer à l'essor de son pays. Les hommes et les femmes d'affaires étrangers sont nombreux à visiter son école. Elle ne rate jamais l'occasion de les interroger sur leur vie et de pratiquer son anglais !

La firme électronique Yageo fait partie de ces entreprises de haute technologie qui ont installé des sites de production à Suzhou.

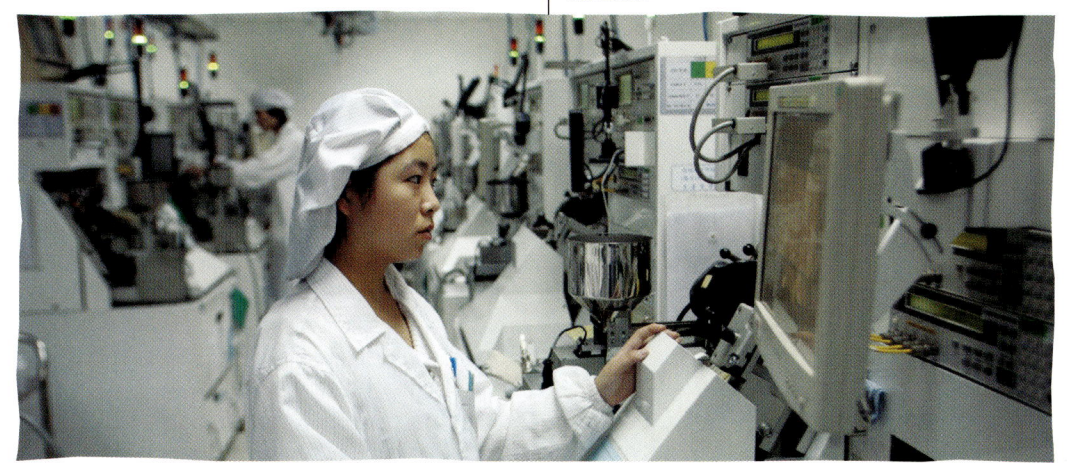

Arpan rentre au Taj Mahal de l'informatique

À 26 ans, Arpan vient de réaliser son rêve : rejoindre les rangs d'Infosys. Cette société de services informatiques symbolise **l'arrivée de l'Inde sur le devant de la scène technologique mondiale.**

En franchissant les portes du centre de formation mondial d'Infosys, à Mysore, au sud de Bangalore, il quitte l'Inde séculaire avec ses routes chaotiques et ses vaches sacrées et se retrouve sur un campus digne des plus grandes universités américaines. Ce centre, capable d'accueillir 10 000 stagiaires, dispose d'installations informatiques ultramodernes mais aussi de trois cinémas, d'une salle de gym, d'une piscine entourée de palmiers, d'un bowling… **En 2007, la société* a reçu plus d'un million de dossiers de candidature et recruté 24 000 personnes** – 80 par jour ! – à l'issue d'une sélection draconienne faite de tests logiques et d'entretiens. Arpan rejoint les meilleurs talents de la jeunesse indienne ainsi qu'un nombre croissant de recrues de grandes universités européennes et américaines. Durant quatorze semaines très intenses, ils vont apprendre les subtilités des langages informatiques, l'art de travailler en groupe et les règles de comportement en face d'un client*.

Fondée en 1981 par sept jeunes informaticiens, Infosys a élu domicile à Bangalore, une grande ville universitaire du sud de l'Inde. La société décroche son premier client étranger en 1987 et s'introduit en Bourse* en 1993. Tout au long des années 1990, elle profite de la tendance croissante des entreprises* américaines à sous-traiter leur informatique dans des pays à bas coûts. Mais c'est le « bogue de l'an 2000 » qui va construire sa renommée. Des centaines de grandes sociétés occidentales font appel à Infosys pour adapter leurs programmes informatiques au changement de millénaire. Une fois passé ce cap, l'entreprise indienne leur propose des services* plus étendus et plus sophistiqués.

Aujourd'hui, la société réalise 3 milliards de dollars de chiffre d'affaires* et emploie 72 000 employés, dont 45 000 en Inde. Arpan va bientôt rejoindre son prestigieux site de Bangalore. Depuis ses bâtiments, des milliers d'ingénieurs indiens sont connectés au monde entier par satellite ou par fibres optiques. Ils écrivent des logiciels, pilotent des ordinateurs à distance, conduisent des projets de recherche ou gèrent des centres d'appels pour le compte de grands groupes* internationaux comme Microsoft, Philips ou American Express.

Salle de conférence au centre de formation d'Infosys.

Grégoire intègre un groupe américain en Franche-Comté

En 2007, General Electric lance une campagne massive pour recruter 200 ingénieurs sur son site de Belfort. Diplômé de Supélec, Grégoire se porte candidat et décroche un poste à l'issue d'un « forum emploi » dans une ambiance très internationale.

Lorsque Grégoire arrive chez GE à Belfort pour ses entretiens, il découvre une entreprise* en plein essor. C'est dans cette ville que le groupe* américain a installé le siège européen de sa division « énergie », spécialisée dans la fourniture d'infrastructures pour la production d'électricité. Il y emploie 1 700 personnes dont plus de 600 ingénieurs. La demande pour les turbines à gaz de GE n'a jamais été aussi forte. Face à la croissance mondiale des besoins en électricité, les producteurs d'énergie veulent se doter d'installations toujours plus performantes et plus propres. Leur préférence va souvent aux centrales électriques à gaz et les fabricants de turbines sont constamment sollicités.

Grégoire est impressionné par l'accueil réservé aux candidats. Les dirigeants viennent à tour de rôle leur présenter la stratégie* de la société* et les perspectives de carrière. Les entretiens s'enchaînent sans attente et les candidats sont assurés de recevoir une réponse sous 72 heures. Le directeur des ressources humaines* leur explique la politique de « bien-être » de GE. Des stands sont consacrés à différents aspects de la vie dans la société : les programmes en faveur de la diversité, les activités sociales du comité d'entreprise et même les ressources touristiques de la région ! Grégoire est séduit par le projet de construction d'un centre technologique d'avant-garde qui accueillera les nouveaux embauchés.

Ce qui frappe le plus Grégoire, c'est l'ambiance très internationale de l'entreprise. Les acteurs du secteur qu'il rejoint opèrent à l'échelle mondiale : le groupe américain GE crée des emplois en France et travaille pour EDF ; le groupe français Alstom vient de remporter d'importants contrats au Moyen-Orient et va installer des turbines au Royaume-Uni pour le compte de l'électricien allemand Eon ; le groupe allemand Siemens fournira quant à lui des turbines à l'électricien espagnol Endesa pour des centrales situées en France. Le monde de la turbine ne connaît plus de frontières !

Où tu comprends les bienfaits et les défis de la mondialisation

La mondialisation relie les économies et les entreprises à l'échelle de la planète. Elle accélère les échanges de biens, de services, d'argent, de personnes et d'idées. Elle contribue au progrès, mais bouscule nos habitudes et pose d'importants défis.

Un phénomène multiforme

Entre 1965 et 2005, les exportations de marchandises dans le monde ont été multipliées par 10, passant de 1 000 à 10 000 milliards de dollars. Sur la même période, la part de ces exportations dans la production mondiale de marchandises a doublé, passant de 7,5 % à 15 %. **Les chaînes d'approvisionnement* des grandes sociétés s'étendent désormais sur des milliers de kilomètres.** Pour apporter des produits moins chers à leurs consommateurs, de grands distributeurs* comme Carrefour travaillent étroitement avec de fournisseurs* situés aux antipodes. **Dès qu'un rayon de supermarché se vide à Toulouse, une nouvelle commande est lancée à Taiwan et un container part vers les entrepôts français !** De même, les constructeurs aéronautiques Boeing ou Airbus achètent la majorité de leurs pièces auprès de sous-traitants souvent situés sur d'autres continents. Ils diminuent ainsi leurs délais de fabrication tout en augmentant la flexibilité. Le commerce mondial des services* croît encore plus vite. Grâce à leur main-d'œuvre qualifiée et bon marché, des pays comme l'Inde prennent en charge de nombreuses prestations pour le compte de grandes entreprises* occidentales : développement de programmes informatiques, gestion de centres d'appels téléphoniques, exécution de travaux d'analyse et de recherche...

De plus en plus d'entreprises s'implantent à l'étranger, soit en y développant leurs propres moyens d'action (usines, bureaux, centres de service, de distribution ou de recherche), soit en rachetant d'autres sociétés. Les entreprises françaises ont ainsi investi plus de 100 milliards de dollars à l'étranger en 2006. Le plus souvent, l'objectif est de se rapprocher des clients* étrangers et de prendre pied sur des marchés très porteurs. C'est dans cet esprit que le groupe* Renault fabrique sa Logane en Roumanie, en Russie, en Colombie, au Maroc et en Iran.

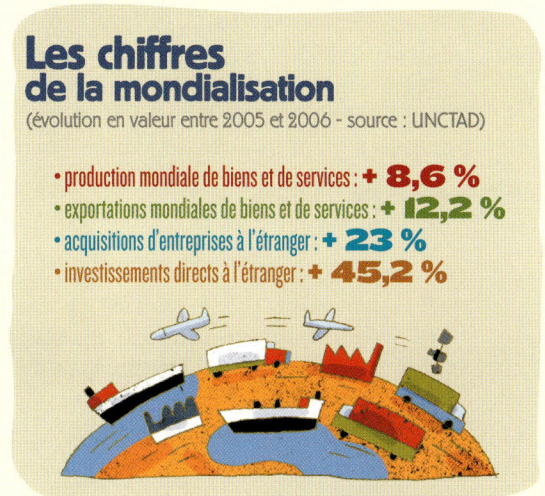

Les chiffres de la mondialisation
(évolution en valeur entre 2005 et 2006 - source : UNCTAD)

- production mondiale de biens et de services : **+ 8,6 %**
- exportations mondiales de biens et de services : **+ 12,2 %**
- acquisitions d'entreprises à l'étranger : **+ 23 %**
- investissements directs à l'étranger : **+ 45,2 %**

Les investissements* internationaux ne sont plus seulement le fait des économies occidentales. Au cours des deux dernières années, deux entreprises indiennes, Mittal et Tata, ont racheté les deux premiers groupes sidérurgiques européens, Arcelor et Corus. Dans ce secteur, la compétition n'oppose plus des zones géographiques, mais des sociétés mondialisées. **Les rachats rendent de plus en plus flous les contours des entreprises.** En 2004, le constructeur informatique IBM a vendu son activité d'ordinateurs personnels au groupe chinois Lenovo, tout en prenant 19 % du capital* de cette société. L'entreprise a établi son siège à New York. Les centres de production sont situés à Pékin et en Caroline-du-Nord, les centres de recherche en Chine, aux États-Unis et au Japon. Le président du conseil d'administration* est chinois et le directeur américain. Dans de telles sociétés*, les employés contribuent sur un pied d'égalité à des projets internationaux, quel que soit leur pays d'origine.

Une conjonction de facteurs favorables

À la fin du xxe siècle, une accumulation de facteurs politiques, économiques et technologiques a subitement accéléré la mondialisation*. Sur le plan politique, cette période est marquée par la chute du mur de Berlin et l'ouverture des pays de l'Est, de la Chine et de l'Inde au commerce international. **Jamais l'argent et les marchandises n'ont circulé aussi facilement !** Sur le plan technologique, l'explosion du web supprime les distances et multiplie les possibilités de partage d'informations et de connaissances. En informatique, des standards s'imposent dans le monde entier : les systèmes d'exploitation des ordinateurs, les outils de navigation sur internet et les messageries électroniques sont désormais compatibles. Grâce à des langages informatiques « ouverts », des équipes de programmeurs réparties sur toute la planète peuvent concevoir ensemble de nouvelles applications. En respectant des règles d'écriture communes, les entreprises peuvent faire dialoguer leurs programmes et relier leurs systèmes d'information.

La révolution de l'internet conduit à des investissements massifs en infrastructures de télécommunications : la planète se couvre de lignes à haut débit, de liaisons par satellite et d'équipements d'interconnexion. Les coûts des communications ne cessent de baisser. En même temps, les entreprises apprennent à maîtriser des chaînes d'approvisionnement de plus en plus complexes et à synchroniser des commandes, des ordres de production et de transports à des milliers de kilomètres de distance. Stimulées par l'accroissement du commerce international, les grandes sociétés de transport et de logistique* leur fournissent des services de plus en plus élaborés. Dans un remarquable livre intitulé *La terre est plate*, un grand journaliste américain, Thomas Friedman, montre comment ces phénomènes ont éliminé les obstacles à la concurrence, « aplani » le terrain de jeu et rééquilibré les chances des entreprises, de New York à Bangalore.

Un progrès pour tous ?

Le principal bienfait de la mondialisation, c'est de permettre à des pays faiblement développés de rattraper leur retard. Dans les années 1950, la Corée-du-Sud sortait d'une guerre fratricide et comptait parmi les pays les plus pauvres du monde. En trente ans, son industrialisation spectaculaire, largement tournée vers l'exportation, l'a hissée parmi les douze premières puissances mondiales. Le niveau de vie des Coréens est proche de celui des Occidentaux et leur niveau d'informatisation est l'un des plus élevés au monde. Depuis son ouverture au commerce international en 1991, l'économie indienne est sortie de la stagnation, permettant à plus de 100 millions d'habitants d'échapper à la misère. Avec la Chine, le Brésil et l'Inde, c'est plus du tiers de la population mondiale qui trouve dans la mondialisation de nouvelles chances de prospérité.

Heure de pointe à Seoul.

La mondialisation profite aussi aux économies développées. Le rattrapage économique des pays du tiers monde ouvre de nouveaux marchés pour les entreprises occidentales. La libre circulation de l'argent et des marchandises leur permet de participer à la croissance des pays émergents en y vendant leurs produits et en y ouvrant des usines pour servir la demande locale. L'Union européenne tire largement avantage de ce phénomène. Elle est le premier exportateur mondial et réalise près de la moitié des investissements internationaux. Les groupes français, anglais, espagnols et hollandais sont particulièrement dynamiques dans leur politique d'implantation à l'étranger.

Premiers pays investisseurs à l'étranger en 2006
(en milliards de dollars - source : UNCTAD)

1 États-Unis	217
2 France	115
3 Espagne	88
4 Suisse	81
5 Royaume-Uni	70

Premiers pays destinataires d'investissements étrangers en 2006
(en milliards de dollars - source : UNCTAD)

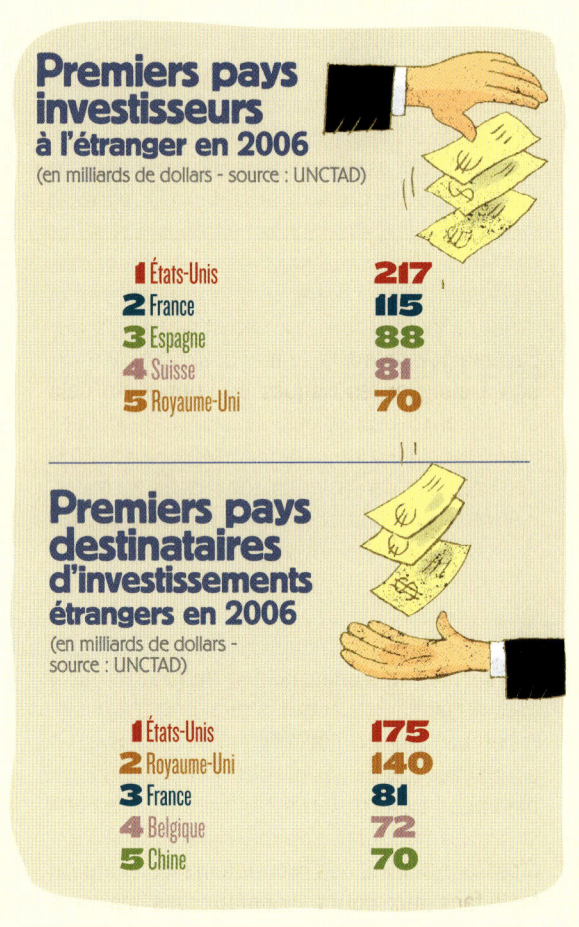

1 États-Unis	175
2 Royaume-Uni	140
3 France	81
4 Belgique	72
5 Chine	70

La mondialisation crée également des emplois dans les pays occidentaux. La France est le troisième destinataire des investissements étrangers. En 2006, les sommes investies par des entreprises étrangères en France ont permis de lancer plus de 600 projets et de créer 40 000 emplois sur le territoire national.

En reliant les pays par des chaînes d'approvisionnement stables, la mondialisation contribue à éloigner les risques de guerre. Au-delà de l'économie, elle participe à la diffusion des idées de progrès sur de grands enjeux comme la démocratie ou la protection de l'environnement. Elle égalise enfin les chances entre les jeunes du monde entier en donnant plus d'importance à leur talent individuel et moins à leur origine géographique.

Pourtant, la mondialisation ne profite pas à tout le monde. Les pays les plus pauvres, particulièrement en Afrique, demeurent trop fragiles pour bénéficier de ses bienfaits. Ils ne parviennent pas à exporter leurs productions à des prix suffisants pour couvrir leurs coûts et s'enrichir. C'est le problème des producteurs de coton du Mali face aux cours mondiaux des matières premières. Les opposants de la mondialisation reprochent aux grandes organisations internationales comme la Banque mondiale d'imposer aux pays pauvres des politiques économiques brutales et inadaptées. Ils critiquent les entreprises multinationales qui achètent à bas prix des produits fabriqués par des ouvriers sous-payés dans des conditions de travail inacceptables. Ils pensent que la mondialisation attise les tensions politiques et le terrorisme en mettant face à face des cultures trop différentes. Ils craignent qu'elle n'épuise la planète en accélérant l'exploitation des ressources naturelles. En Occident, le mot « mondialisation » réveille la peur des délocalisations*.

L'erreur serait alors de se replier sur soi. La réalité de la mondialisation s'impose à nous. Et nous profiterons d'autant mieux de ses bienfaits que nous saurons nous y adapter. Pour les entreprises, il s'agit de faire évoluer leur métier et de se concentrer sur leurs forces distinctives. Pour les consommateurs et le public, il s'agit d'inciter les sociétés multinationales à accroître leur responsabilité sociale, quitte à accepter de payer plus cher des produits plus « équitables ». Pour toi, qui entreras bientôt dans la vie active, il s'agit de reconnaître que le monde est ton terrain de jeu. En t'ouvrant aux cultures et aux langues étrangères, en « apprenant à apprendre » tout au long de ta vie, tu ne subiras pas la mondialisation, mais y puiseras des expériences très riches.

SHANGHAI OU MON QUARTIER

rencontre

Loumia Hiridjee, le sourire de la mondialisation

Une jeune malgache arrive à 10 ans à Paris et se passionne pour la mode. Trente ans plus tard, son entreprise Princesse Tam Tam a révolutionné l'univers de la lingerie féminine.

L'océan Indien. Loumia Hiridjee est née en 1962 sur l'île de Madagascar dans une famille de marchands indiens originaires du Gudjarat, au nord de Bombay. Son grand-père vend des fruits secs et son père tient une affaire de quincaillerie. Sa famille souhaite qu'elle reçoive une éducation française et l'envoie à l'âge de 10 ans rejoindre sa grande sœur Shama en pension à Paris. Gaie et adaptable, elle s'habitue rapidement à sa nouvelle vie et se fait beaucoup d'amis. Elle s'enthousiasme pour les beaux vêtements et les femmes élégantes et rêve de travailler un jour dans la mode.

La boutique près de la fac. Les sœurs Hiridjee s'embarquent dans des études de psychologie et de droit, mais abandonnent bientôt pour ouvrir une boutique de cadeaux dans le VIe arrondissement de Paris. Loumia et Shama constatent que les caleçons fantaisistes s'écoulent particulièrement bien… auprès des étudiantes de la faculté toute proche. Pourquoi ne pas lancer une ligne de sous-vêtements amusants et colorés à l'attention des femmes pour remplacer les articles traditionnels en blanc, noir ou chair ?

Fantaisie et couleurs. Grâce à l'aide financière de leur père et un prêt bancaire, les sœurs Hiridjee fondent leur société* de lingerie. Elles la baptisent « Princesse Tam Tam », en référence à un film de la grande artiste métisse Joséphine Baker, symbole d'élégance et d'exotisme. Pour la partie administrative, elles recrutent un jeune diplômé en gestion d'origine malgache, Mourad Amarsy, qui deviendra le mari de Loumia. Pour la création, elles obtiennent le concours d'une amie styliste, Valérie Delafosse, qui dessine leur première collection. Princesse Tam Tam mise sur l'originalité de ses sous-vêtements. L'attrait de la marque vient de ses imprimés (provençal, écossais, hawaïen...), de ses couleurs (aquamarine, rose, violine...) et de ses motifs (voiliers, fruits, petits chats...). Espiègles sans jamais être vulgaires, les coupes parviennent à séduire les étudiantes comme leurs mères.

L'expansion. En 1987, les sœurs Hiridjee enregistrent des résultats suffisants pour s'octroyer un premier salaire (4 500 francs, soit environ 700 euros !). Loumia s'occupe de la commercialisation et de la promotion et Shama des collections. L'entreprise* connaît alors une croissance vertigineuse. Loumia introduit sa marque dans de nombreux points de vente, en France et à l'étranger. Elle ouvre aussi ses propres boutiques pour mettre en scène l'univers très riche de Princesse Tam Tam. Bientôt, les produits apparaissent dans les grands magasins et sur les catalogues de vente par correspondance. En plus des sous-vêtements, l'entreprise se lance avec succès dans la lingerie de nuit, puis les maillots de bain. Les sœurs Hiridjee peinent à trouver des usines françaises prêtes à produire leurs articles en petite série. Elles décident donc de faire fabriquer leurs collections en Tunisie, au Maroc, dans l'océan Indien et en Chine.

La maturité. Aujourd'hui, Princesse Tam Tam emploie environ 450 personnes, dont plus de 80 % de femmes. En France, l'entreprise distribue ses produits chez 380 détaillants et dans 90 magasins à son nom. Elle réalise un quart de ses ventes à l'étranger dans 1 500 points de vente et plus de 60 pays, du Japon au Canada et de la Suède au Liban. Elle a inauguré ses propres boutiques à Moscou, en Italie et dans un grand magasin londonien.

L'aventure continue ! En 2005, les sœurs Hiridjee ont cédé 95 % de la société à un groupe* de distribution* japonais, pour 70 millions d'euros. Elles conservent 5 % du capital*. Shama a entamé une seconde carrière de psychologue. Mais Loumia est toujours aux commandes. Elle continue à faire régner dans son équipe une ambiance sereine, conviviale et très féminine. Elle enchaîne les innovations : vêtements de maternité, articles de fitness... Avec son sens inné des couleurs et des styles, elle demeure l'âme de la société.

Loumia Hiridjee en 6 dates

1962 Naît à Madagascar

1972 Arrive à Paris

1985 Crée Princesse Tam Tam

1998 Reçoit le prix Veuve-Clicquot de la femme d'affaires

2004 Reçoit le prix de l'Entreprise du ministère de l'Économie

2005 Cède le contrôle au groupe japonais Fast Retailing

repères

Les principaux métiers de l'entreprise

Toutes les entreprises n'offrent pas les mêmes métiers. Cela dépend de leur taille, de leur activité et de leur organisation. Voici une sélection de métiers courants.

LES MÉTIERS DE DIRECTION GÉNÉRALE

Président(e) du conseil d'administration
Il/elle préside le conseil d'administration de l'entreprise et détient le pouvoir de décision ultime concernant sa stratégie et son management, sous le contrôle des actionnaires. Lorsqu'il/elle occupe aussi le poste de directeur général, on parle de président-directeur général.

Directeur (-trice) général(e)
Il/elle définit les orientations de l'entreprise, la pilote et guide l'action de ses collaborateurs sous le contrôle du conseil d'administration et de son/sa président(e).

Responsable de la stratégie et du plan
Il/elle aide le/la DG à formuler sa stratégie, à la traduire dans un plan et en suivre l'exécution.

Directeur (-trice) de division/filiale
Il/elle a la responsabilité d'une division ou d'une filiale (mondiale, nationale, régionale…).

Directeur (-trice) de la communication interne/externe
Il/elle définit et met en place les actions de communication et d'information de l'entreprise à l'attention de ses employés et du public.

Directeur (-trice) du développement durable et de la responsabilité sociale
Il/elle définit et met en œuvre les actions de l'entreprise concernant le développement durable et le progrès social.

LES MÉTIERS DES RESSOURCES HUMAINES ET DE LA COMMUNICATION

Directeur (-trice) des ressources humaines
Il/elle planifie et met en œuvre les programmes permettant à l'entreprise de disposer de ressources humaines qualifiées, loyales et motivées : recrutement, formation, suivi des carrières, rémunérations, relations avec les syndicats...

Responsable de la paie
Il/elle administre tous les aspects de la rémunération du personnel.

Responsable du recrutement
Il/elle définit et met en œuvre les actions de recrutement.

Responsable du suivi des carrières
Il/elle définit et met en place les programmes d'évaluation du personnel et de gestion des carrières.

Responsable de la formation
Il/elle définit et met en œuvre les actions de formation du personnel.

repères

LES MÉTIERS DE LA FINANCE ET DU DROIT

Directeur (-trice) financier (-ère)
Il/elle gère l'utilisation des ressources financières de l'entreprise afin d'améliorer son bénéfice et sa valeur (financement, investissement, gestion des coûts, des marges et de la trésorerie).

Trésorier (-ère)
Il/elle gère la caisse de l'entreprise (entrées, sorties), ses besoins de trésorerie et ses disponibilités d'argent à court terme, en relation avec les banques.

Comptable
Il/elle enregistre les écritures comptables et prépare les documents financiers (bilan, compte de résultat...).

LES MÉTIERS DE LA VENTE ET DU MARKETING

Responsable des études client
Il/elle planifie, lance et interprète les études permettant de mieux comprendre les comportements, les opinions et les besoins des clients.

Directeur (-trice) du marketing
Il/elle définit et met en œuvre les actions permettant d'augmenter les ventes des produits et services de l'entreprise (choix des segments, politique d'offre, de prix, de promotion, de distribution et de communication).

Chef de produit/de marque
Il/elle définit et met en œuvre le plan marketing d'un produit ou d'une marque.

Responsable commercial(e) « grand compte »
Il/elle est responsable de la relation avec un ou plusieurs gros clients de l'entreprise.

Juriste d'entreprise
Il/elle aide l'entreprise à défendre ses intérêts juridiques (négociation et rédaction des principaux contrats et documents légaux, résolution des litiges).

Responsable des services généraux
Il/elle gère les bâtiments, le mobilier, les équipements courants et les services internes de l'entreprise (courrier, reprographie…).

Contrôleur (-euse) de gestion
Il/elle analyse les coûts et les marges de l'entreprise afin d'aider les managers à prendre les bonnes décisions. Il/elle construit le budget de l'entreprise.

Directeur (-trice) commercial(e)
Il/elle anime une équipe commerciale chargée de vendre les produits et services de l'entreprise (fixation des objectifs, suivi des actions).

Responsable de l'administration client
Il/elle gère les commandes, le suivi administratif et la facturation des clients.

Responsable commercial(e) « distribution »
Lorsque l'entreprise vend ses produits par l'intermédiaire de distributeurs, il/elle identifie ces distributeurs, les recrute et gère la relation commerciale avec eux.

Responsable du service client
Il/elle définit les politiques de service après-vente et anime l'équipe chargée de répondre aux demandes des clients.

repères

LES MÉTIERS DE LA RECHERCHE ET DU DÉVELOPPEMENT

Directeur (-trice) de la recherche et du développement
Il/elle conduit la politique d'innovation de l'entreprise. Les travaux de recherche permettent de mettre au point de nouvelles technologies ; les programmes de développement d'inventer de nouveaux produits, d'améliorer les produits existants ou de perfectionner les méthodes de production.

Responsable du développement produit
Il/elle conçoit, dessine et teste les nouveaux produits (performance, fiabilité, coût de fabrication).

Responsable de recherche
Il/elle conduit des programmes de recherche sur des technologies ou des procédés innovants.

Responsable de la veille technologique
Il/elle repère les technologies et procédés innovants chez les concurrents, dans d'autres secteurs ou dans le monde universitaire, et aide l'entreprise à les acquérir.

LES MÉTIERS DE L'INFORMATIQUE

Directeur (-trice) informatique
Il/elle définit et met en œuvre les moyens informatiques permettant à l'entreprise d'améliorer son efficacité et d'appliquer sa stratégie (serveurs, logiciels, bases de données, sites internet, réseau, services externes…).

Responsable de l'exploitation et du réseau
Il/elle assure le bon fonctionnement des systèmes d'information et des réseaux de l'entreprise (exécution des programmes, administration des réseaux et des bases de données). Il/elle améliore la disponibilité, la sécurité et la performance des moyens informatiques.

LES MÉTIERS DE LA PRODUCTION ET DES OPÉRATIONS

Directeur (-trice) des opérations
Il/elle définit et met en œuvre les moyens permettant de fabriquer et de livrer le produit au client dans les meilleures conditions de coût, de qualité et de délai (politique d'achat, de production, de transport et de stockage, choix des sites industriels, gestion de ces sites...).

Directeur (-trice) d'usine / d'unité de production
Il/elle est responsable du bon fonctionnement d'une usine ou d'une unité de production (coût, qualité, délais de livraison, impact environnemental, conditions de travail...).

Responsable des achats
Il/elle sélectionne les fournisseurs et négocie les contrats d'approvisionnement.

Responsable de la logistique
Il/elle gère les moyens permettant de déplacer les matières premières, les pièces et les produits le long de la chaîne d'approvisionnement (système d'information, entrepôts, transporteurs...).

Responsable du développement
Il/elle analyse les besoins des utilisateurs et prend en charge la conception, le developpement et la mise a jour des logiciels, des applications et des bases de données.

Responsable du support aux utilisateurs
Il/elle assiste et dépanne le personnel de l'entreprise dans l'utilisation des outils informatiques.

Les mots clés de l'entreprise

Acquisition
Voir **Fusion et acquisition**.

Actif (voir surtout p. 105 et 110)
Biens de l'entreprise qui contribuent à son activité et peuvent être convertis plus ou moins rapidement en argent : ses bâtiments, ses équipements, ses stocks, l'argent que lui doivent ses clients (créances) et son compte en banque.

Action (voir surtout p. 87-88 et 90)
Titre de propriété accordé à un individu ou une organisation en échange de son investissement dans l'entreprise. Posséder une action, c'est posséder une part de la propriété de l'entreprise. L'action donne droit à une part des bénéfices. La valeur de l'action varie en fonction de la valeur de l'entreprise.

Actionnaire (voir surtout p. 88-91)
Individu ou organisation qui possède des actions. L'actionnaire participe aux décisions de l'entreprise en votant lors de l'assemblée générale des actionnaires. Il peut investir dans la société lors de sa création. Il peut aussi acheter et vendre des actions tout au long de la vie de l'entreprise.

Artisan (voir surtout p. 21 et 42-43)
Entrepreneur qui effectue de manière habituelle une activité manuelle pour son propre compte. L'artisan possède une qualification professionnelle dans un domaine répertorié : construction, restauration, commerce... Il travaille seul ou emploie un nombre limité de collaborateurs et d'apprentis (moins de dix).

Bénéfice (voir surtout p. 106)
Mesure de l'enrichissement de l'entreprise au cours d'une période donnée. C'est la différence positive entre les revenus et les charges de l'entreprise. Les bénéfices sont soit payés aux propriétaires de l'entreprise sous forme de dividendes, soit réinvestis dans l'entreprise pour permettre son développement. Les bénéfices sont indispensables à la santé et la croissance de l'entreprise. Ils distinguent l'entreprise d'autres formes de collectivité (associations, administrations...). On parle aussi de profit.

Bilan (voir surtout p. 99 et 105)
Rapport financier qui montre une photographie du patrimoine de l'entreprise à un instant donné. Le bilan présente la liste des biens de l'entreprise (actif) et de ses obligations financières (passif). Il permet de comprendre l'origine des ressources de l'entreprise et leur utilisation.

Bourse (voir surtout p. 80-81, 87-88 et 90-91)
Marché ouvert au public permettant d'acheter et de vendre des actions d'entreprises. Le prix d'une action en Bourse dépend du niveau de l'offre et de la demande pour cette action. La demande est d'autant plus importante – et le cours d'autant plus élevé – que les investisseurs ont confiance dans la capacité de l'entreprise à augmenter ses bénéfices, et donc sa valeur.

Brevet (voir surtout p. 210)
Titre de propriété accordé par un organisme officiel à l'auteur d'une invention pour une durée limitée (généralement 20 ans). Le brevet protège son titulaire des risques de copie et de piratage de la part de concurrents malveillants. Il lui permet de profiter de manière exclusive des fruits de ses recherches.

Budget (voir surtout p. 102-103 et 108-109)
Document présentant les prévisions de recettes et de dépenses de l'entreprise.

Business angel (voir surtout p. 68 et 87)
Individu fortuné, souvent entrepreneur ou ancien entrepreneur, qui aide les entreprises naissantes en participant à leur capital et en leur prodiguant des conseils. Les réseaux de business angels jouent un rôle de plus en plus important dans le financement des jeunes sociétés.

Business plan (voir surtout p. 69)
Document qui formalise le projet de création ou de croissance d'une entreprise et permet de le communiquer à ses employés et à ses partenaires. Le plan contient notamment les prévisions chiffrées de l'entreprise sur ses coûts, ses revenus, sa trésorerie, ses investissements et ses besoins de financement. Il aide les investisseurs à prendre leur décision.

Buzz marketing (voir surtout p. 129)
Ensemble de perceptions des consommateurs sur un produit, un service, une marque ou une entreprise. Le buzz naît, s'amplifie et se répand par l'effet du bouche-à-oreille, des blogs, des mails et de campagnes de relations publiques. Maîtriser le buzz est une préoccupation croissante des équipes marketing.

Cadre (voir surtout p. 48)
Membre de l'entreprise disposant d'un degré de qualification et de connaissance lui permettant d'assumer certaines responsabilités ou d'exercer un certain pouvoir hiérarchique. Dans chaque entreprise, le titre de « cadre » correspond à un statut et à des modalités de rémunération précis.

Capital (voir surtout p. 85 et 105)
Richesse apportée par les investisseurs à l'entreprise en échange d'une partie de la propriété de celle-ci. Cette richesse peut prendre plusieurs formes : le plus souvent de l'argent, mais parfois aussi des équipements, des bâtiments ou du savoir-faire. Au fil du temps, la partie du bénéfice non distribuée vient s'ajouter au capital et augmenter les fonds propres de l'entreprise.

Chaîne d'approvisionnement (voir surtout p. 144-149)
Ensemble des activités et processus qui permettent d'apporter au client le produit qu'il a commandé. Dans une entreprise industrielle, la chaîne d'approvisionnement comprend les achats, la production, le stockage, le transport et la distribution. La chaîne d'approvisionnement représente un enjeu essentiel en terme de coûts, de qualité et de délais de livraison.

Chiffre d'affaires
Valeur totale des ventes de biens ou de services réalisées par l'entreprise sur une période donnée. Lorsque le chiffre d'affaires dépasse l'ensemble des coûts de la période, l'entreprise est bénéficiaire. Le chiffre d'affaires dépend de la qualité des offres et de l'efficacité commerciale et marketing de l'entreprise.

Client (voir surtout ch. 6)
Personne ou organisation qui achète les biens ou les services de l'entreprise. Le client peut être un individu (consommateur), une entreprise ou une collectivité. Il peut être l'utilisateur final du produit ou un maillon de la chaîne d'approvisionnement : par exemple, un grossiste ou un magasin. Un client a d'autant plus de valeur qu'il reste fidèle à son fournisseur, lui achète plus de produits et le recommande à ses amis.

Coaching
Service par lequel une personne (le coach) aide un employé ou un dirigeant d'entreprise à définir et à réaliser ses objectifs (par exemple, surmonter des difficultés, améliorer son efficacité, sa confiance en soi ou ses rapports avec ses collègues). Le coaching repose sur diverses techniques d'écoute et de dialogue. Le coach n'a pas de relation de travail ou de lien hiérarchique avec la personne aidée.

Comptabilité (voir surtout p. 98-99 et 104-107)
Outils, méthodes et techniques qui permettent de préparer et communiquer les chiffres de l'entreprise. La comptabilité fournit des informations sur la performance de l'entreprise et aide les managers à prendre leurs décisions.

Comptabilité générale (voir surtout p. 105-107)
Préparation de rapports sur les comptes de l'entreprise (bilan, compte de résultat, tableau des flux de trésorerie) à l'attention des personnes situées à l'extérieur : les banques, les investisseurs, l'État, les journalistes, le public.

Comptabilité de gestion (voir surtout p. 107)
Analyse chiffrée de l'entreprise qui aide les managers à contrôler la performance de leurs activités, à planifier leurs actions et à prendre les bonnes décisions. Cette analyse porte en particulier sur les coûts et les marges. Son format dépend de la question à traiter. On parle aussi de contrôle de gestion.

Compte de résultat (voir surtout p. 98-99 et 106)
Rapport financier qui montre l'enrichissement ou l'appauvrissement de l'entreprise au cours d'une période donnée. Le compte de résultat liste les revenus et les charges de l'entreprise et calcule la différence ; celle-ci peut être positive (bénéfice) ou négative (perte).

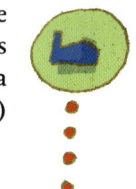

Concurrent

Entreprise en compétition avec une autre pour servir les mêmes clients et répondre aux mêmes besoins. Une concurrence loyale stimule l'innovation et permet aux clients d'accéder à de meilleurs produits à des prix plus avantageux.

Conseil d'administration

Organe suprême de décision de l'entreprise. Il est constitué de personnes physiques ou morales élues par l'assemblée générale des actionnaires et appelées « administrateurs ». Leur rôle est de décider des grandes orientations stratégiques et opérationnelles de l'entreprise.

Contrat de travail (voir surtout p. 47 et 252)

Accord le plus souvent écrit entre un salarié et son employeur définissant la mission du salarié, ses modalités de travail et de rémunération. L'accord prévoit des droits et des obligations pour chacune des parties.

Coût direct (voir surtout p. 96 et 109)

Coût directement lié à la production ou la vente d'un produit ou d'un service. Par exemple, les coûts d'achat d'acier sont directement liés à la fabrication des automobiles.

Coût fixe (voir surtout p. 102 et 109)

Coût dont le montant reste stable lorsque le niveau d'activité de l'entreprise varie. Par exemple, le loyer des bureaux reste stable lorsque les ventes augmentent. Sur le long terme, tous les coûts finissent par varier.

Coût indirect (voir surtout p. 96 et 109)

Coût nécessaire au fonctionnement de l'entreprise mais qui n'est pas directement lié à la fabrication d'un produit ou d'un service. Par exemple, les coûts du chauffage des bureaux ou de gardiennage ne rentrent pas directement dans la fabrication d'une automobile.

Coût variable (voir surtout p. 102 et 109)

Coût dont le montant varie en fonction du niveau d'activité de l'entreprise. Par exemple, les coûts des matières premières varient en fonction de la quantité des marchandises produites et vendues.

Délocalisation (voir surtout p. 151 et 263)

Transfert de tout ou partie des activités d'une entreprise vers des pays où la main-d'œuvre coûte moins cher. Les délocalisations touchent souvent les activités de production industrielle. Elles affectent parfois aussi les services de l'entreprise : centre d'appels, informatique, comptabilité, gestion de la paie…

Dette (voir surtout p. 85)

Mode de financement de l'entreprise par lequel celle-ci emprunte de l'argent à des organisations (le plus souvent des banques) ou des individus. En s'endettant, l'entreprise s'oblige à rembourser le prêteur et à lui verser une rémunération, appelée « intérêt ». La dette est un des éléments du passif de l'entreprise.

Distribution (voir surtout ch. 7)

Activité permettant d'apporter un produit ou un service du producteur jusqu'au client. La distribution peut être directe si le producteur vend lui-même le produit à son client ou indirecte s'il passe par des intermédiaires (grossistes, magasins). Les grandes entreprises utilisent souvent plusieurs « canaux de distribution » selon les clients qu'ils cherchent à toucher (supermarchés, internet, boutiques spécialisées…).

Dividende (voir surtout p. 85)

Part des bénéfices de l'entreprise distribuée aux actionnaires en rémunération de leur investissement. Chaque année, l'entreprise doit décider comment elle utilisera ses bénéfices. Ceux-ci peuvent être partiellement ou entièrement distribués aux actionnaires, ou bien réinvestis dans l'entreprise pour financer sa croissance.

Entrepreneur (voir surtout p. 45, 46 et ch. 3)

Personne physique qui crée ou dirige une entreprise.

Entreprise

Ensemble de personnes qui mettent en commun de manière stable du travail, des connaissances, des moyens matériels et de l'argent pour apporter un produit ou un service à des clients. Dans certains cas, l'entreprise n'est constituée que d'un seul individu qui travaille « à son compte ».

Éthique (voir surtout p. 184 et 230-233)

Standards moraux appliqués par l'entreprise et chacun de ses membres dans son fonctionnement interne et dans ses relations avec ses fournisseurs, ses clients, les investisseurs et le public en général.

Parmi les principes les plus importants figurent la transparence, le rejet de la discrimination et de la corruption et la responsabilité sociale.

Expérience client (voir surtout p. 118-119 et 125)

Perception que le client développe de l'entreprise à travers toutes les interactions qu'il a avec elle : au moment de la vente, pendant l'utilisation du produit acheté, à l'occasion d'une réparation, d'une demande d'assistance, d'un problème de facturation ou de paiement... La qualité de l'expérience client détermine son degré de loyauté envers l'entreprise.

Externalisation (voir surtout p. 150-151)

Transfert d'une activité interne de l'entreprise vers un fournisseur extérieur. L'externalisation permet à l'entreprise d'adapter plus facilement ses coûts à son volume d'activité et de se concentrer sur les activités qu'elle maîtrise le mieux ou qui sont les plus critiques.

Faillite (voir surtout p. 70-71)

Situation d'une entreprise qui n'est plus capable de faire face à ses obligations de paiement vis-à-vis de ses fournisseurs et autres créanciers (banques, employés, administration...). Au début de son existence, une entreprise en croissance peut se retrouver en faillite à cause d'une trésorerie insuffisante.

Fidélisation (voir surtout p. 120-121 et 127)

Ensemble des techniques et des actions permettant de conserver un client plus longtemps, de l'amener à choisir l'entreprise pour une plus grande part de ses besoins et de lui faire recommander l'entreprise à ses amis. Dans de nombreux secteurs, la fidélité des clients est une condition essentielle de la performance commerciale et financière de l'entreprise.

Finance (voir surtout ch. 5)

Ensemble de techniques permettant d'éclairer les choix de l'entreprise concernant l'utilisation de ses ressources économiques (capital, dette). La finance cherche à optimiser le bénéfice de l'entreprise et la valeur de son patrimoine. Elle évalue en particulier les décisions d'investissement (acquisition d'entreprises, achat d'équipements, construction d'infrastructures).

Fonds de capital-risque (voir surtout p. 78-79 et 86)

Intermédiaire financier qui collecte de l'argent auprès d'individus fortunés, de banques ou d'autres entreprises et l'investit dans des projets d'entreprise à haut risque et fort potentiel, le plus souvent dans des secteurs de haute technologie.

Fonds d'investissement (voir surtout p. 82-83 et 88-89)

Intermédiaire financier qui rachète tout ou partie d'entreprises déjà établies en empruntant souvent une grande partie des sommes nécessaires à des banques. Le fonds d'investissement intervient dans la gestion des entreprises acquises afin d'augmenter leur valeur et de les revendre plus cher qu'il ne les a achetées.

Fonds propres (voir surtout p. 105)

Obligations financières de l'entreprise vis-à-vis de ses propriétaires (actionnaires ou autres investisseurs). Les fonds propres sont un élément du passif de l'entreprise : ils sont constitués du capital et de la part des bénéfices réinvestis dans l'entreprise pour financer sa croissance.

Fournisseur

Producteur, distributeur ou prestataire qui apporte à une entreprise donnée les biens et les services dont elle a besoin pour conduire son activité.

Franchise (voir surtout p. 23)

Système de commercialisation par lequel une entreprise propose ses produits et ses services au travers de distributeurs indépendants. L'entreprise met à leur disposition sa marque, ses produits, ses accessoires publicitaires et ses techniques de vente. En échange, les distributeurs « franchisés » payent une redevance à l'entreprise et s'engagent à atteindre certains résultats commerciaux.

Fusion et acquisition (voir surtout p. 89)

Achat d'une entreprise par une autre entreprise (acquisition) ou rapprochement de deux entreprises pour n'en former qu'une seule (fusion). Les entreprises ont fréquemment recours aux fusions et acquisitions pour mener à bien leur stratégie de croissance.

Groupe

Ensemble d'entreprises et de sociétés appartenant aux mêmes actionnaires et dépendant d'un centre de décision unique.

Investissement (voir surtout p. 84-89 et 109)

Dépense engagée par une entreprise ou un individu en vue d'en tirer un profit dans l'avenir (l'investisseur « sème pour récolter »). Il peut s'agir de l'achat d'un équipement, d'une entreprise ou d'actions d'une entreprise. L'investisseur va rechercher une rémunération d'autant plus importante que l'opération est risquée.

Leadership (voir surtout p. 163 et 164)

Ensemble des comportements et traits de caractère d'un leader. Le rôle du leader est de planifier, organiser, contrôler et motiver. Les styles de leadership varient en fonction de la personnalité du leader. Ils doivent s'adapter aux caractéristiques de l'équipe (compétence, expérience) et aux circonstances de son action (degré d'urgence, de risque).

Logistique (voir surtout ch. 7)

Ensemble des services permettant de déplacer un objet le long de la chaîne d'approvisionnement dans de bonnes conditions de coûts, de délais et de fiabilité. La logistique s'appuie sur des centres de stockage, des moyens de transport et de manutention et des systèmes d'information.

Management (voir surtout ch. 8)

Ensemble des techniques et des méthodes qui permettent de piloter l'entreprise et de guider l'action de ses collaborateurs.

Marge (voir surtout p. 96-97)

Différence entre le prix de vente des biens et des services proposés par l'entreprise et leur coût de revient. La marge brute est la différence entre le prix de vente et les coûts directs ; la marge nette est la différence entre le prix de vente et l'ensemble des coûts, directs et indirects.

Marketing (voir surtout ch. 6)

Ensemble des techniques et des programmes permettant d'augmenter les ventes d'un produit ou d'un service. Le marketing définit les segments de clients à cibler en priorité, les caractéristiques du produit à mettre en avant, le prix à proposer, les canaux de distribution à utiliser et les modes de communication à adopter.

Modèle économique (voir surtout p. 193)

Mécanisme économique par lequel une entreprise gagne de l'argent et construit son bénéfice : par exemple, la vente d'un produit à l'unité, la vente d'un service à l'heure, l'abonnement, la location, la perception d'une commission, la collecte de recettes publicitaires...

Mondialisation (voir surtout ch. 16)

Accélération de l'intégration des économies marquées notamment par l'intensification des mouvements internationaux de biens, de services, de capitaux, d'informations, de savoir-faire et de personnes et par l'internationalisation accrue des entreprises.

Passif (voir surtout p. 105)

Ensemble des obligations financières de l'entreprise : obligations vis-à-vis de ses propriétaires (capitaux propres), dettes vis-à-vis de ses créanciers (banques, employés, fournisseurs, administration).

Perte (voir surtout p. 106)

Différence négative entre les revenus et les charges de l'entreprise sur une période donnée, conduisant à un appauvrissement de celle-ci.

Plan social

(ou Plan de sauvegarde de l'emploi)
(voir surtout p. 246)
Dispositif prévoyant les règles de consultation

des syndicats et les modalités d'information, de départ et de reclassement des employés en cas de licenciement collectif pour des raisons économiques. Il a pour but de limiter les conséquences sociales des licenciements.

Profit
Voir **Bénéfice**.

Qualité (voir surtout p. 147)
Ensemble des caractéristiques d'un produit ou d'un service qui lui permettent de répondre aux attentes explicites ou implicites du client. Les attributs de la qualité sont très divers : fiabilité, disponibilité, robustesse... La gestion de la qualité désigne toutes les méthodes et pratiques permettant d'atteindre ces objectifs.

Responsabilité sociale (voir surtout p. 232)
Ensemble des pratiques de l'entreprise consistant à prendre en compte les préoccupations sociales, écologiques et économiques du public dans le cadre de son activité.

Segmentation (voir surtout p. 128)
Exercice consistant à découper l'univers des clients possibles en sous-ensembles dotés de besoins, de comportements et de caractéristiques homogènes (profil démographique, socio-économique...). La segmentation permet à l'entreprise de sélectionner les groupes de clients auxquels s'adresseront en priorité son offre, ses efforts commerciaux et sa communication. C'est une étape indispensable dans la définition d'une stratégie marketing.

Service (voir surtout ch. 9)
Prestation immatérielle apportée par une entreprise à ses clients sous forme de travail, d'information ou de savoir-faire. La notion de service couvre des activités très diverses : entretien, réparation, transport, soin, conseil, prestation financière...

Société
Forme juridique de l'entreprise. Il existe plusieurs formes possibles en fonction du degré de pouvoir et de responsabilité des propriétaires et des dirigeants : société anonyme, société à responsabilité limitée, société en nom collectif...

Stock (voir surtout ch. 7)
Ensemble des produits finis, produits en cours de fabrication, pièces, fournitures et matières premières possédés par l'entreprise. Les stocks font partie de l'actif de l'entreprise. Celle-ci essaye de maintenir les stocks les plus faibles possible tout en garantissant les délais de livraison et la disponibilité attendus par les clients.

Stratégie
Grandes orientations adoptées par l'entreprise sur la durée pour augmenter sa valeur économique. Le plus souvent, il s'agit de choisir le bon « terrain de jeu » et de fixer des priorités permettant d'atteindre une croissance du chiffre d'affaires et du bénéfice supérieure à celle de ses concurrents. Les décisions stratégiques portent sur l'allocation des ressources financières, matérielles et humaines de l'entreprise. Par exemple, quel produit offrir ? Faut-il le fabriquer soi-même ou l'acheter ? Dans quel pays s'implanter ? Faut-il acquérir une société ?

Syndicat (voir surtout ch. 15)
Association de personnes destinée à représenter et défendre les intérêts communs de ses membres au sein des entreprises. Les adhérents appartiennent souvent à la même catégorie socioprofessionnelle : ouvriers, cadres, patrons... En France, cinq syndicats de salariés sont considérés comme représentatifs au plan national (CFE-CGC, CFDT, CFTC, CGT et FO).

Tableau des flux de trésorerie
(voir surtout p. 106-107)
Rapport financier qui montre les encaissements et les décaissements de l'entreprise (entrées et sorties d'argent) sur une période donnée. Ceux-ci peuvent être liés à son fonctionnement courant, à ses décisions d'investissement ou de financement.

Trésorerie (voir surtout p. 100-101, 104-109)
Sommes d'argent disponibles dans la caisse de l'entreprise. Il s'agit des sommes figurant sur le compte en banque de l'entreprise ou bien placées sur des comptes d'épargne et convertibles en argent à très court terme. Le suivi rigoureux de la trésorerie est une condition essentielle du succès d'une jeune entreprise.

Personnalités, entreprises et marques...

Les personnalités signalées **en gras** font l'objet d'une rubrique *Rencontre*.

A

Acadomia 174-175
Accor 28, 177, 181, 254
Adecco 242
Adia 242
Adidas 133
Âge d'or Services 182
Aïach, Maxime 174-175
Air France 83
Airbus 28, 82, 260
Airness 168
Alstom 28, 207, 259
Alter-Eco 232
Amazon 193
American Express 258
Amgen 217
ANA 227
Anderson, Tom 190
Apple 50, 118-119, 167
Arcelor 112-113, 261
Areva 28, 207, 244
Arkema 219
AT&T 237
Auchan 28, 242, 247
Axa 181, 242, 248

B

Bain&Company 238
Banque mondiale 262
Bayer 219
Bébéar, Claude 242
Bellon, Pierre 52-53
Bernasson, Olivier 191
Besson, Luc 92-93
Binnig, Gerd 209
Biomérieux 219
Blinkx 195
BMW 132
BNP Paribas 135
Boeing 82, 260
Boulanger 179
Brin, Sergey 24, 203

C

Cargyl 206
Carlyle 82
Carrefour 28, 179, 181, 242
Casino 28
Castorama 181
Cegos 249
Cerberus 89

CFDT 246, 250, 254
CFE-CGC 250
CFTC 246, 250
CGC 246
CGPME 250
CGT 246, 250
Chir, Yazid 236
Chrysler 89
CIDUNATI 250
Clarke, Kenton 237
Clooney, George 125
CNRS 214
Coca-Cola 129
Collomb, Bertrand 208
Compaq 246
Complétude 175
Copains d'Avant 194
Corus 261
Costes, Yseulis 134-135
Cours Legendre 175
Crick, Francis 209

D

Dailymotion 194
Danone 19, 127, 254
Danonetvous.fr 19
Darty 179, 181
Dell 24, 72-73, 231, 237
Dell, Michael 24, 72-73
DeWolfe, Chris 190
Diesel 132
Digg 194
Diesel 132
Disney 129
Diversitybusiness.com 237
Dupont 219

E

EBay 66, 193
Eden Park 129
EDF 18, 29, 181, 207, 259
Eiffage 249
Elf 230
Eli Lilly 217
Endesa 259
Enron 226, 230, 232
Etnies 32-33
Europacorp 93
Exalead 195

F

Facebook 194
Famiclic 179
Firestone 231
Flessel, Laura 166
Fnac 179

FO 246, 250
France Télécom 249
Früs, Janus 188

G

Gan 181
Gardasil 212
Gates, Bill 50
Gaumont 93
Gaz de France 243
GDF 181, 207
Genencore 213
General Motors 237
General Electric 129, 166, 207, 237, 259
Genentech 217
Genopôle d'Évry 214
Geoxia 207
Gerstenzang, Leo 66
Ghosn, Carlos 152-153
Gilette, King C. 66
Glaxo-Smitkline 215
GoMicro 179
Google 24, 130, 193, 195, 202, 203
Grameen Bank 229
Granjon, Jacques-Antoine 186

H

HALDE 241
Hewlett-Packard 211, 246
Hiridjee, Loumia 264-265
Hollywood Chewing Gum 133
Hypergreen 199

I

IBM 129, 209, 211, 242, 251, 261
Infosys 258
Inserm 214
Institut Curie 214
Intel 129, 211, 219
International Steel Group 113
IPod 118-119, 132
Ispat international 113
ITunes 118-119

J

Jacquet, Aimé 49
Jobs, Steve 50, 167
Johnson & Johnson 217, 228

K

Kazaa 188
Keepschool 175

Kia 205
Kodak 251
Koné, Malamine 168
**Kosciusko-Morizet,
Pierre 196**
Krim, Tariq 189

L

L'Oréal 127, 219, 239
La 25ᵉ heure 177
Lacoste 20, 129
Lafarge 28, 198-199, 207, 219
Lauvergeon, Anne 244
La Poste 29, 135, 181, 242
Lecompte, Tristan 234
Legrand 181
Lenovo 261
Leroux, Bruno 236
Levi's 206
Lévy, Laurent 210
Lockheed 227
Logane 260

M

Manaudou, Laure 166
Mazumdar-Shaw, Kiran 220-221
McDonald's 23, 129, 233, 242
McDonnell Douglas 227
MEDEF 236, 250
Medicen 214-215
Meetic 187, 193
Mercedes 129
Merck 212
Miasolé 203
Michael Page 242
Michelin 28, 152, 219
Microsoft 50, 129, 131, 202, 258
Mittal, Aditya 112-113, 261
Motorola 31, 147, 219
MSN 189
Mulot Déclic 179
Munier, Thibault 135
MySpace 190, 193, 194

N

Nanobiotix 210
Nanosolar 202-203
Neopost 80-81
Nespresso 125
Netvibes 189
Nissan 152-153
Nokia 31, 129
Notat, Nicole 254

Novartis 31
Novo Nordisk 217
Novozymes 213

O

Omidyar, Pierre 66
Orange 189
OSEO 86
Ossabois 207

P

Page, Larry 24, 203
PC30 179
Pêcheur.com 191
Philips 200, 219, 247, 258
Pitney Bowes 80
Pokemon 129
PPR 242
Presses de la Cité 25
PriceMinister 195
Princesse Tam Tam 264-265
PSA 28, 241, 242

Q

Quiksilver 23

R

RATP 21, 29
Renault 28, 261
Rhodia 247
Rohrer, Heinrich 209
Roscheisen, Martin 202-203
RTE 18

S

Safran 242
Saint-Gobain 28, 207, 219
Samsung 256
Sanofi Aventis 28, 31, 217
Sanofi Pasteur MSD 212
Second Life 128
Scoopéo 194
Schneider 181
Schweitzer, Louis 153
Sénizergues, Pierre-André 32-33
Service Master 184
SFR 248
Sibio 215
Siemens 259
Simoncini, Marc 135, 187
Skype 188
SNCF 29, 135
Snecma 236
Sodexo 22, 52-53, 177, 181, 233
Sole Technology 33

Sony 219
Studio Line 133
Subaru 205
Suez 206, 248
Super U 202
Swatch 128

T

Tata 261
Technorati 195
Tesco 206
Testud 230
To Do Today 177
Total 28
Toyota 129
Transparence International 227
Tricot, Roland 179
Tylenol 228

U

Unesco 239

V

Vente-privee.com 186
Veolia 28, 181, 201, 207
Viadom 176, 182, 248
Vigeo 254

W

Wade, Marion 184
Water Pik 83
Watson, James 209
WBCSD 208
Welch, Jack 167
Worldcom 232
WWF 208

Y

Yahoo! 130, 135, 189, 191, 202
Yop 133
YouTube 188, 194
Yunnus, Mohammad 229

Z

Zennström, Niklas 188
Zodiac 82-83

1000mercis 134-135

À propos des textes :
Dans les textes de ce livre, l'auteur met en situation soit des entreprises réelles, soit des entreprises fictives. Les exemples d'entreprises réelles ont été construits à partir de données publiques. Les exemples fictifs sont purement imaginés ou s'inspirent de cas réels dont de nombreux aspects ont été déguisés ou modifiés dans un souci de confidentialité.

Illustrations :
Rubriques *Découvrir, Rencontre, S'entraîner* ; ouvertures de parties et principaux métiers : **Éric Meurice**
Rubriques *Comprendre* et *En question* ; sommaire, introduction et ouvertures de chapitres : **Rémi Saillard**
Couverture : **Rémi Saillard**

Crédits photographiques :
4 D.R. ; 6 D.R. ; 18 REA/Gleizes ; 19 REA/Maillac ; 20 GETTY IMAGES/AFP/Peter Kramer ; 25 REA/Maillac ; 27 REA/Jones/Sinopix ; 28 REA/Hamilton ; 33 AFP/Joe Klamar ; 37 EYEDEA/Age Fotostock/Pedro Coll ; 39 CORBIS/Comstock ; 41 GETTY IMAGES/Reza Estakhrian ; 43 AFP/Anne-Christine Poujolat ; 45 MASTERFILE/Masterfile ; 47 PICTURETANK/Guillaume Murat ; 49 AFP/Gabriel Bouys ; 53 REA/Benoît Decout ; 57g EYEDEA/TOP/Bernhard winkelmann ; 57d EYEDEA/Bernhard Winkelmann ; 61 GETTY IMAGES/Ryan McVay ; 62 REA/Hanning ; 67 SIPA PRESS/Wenn ; 68 PHOTONONSTOP/Éric Audras ; 73 CORBIS/Ed Kashi ; 79 SIPA PRESS/Lydie ; 83 REA/Gilles Rolle ; 86 REA/Denis ; 87h CORBIS/Bettman ; 87b EYEDEA/Rountree/Adam ; 93 TCD/BOUTEILLER/prod DB/DR ; 97 CORBIS/David Raymer ; 99 EYEDEA/Rapho/Émile Luider ; 100 SIPA/Simon Isabelle ; 107 FOTOLIA/Alexey Stiop ; 113 REA/Heldur NETOCYN/PANOS ; 119 CORBIS/Richard H. Cohen ; 121 REA/Pascal Sittler ; 125 FEDEPHOTO/Eric Fabrer ; 127 LOOK AT SCIENCES/Thierry Berrod/Mona Lisa ; 128 REA/Ricky WONG/SINOPIX ; 135 1000mercis.com ; 139 MAXPPP/Antoine Antoniol/Blooberg News ;
141 SDMO ; 143 SIPA/AP/Eckehard Schulz ; 146 SIPA PRESS/Meigneux ; 148 CORBIS/Justin Guariglia ;
149 CORBIS/Justin Guariglia ; 153 REA/Didier Maillac ; 163 CORBIS/Klaus Hackenberg ; 175 REA/Expansion/H. de Oliveira ; 176 REA/Nicolas Tavernier ; 179 Mulot Déclic ; 182 REA/Patrick Allard ; 187 Photopqr/Le Républicain lorrain/Pelaz ; 189 Sapaphoto.com/ Olivier Roux ; 190 Kelly Stephen/ABACA ; 195 D.R ; 199 REA/Hamilton ; 199 REA/Hamilton ; 200 COSMOS/SPL/Sheila Terry ; 201 REA/LUDOVIC ; 203 REA/Kim Kulish ; 207 REA/Pierre Gleizes ; 210 SIPA/AP/Aijaz Rahi ; 211 SIPA/AFP ; 212 SIPA PRESS/AFP ; 215 SIPA/AP photo/Karen Tam ; 218 D.R ; 221 SIPA/AP/Aijaz Rahi ; 227 REA/G.M.B Akash/Panos ;
232 AFP/Stan Honda ; 239 REA/Hamilton ; 241 REA/Fanny Tondre ; 248 SIPA/Maisonneuve ; 251 REA/Nicolas Tavernier ; 257 MAXPPP/Kevin Lee/Bloomberg News ; 258 REA/LAIF/Gerhard Westrich ; 262 SIPA PRESS/Noeten ;
265 Photopqr/Le progrès/P. Augros.
Couverture (plat 4) : D.R.